暨南大学 企业发展研究所
企业发展研究书丛

U0455994

本书受广东省普通高校人文社会科学重点研究基地
——暨南大学企业发展研究所资助出版

日企创新管理模式研究

张彩虹 著

科学出版社
北 京

内 容 简 介

随着信息技术的加速发展和国际经济融合程度的深入，日本企业的国际竞争力备受质疑。创新能力是预测未来的重要指标。有效、客观且科学地认识日本的创新能力及其管理水平，知己知彼变得尤为重要。本书使用权威翔实的横向和纵向数据对日企的技术创新管理模式及其竞争力进行了多方位的探讨与评价。同时，构建并验证了日企的管理创新模式形成过程的理论模型，并对日企的管理创新模式的竞争力进行了探讨。广大读者通过本书可了解多部门、多层次联合参与的，重视"场"的营造与隐性知识的分享和创造的日企技术与管理创新模式。

本书适合对创新主题感兴趣的高校学生、教学科研工作者及企业管理者阅读。尤其建议致力于提升组织的技术和管理创新实力，强化团队创新与组织创新能力建设的中高层管理者翻阅此书。

图书在版编目（CIP）数据

日企创新管理模式研究 / 张彩虹著. —北京：科学出版社，2019.1
ISBN 978-7-03-042545-4
（暨南大学企业发展研究书丛）
Ⅰ.①日… Ⅱ.①张… Ⅲ.①企业创新–创新管理–研究–日本 Ⅳ.
①F279.313.3
中国版本图书馆 CIP 数据核字（2014）第 268436 号

责任编辑：李 莉 / 责任校对：孙婷婷
责任印制：张 伟 / 封面设计：蓝正设计

科 学 出 版 社 出版
北京东黄城根北街 16 号
邮政编码：100717
http://www.sciencep.com

北京虎彩文化传播有限公司 印刷
科学出版社发行 各地新华书店经销
*
2019 年 1 月第 一 版 开本：720×1000 1/16
2019 年 1 月第一次印刷 印张：15 1/4
字数：300 000
定价：122.00 元
（如有印装质量问题，我社负责调换）

总　序

　　暨南大学企业发展研究所成立于 2003 年,为广东普通高校第一批人文社会科学重点研究基地,历史悠久,实力雄厚。近年来,本所充分发挥特色学科优势,集中利用暨南大学管理学院的科研资源与力量,以现代商业理念为指导,以企业转型发展为研究重点,运用多种先进方法,加强多学科协同,有针对性地开展研究和成果转化。形成了方向明确、特色鲜明的五个研究方向:社会责任观下的企业价值创造、行为公司财务和管理会计、组织行为与人力资源管理、生产运营与物流管理、品牌营销与旅游管理,取得了丰硕的研究成果,为广东省的经济建设和企业发展提供了有力的智力支持。

　　当前,我国的经济发展进入新常态阶段,经济结构与发展方式的不平衡性、不可持续性矛盾日渐凸显。企业作为经济发展的微观基础,既是社会价值和财富的创造者,也是经济状况的预报员。唯有多数企业实现以技术和管理创新为核心的转型发展,不断提高其自身的竞争力,才是应对当前挑战、实现经济结构调整和发展方式转变的根本途径。应当看到,我国企业在目前的转型发展过程中依然受到市场化改革不够深入、核心技术难以突破、先进的管理人才与理论普遍缺乏等瓶颈的制约,对企业转型发展理论新的进展需求也非常迫切。这就需要学者能够与时俱进,以更开阔的视野在相关领域开展理论与案例研究。

　　在上述目标的指引下,本所结合自身的研究特色,资助出版了这套"暨南大学企业发展研究书丛"。本套书丛不求全但求新,围绕以下三个方面开展研究,以反映最新的研究成果,突出实用性:

　　(1)依托中国本土文化特色,借鉴社会学与社会心理学的理论成果,探究互动行为与服务品牌资产之间的关联,寻找企业通过品牌管理获得竞争优势的路径;

　　(2)从企业持续发展的战略高度入手,开展管理模式创新研究,探索投资、知识创新、技术革新等要素对企业转型的推动作用,根据客户需求指引生产系统的动态定制,推动企业朝规范化、服务化、创新化方向转变;

　　(3)顺应旅游活动综合性的要求,用多维视角审视旅游业现状,不断创新旅游管理的理念、内涵、方法与模式,分析旅游业各要素的作用机制和影响效应等问题。

这套书丛囊括了本所部分学者长期研究积累的成果，本次结集出版也得到了科学出版社的大力支持。在书丛的编辑过程中，不仅注重每本书的学术水平，而且关注其使用价值，各位作者也都尽可能地将自己的最新研究成果阐述得通俗易懂，以启发更多的读者。由于这些研究成果仍有待完善，理论和方法运用还有不少值得改进之处，探索企业转型发展的研究还有待进一步深入。

希望通过此次的出版工作，一方面可以与国内外有关专家和同行分享相关领域的研究成果；另一方面接受各位专家的批评和建议，不断提高科研工作质量和科研成果水平，为我国和广东的企业转型发展贡献绵薄之力。

特此为序！

卫海英

暨南大学企业发展研究所

2015 年 3 月

目　　录

第1章 导　　论

1.1　日本衰落论与日企的创新

过去几十年来，日本在自然资源短缺、劳动力不足的局限条件下，走出了一条从经济落后国家走向经济发达国家的强国之路。日本创造出诸多高质量、高国际竞争力的电子、电器、精密仪器、机械和汽车等工业产品，成就了丰田集团、本田、松下、东芝、索尼、夏普、佳能、NEC、爱普生等众多国际知名的日本企业（以下简称日企）。这些企业在模拟时代（analog period）引领了一波又一波的产品革新风潮，并赢得了广泛的市场。"日本世界第一"（Japan as number one）的神话曾广为流传，日本特色的企业管理模式也因此备受全球关注（Vogel，1979；Hayes，1981；Womack et al.，1990）。日本独特的创新管理文化造就了"日本制造"在世界市场的良好口碑，成就了一大批世界级的知名企业，也使得日本于20世纪七八十年代一度成为世界瞩目的经济强国①。

然而，自20世纪90年代初日本经济泡沫破灭之后，人们对曾经崇拜和羡慕的日本的态度骤变。"日本不行了""日本走向衰落""没落的发达国家""经济停止发展""日本是19世纪的英国""失去的20年乃至30年"等论调取代了"日本

---

① 根据 Vogel（1979），1952年，日本的国民生产总值（gross national product，GNP）只是英国或法国的1/3，而20世纪70年代末期，日本的GNP与英、法两国的总和相等，超过美国的一半。70年代末，日本的钢铁产量与美国相当，但工厂设备却比美国更先进、更有效率。1978年，在世界最大的22座现代化熔铁炉中，有14座属于日本，美国一座也没有。日本钢铁企业的竞争力全球第一。20世纪50年代初期，日本从美国购买收音机、录音机和音响技术，但没过多久，美国市场上半导体产品基本上全是由日本制造的。70年代末，即使在那些日本人不熟悉的产业中，西方企业也输给了日本公司，如在乐器方面，美国知名的钢琴制造商史坦威等公司的销售量已不能和日本山叶钢琴公司相比，日本的"村松"牌长笛更畅销。其他如在自行车、滑雪设备、越野车等生产和销售方面，日本也遥遥领先。在汽车制造方面，1958年，日本制造的客车不到10万辆，1978年，汽车后起之秀本田汽车在美国的销量超过美国本土汽车企业及德国大众的销量。1979年，日本对外出口450万辆汽车，其中向美国销售近200万辆，而美国汽车在日本的销售量仅1.5万辆。

此外，从国际货币基金组织（International Monetary Fund，IMF）发布的排名数据来看，日本人均GDP（gross domestic product，国内生产总值）从1985年广场协议前的11 466美元增长至2012年的46 736美元，日本人均GDP绝对值增长了3倍多。

神话论"（杜舟和马鸣，2012）。特别是自 21 世纪以来，"日本崩溃论"风头更劲[①]。随着我国经济的稳步快速增长，尤其是 GDP 总量于 2010 年超过日本成为世界第二之后，该论调已然成了定论。

随着国际化和世界融合程度的深入，日本大多数传统家电制造企业出现连年亏损。有数据表明，2000 年至 2011 年，曾经实力强大的日本五大电子公司（NEC、松下、富士、夏普和索尼）总市值已蒸发三分之二以上，资本市场对日企的信心跌至谷底。自 2011 年以来，日本家电行业三大巨头索尼、松下和夏普同样出现连续巨亏，其中松下更是创下日本制造业界亏损额的新高（杜舟和马鸣，2012）。索尼自 2008 年到 2014 年的七年间六次出现巨额亏损（仅 2012 年实现盈利），累计亏损额达 1.15 万亿日元（2014 年度仅移动事业部亏损即达 18.2 亿美元）。经过大幅度的结构性调整，松下于 2014 年首季逆转了收入下滑的趋势，索尼净利润同比增长七倍。夏普亏损额也大幅降低，但主营业务仍亏损不断。拥有引以为傲的世界级领先液晶面板技术的夏普最终也无法摆脱衰败的命运，2016 年 4 月 2 日被鸿海集团（富士康科技集团的母公司）收购 66%的股份[②]，从此夏普的大部分经营控制权落入中国台湾企业的手中。

与此同时，日企在我国的发展近年来同样呈下跌趋势。夏普、NEC 等手机品牌全军覆灭，2014 年，一向销量良好的日系汽车品牌在我国的销售业绩也出现颓废之势。数据显示，2015 年日产、本田和丰田汽车公司的汽车销量仅分别位居我国市场第四、第六和第七位。2017 年 2 月的报道显示，受在我国市场衰退的影响，丰田在 2016 年度痛失 2012~2015 年保持的全球汽车销量冠军宝座，全年销售 1 017.5 万辆汽车，以 13.74 万辆的差距，落后德国大众，止步四连冠。

另外，与"日本崩溃论"相反的观点也引起一些读者的注意。例如，2010 年夏，英国《卫报》发表的关于日本的国家实力可能被长期误读的评论[③]曾引起广泛讨论。另一些看法也认为，呈现衰败和亏损的日企多见于传统的以电子、家电为主的企业，但并非日企整体全面亏损。只是少数企业中的部分产品未跟上时代变革的步伐，不能由此下结论说日本经济整体失去了竞争力。例如，索尼的移动事业部等亏损严重，但游戏、娱乐业务的盈利却持续增长。

我国商务部研究院日本问题研究专家唐淳风刊登文章称，1983~2007 年，日本海外投资企业的销售收入由零增长至 20 903 亿美元；海外总资产由 2 720 亿美元

---

① 自 2001 年 3 月宫泽喜一公开宣称日本经济崩溃论开始，日本内外便拉开了日本经济崩溃论的序幕。

② 2016 年 8 月 12 日，根据双方签署的协议，富士康科技集团出资 3 888 亿日元获得夏普 66%股权，夏普表示，13 日会召开董事会议，任命鸿海集团副总裁戴正吴出任夏普 CEO（chief executive officer，首席执行官）。这意味着富士康科技集团正式完成对夏普的收购。

③ 该文章认为，全球发达国家包括美国、欧洲等国家和地区都在衰退，但日本失业率低（长期低于美国），安全指数高，贫富差距小，全民享受医疗保险，人口预期寿命全球领先，可见日本仍具较强的国力。

增至 54 025 亿美元，20 多年内增长近 20 倍；外汇储备由 244 亿美元增至 9 733 亿美元，增长近 40 倍；同时海外纯资产竟由 373 亿美元增至 22 143 亿美元，增长达惊人的近 60 倍。也就是说，日本在本土之外还拥有着相当于其国内 GDP 的 1.58 倍的雄厚的海外纯资产。和海外纯资产长期为负值的美国不同，日本自 21 世纪以来的 10 余年间一直是切切实实的全球最大债权国[①]，是真正享受到全球化红利的国家[②]。因此，对日本的经济地位和经济状况的判断不容低估。

欧洲工商管理学院发布的《2016 年全球创新指数报告》(*The Global Innovation Index* 2016)将日本排在第 16 位，2017 年则将日本的创新国力排在第 14 位，日本的创新能力整体评价不高[③]。

创新是经济增长和国家强大的基石，但非一朝一夕所能成就。由于创新的特殊属性，创新对经济产生的效果不一定立竿见影，但却是预测和决定一个企业乃至国家未来发展前景的极为重要的前瞻性指标。

那么，日企在消费电子领域的衰退是否能就此得出日企整体失势，甚至创新能力低下的结论呢？媒体上常常见到的因日本经济衰退导致的创新能力丧失是否属实？二三十年来 GDP 增速缓慢的日本，目前依然是创新强国吗？依然具备竞争实力吗？日企的创新管理模式如何？呈现何种特征？日企的创新能力究竟如何呢？对以上种种问题进行理论和实践探究，为我国企业的创新发展提供有益的借鉴，基于企业管理的视角探讨日企的创新能力及其管理模式是本书的出发点和意义所在。

1.2 日企管理相关研究

1.2.1 日企管理的国外研究

国际上有较多关于日企管理方面的相关研究，但国内对日本的研究仍然有限。

[①] 近年偶尔被我国所超越。

[②] 唐淳风认为，日本政府很早就有构建"成熟的债权国"的图谋，首要之一就是提高日本海外直接投资的比重，以便与美国在经济全球化进程中深层博弈。20 世纪 80 年代，受国内生产的高成本影响，一些大型日本制造业不得不将部分生产环节移至国外，在低成本地区生产，形成了产业史上第一次全国性大规模战略转移。1997 年亚洲金融危机爆发后，亚洲新兴国家出口成本降低，大大挤压了日本的出口市场，日本进行了第二次产业大规模战略转移，包括制造业、物流业等在内的全方位转移。两次战略性产业转移外加 20 世纪 80 年代日元升值导致的日本海外权益疯狂收购，铸就了当前日本巨大的离岸经济。具体详见唐淳风（2003）。

[③] 中国今年总体创新指标排名第 25，在中等收入经济体中排名第一。http://www.gov.cn/xinwen/zhuanti/2016 GRIIbaogao/index.htm，2016-08-16.

本节将简要回顾有关日企管理的相关研究脉络。

国内外关于日企的竞争力、日企管理领域的研究，主要有文化决定论视角、国家战略政策视角、企业管理视角等几类研究成果，而其中最重要且研究成果最为丰富的属于企业管理视角。

社会文化特性视角的日本研究代表有岩田龍子（1978a）的《日本式经营管理的编成原理》、岩田龍子（1978b）的《现在日本的经营风土——根源及变革的动态探讨》、間宏（1964）的《日本劳务管理史研究——经营家族主义的形成与展开》、間宏（1971）的《日本式经营——集体主义的功与罪》及間宏（1989）的《日本式经营的族谱》等。该类研究指出，集体主义、家族主义及日本社会以儒家为主的传统文化的特殊性是日本式经营管理的编成原理，同时从地域性角度指出日本自然环境不稳定的特殊性形成了日本人独特的家文化和抱团文化。占部都美则从日本自然资源贫乏因而形成重视人这一特殊资源的利用和开发的视角，提出日本式管理的竞争力来源于以人为本、全人格化的管理文化。

国家创新系统（national innovation system，NIS）理论主张，创新并非简单的企业个体学习行为，而是一个复杂的系统性过程，创新活动的复杂性决定了必须从系统的角度出发，着眼于系统内部各组成部分的相互关系，才能真正把握创新活动的内在机制。

国家创新系统在英国学者克里斯托夫·弗里曼（Christopher Freeman）于1987年出版的 *Technology Policy and Economic Performance：Lessons from Japan*[①]中首次出现。弗里曼根据日本战后成功地实现技术赶超的经验，首次提出并阐述了"国家创新系统"学说（Freeman，1987）。该书将国家创新系统定义为"由公共和私人部门共同构建的网络。一切新技术的发起、引进、改良和传播均通过这个网络系统中各个组成部分的活动和相互作用得以实现"（弗里曼，2008）。弗里曼认为历史上技术领先国家从英国到德国、美国再到日本，这种追赶和超越是一种国家创新系统演变的结果，即当一国的经济在发展、追赶和超越中，在自由竞争的市场经济之外，还需要政府提供公共产品，寻求资源的最优配置，以推动产业和企业的技术创新（technological innovation）。

弗里曼在分析中进而指出，日本在国家创新体系构建和促进日企创新方面的成功经验体现了日本的国家集权意识。首先，科技立国政策在实现日本腾飞方面发挥了重要的战略导向作用，而政府在推进国家创新系统构建方面一直居主导地位。其次，日本国家、企业和科研组织不仅在经济快速发展时期持续加大科研投入，经济形势严峻时依然不松懈，并把坚持原始性科技创新作为日本改革前景的必由之路，为技术创新提供了必要条件。此外，日本能率协会、日本工业协会、日

---

① 中文版译名为《技术政策与经济绩效：日本国家创新系统的经验》。

本科学技术连盟、日本经济团体连合会（The Federation of Economic Organizations）等政府或民间团体在推动日企产品质量提升、生产效率提升和增强技术实力方面起到了关键而持久性的作用。

企业管理视角的研究主要是关于日本式经营管理特色的相关研究。大体上包括劳务管理（Abegglen，1958；OECD，1972；Ouchi，1981）研究；伊丹敬之（1987）的人本主义等的研究；生产方式、生产管理、生产系统和科学管理法的研究（Abegglen，1958；Womack et al.，1990；安保哲夫他，1991；安保哲夫，1994）；组织管理研究（加護野忠男他，1983；中村圭介，1996）；品质管理及其创新研究（Ouchi，1981；Hayes，1981；原輝史，1990；宇田川勝他，1995；明石芳彦，1996，1997，2002；遠藤英樹，1994a，1994b）；开发技术与创新管理及组织能力构建研究（Cusumano and Nobeoka，1998；延岡健太郎，2002，2006；Fujimoto，1989；藤本隆宏，2001；Clark and Fujimoto，1991；Harryson，1998；延岡健太郎和藤本隆宏，2004；藤本隆宏和 Clark，1993，2009），及 Nonaka 等（Nonaka，1995；Nonaka and Takeuchi，1995）、野中郁次郎（2002）的组织进化与知识创新等诸多学派观点，以及关于日企的管理模式及其竞争力的研究。其中研究最早且最多的是关于其劳务制度和人力资源管理特点的研究。该领域最早的知名研究莫过于由美国学者 Abegglen 于 1958 年首次提出的三种神器论（Abegglen，1958）。该观点从人力资源管理的视角将日企的管理模式及其竞争优势概括为终身雇佣、年功序列和企业内工会。该论点为日本从 1945 年后在美国的援助下创造出 GDP 年均增速 9%以上的经济增长奇迹找到很好的解读。特别是在经济合作与发展组织（Organization for Economic Co-operation and Development，OECD）在《对日劳动调查报告书》中将"三种神器"归结为"日本经营模式"的三大特征后，三种神器论的影响力进一步扩大（OECD，1972）。

一般认为，日本组织采用其独特的经营管理模式源于日本自然资源不足的环境背景，以及"唯有人才是唯一可靠的重要的资源"的认知哲学。20 世纪六七十年代，日本经济的高速发展导致企业出现严重的劳动力不足的客观状况更加重了管理者对这一管理模式的认同。加之日本自然灾害多而导致的国民普遍存在的较强的不安全感意识，员工更对源于三井、住友、鸿池等大财团的资本支持而发展起来的松下、东芝、NEC、索尼、各大商贸会社等大企业所代表的集体组织怀有极大的安全感和归属感，同时对这些组织所能提供的稳定的雇佣关系、持续的工资增长、循序渐进的晋升轨迹和团结的企业内劳资关系感到莫名的认同。在此模式下，员工的积极性和创造性也持续高涨。

Vogel（1979）针对 20 世纪 70 年代末日本赶超美国成为世界第一经济体的状况，基于调研，创造了广为人知的"日本世界第一"这一概念，该概念背后的管理理念和管理特征可概括为以下几点：第一，70 年代末日企的生产性（productivity）

已达世界第一。第二，日本成为世界强国及保持高竞争力的重要原因在于日企具有以高生产效率、良好的产品质量、强集体意识等为特点的独特管理方式。

Ouchi（1981）的 Z 理论从人本主义视角分析了成功的日企独特的员工管理方式，并将基于 Z 人性假设采取的兼有美国 A 型组织和 J 型组织优势的最理想、最成功的新型组织管理方式命名为 Z 组织（Ouchi, 1981）。Z 组织是一种能协调经营者和劳动者之间融洽和谐关系的组织，它不同于强个人主义、强层级管理和强化内部竞争的组织，它采用促进频繁交流的、长期的团队内部团结合作和相互间认同的业绩考核，基于高度自治和自我激发、相互启发理念使员工产生高内在动机、高忠诚度和最大化发挥潜能的管理方式。采用 Z 组织管理方式的日企广泛存在着一种独特的人性化的且在提出问题解决方案、取得发明创新和团队创新等方面均有突出表现的名为 Quality Circle Program 的非正式课题小组，这种普及率程度极高的小组活动极大地提高了全体员工的创新意识和创新能力，取得了大量创意、创新和发明类成果。

Hayes（1981）聚焦于日本制造业工厂的管理模式，研究日企员工和企业间的利益共同体关系、在质量管理中提倡"制造质量而非检查质量"的管理思维，以及 QC（quality control，质量控制）小组为主体的创新改善活动等。

此外，还有原辉史（1990）、明石芳彦（1996, 1997, 2002）、遠藤英樹（1994a, 1994b）等关于日企在美国式科学管理法导入过程中如何形成日式品质管理模式的过程研究；从生产和作业组织管理视角对日企生产方式、生产管理和生产系统的高效、参与等特点展开的研究（Abegglen, 1958; Womack et al., 1990; 中村圭介, 1996），特别是门田安弘、藤本隆宏等对以 TQM（total quality management，全面质量管理）、看板制（kamban）、JIT（just in time，准时制生产）等为特征的丰田生产方式（Toyota Production System, TPS）的创新过程展开的研究尤为众多，其中 MIT（Massachusetts Institute of Technology，麻省理工学院）团队对精益生产的研究更广为人知。

基于耗时七年的大规模跨国调研，加護野忠男等（1983）比较了美日企业在生产技术、经营战略、组织结构、组织过程、管理者等方面的特征和优势。同样从国际比较视角，对日企组织的管理系统如集体决策方式、稟议制度、品质管理、提案制度、改善制度、小组活动、授权型基层作业组织、促进信息分享的"大部制"办公室设计等提倡参与和鼓励创新的管理制度进行的研究也具有较高的知名度和影响力（安保哲夫他, 1991; 安保哲夫, 1994）。

指出日企提倡让普通员工参与管理类工作，从而培养了大批"知性熟练"型人才，从而大幅度提高了劳动效率的劳动经济学派的著名研究（小池和男, 1987, 1991, 1997）是具有经济学和人力资源管理交叉学科性质的知名成果。除此之外，关于日企的企业间合作的系列制度（keiretsu），即与上游供应商及下游合作商之间形成等级制、序列制的系列化交易体制（浅沼萬里, 1997）的研究是该领域引用率很高的知名成果。

以上研究都表明了日企管理模式在提高员工的生产效率、合作效率、工作积极性及产品质量，激发员工内在动机等方面的积极作用和重要意义。这些特色管理，极大地激发了员工的内在活力和潜能，给企业带来了生产率和技术创新实力的极大提升，从而使日企在产品品质、生产效率、人才开发及劳资关系等方面均具备了较强的综合竞争力。

藤本隆宏（1997，2001，2003）、藤本隆宏和 Clark（2009）、延冈健太郎和藤本隆宏（2004）基于大规模时序研究，从国际比较的视角，就日企在产品开发方面的创新进行了研究，形成了有影响力的系列研究成果。

中立的观点则认为，对日企组织管理方面的一系列创新要辩证客观地对待。斯坦福大学学者青木昌彦等从信息分配视角就日企和美企、德企等在层级分解（hierarchical decomposition）、信息同化（information assimilation）和信息包裹（information encapsulation）三方面的差异进行了详尽的研究（Aoki and Dore，1996；Aoki，2001；青木昌彦，2001）。Aoki（2001）研究认为，典型的日企组织的信息结构为水平层级制（horizontal hierarchies），其特征表现为，无论是垂直向还是水平向均贯穿着密集的信息同化，管理决策通常以"自下而上"（root-wrapping）的方式基于上下级之间的协商和沟通后做出，而丰田的看板制度恰恰就是这一典型特征的表现形式（青木昌彦，2001）。青木昌彦还认为，这种方式便于培养员工集体解决问题的能力，即促进小池和男所说的"知性熟练"型人才的培养。Nonaka和 Takeuchi（1995）从知识创造的角度对日企组织的信息冗余也持肯定的态度，认为这种信息冗余和日企的其他管理方式一起极大地促进了知识的创造，有利于日企在新产品开发与创新等方面保持竞争优势。但青木昌彦（2001）同时认为，这种信息负荷将随着组织规模不断扩大而变得过于沉重。因此，要辩证地看待对日企的管理模式的创新。

1.2.2　日企管理的国内研究

从与本书的相关度方面来看，国内关于日企管理视角和创新的研究大体有质量管理、丰田精益生产体系、作业组织、供应链管理、人事劳务管理等，此类文献主要为追随前人成果介绍型的研究，以对日本本土和欧美学者的部分日企管理研究的归纳、总结和解读为主，仅有少部分是基于调研的案例介绍。国内目前关于日企管理的较系统的研究主要有以下几个方面。

张玉来（2007）借鉴藤本隆宏（2003）关于日本汽车产业强盛的秘诀在于其组织能力方面竞争力的观点，得出了"创新组合"才是丰田企业独特竞争力的结论。该研究认为丰田的"创新组合"主要体现在两个方面，即"纵向组合"和"横向组合"[①]。且丰田在技术创新过程中创造了诸多独具特色但又相互关联的创新体制，如精益生产方式、技术模仿创新模式、零部件供应的承认图模式[②]、劳资协调体制、销售利益共同体意识和资本无债经营模式。

在中国社会科学院经济学部（2010）的研究中，工业经济研究所日本创新体系考察团关于日企创新体系的调查研究主要从创新主体、创新资源投入、创新组织顶层结构、促进大学与企业技术融合的知识集群政策、促进地区企业技术融合的产业集群政策、创新管理的技术战略图[③]和案例企业的技术创新等角度对日本的创新行为进行了分析。

刘湘丽的《日本的技术创新机制》一书总结了日本政府国家层面上的技术创新机制，包括日本从技术引进向技术输出演变的历史进程、国家科技政策的制定与实施、技术战略图的内容制定与使用、国家研发经费的分配与管理、国家项目的评价机制、企业技术创新和管理创新（administrative innovations）、技术人才培养政策、合作创新的集群政策和自主创新政策方法。和中国社会科学院经济学部（2010）相同，本书主要从宏观层面同时兼顾企业层面的视角研究日本的技术创新机制。其中主要就国家重点技术的开发进程与趋势、集结众多参与者的智慧的技术开发模式的有效性，即技术战略图这一独具日本特色的战略性技术管理方法进行分析。王承云（2009）对日本或日企的技术创新进行了研究，并给读者提供了一定的关于日企技术创新方面的启发，但未就日企的管理创新或创新管理展开讨论。

由此可见，国内该类研究主要聚焦日本国家层面和技术层面的创新制度和创新管理技术的归纳总结，对我国相关产业政策的研究具有一定的理论启发和实践意义。但以上文献主要基于对已有文献的分析和解读，基于一手调研的实证研究较为欠缺。即使有基于企业调研的案例研究，其理论贡献也不多，甚至可以说较为缺乏，在理论创新方面的国际影响力较小。但无论是国际研究还是国内研究，都认同政府层面的支持和国家战略的重要引导作用，无论是从研发投入（企业的研究投资占日本总研发费用之比高达70%），还是从研发成果的产出来看，企业才是日本创新的主体。

本书博采众长，从组织管理、技术研发和人才开发模式的视角对前人的各类研究成果加以吸收利用，对日企特色的技术创新和管理创新的模式进行解读。

---

① 以"自主创新"理念为指导，丰田实施了以"引进→模仿→创新→自主创新"为主要特征的渐进式创新模式，经历了不断发展的演进过程，形成了以时间为顺序的"纵向组合"；横向组合指的是丰田在各个层面的创新活动是统一的、相互关联的整体，它们构成整个企业创新活动的新组合，见张玉来（2007）。

② 承认图模式，即零部件的开发和设计更多依赖零部件供应商来完成的新产品开发模式。详见本书第3章。

③ 技术战略图就是将国家重点技术的开发进程与趋势，沿时间轴用图表形式描述出来，集结众多参与者的智慧，统一认识，保障技术开发活动的方向性、有效性的战略性技术管理方法。

1.3　研究内容与研究方法

1.3.1　研究内容

在日本的创新体系中，政府组织、民间组织和私人部门通过灵活而广泛的协作对企业给予了支持，但它们并非日本技术进步的原动力，企业才是创新的主体（Freeman，1987；刘湘丽，2016；中国社会科学院经济学部，2010）。因此，本书认为，国家战略学说并非解读日企竞争力的最好方式，但国家战略规划的作用不容忽视。NUMMI（New United Motor Manufacturing，Inc.，新联合汽车制造公司）等外国企业与日企合资企业在世界各地的成功案例，以及施乐、7-11 等美企在日本的成功案例说明，文化视角的研究毋庸置疑不再具有说服力。创新从诞生开始便是经济学的研究领域，经济学的相关观点符合本书的创新主题且其研究成果如小池和男、青木昌彦等的观点极具借鉴价值，因此，经济学视角的研究成果可供本书借鉴，但其内容和结论可从管理视角去阐释。管理学视角认为，企业主体对创新的管理能力才是组织竞争力强大的关键。

关于日企组织的创新能力的研究较多，但其中压倒性的研究以日本学者或日裔学者的研究为主，且用日语写成的文献居多。绝大多数日本学者从肯定的视角去解读日本的创新背后的管理模式。从管理视角究其原因，不难发现，日本经济的惊人发展速度很大程度上基于企业管理水平的持续进步和独特的创新管理体制的构建。因此，本书将尽量吸收各类有影响力的研究成果，基于日企的创新实力源于其独特的技术开发模式和组织管理模式这一视角对日企的管理特色进行解读。

基于长期的日企调研经历（张彩虹，2007；张彩虹，2009，2014；张彩虹和松田阳一，2006；张彩虹等，2010），笔者认为日企创新能力强大的根本原因主要在于其独特的技术研发模式，全员掌握多个知性熟练技能且全员均是创新的参与者，以及其促进全员参与创新之中的独特的组织管理体制。

本书随后的章节试图就如下问题进行探讨：

（1）日企的创新是如何渗透管理的方方面面并进而形成体系的？

（2）日企组织创新管理模式的演化路径与范式形成过程是什么？

（3）日企的生产技术管理与技术研发模式的特征何在？

（4）日企组织独特的创新管理模式的特点何在？

（5）日企组织的创新管理模式有何优越性及局限性？

基于这些问题，本书聚焦于企业管理层面探讨日企的创新实力及其竞争力。

具体从组织行为和人才开发模式的视角探讨日企创新管理模式的一般特征，为我国企业和相关人员在看待日企的管理水平和未来发展方面提供较为新颖的实证分析。此外，本书还以在我国投资的中日合资企业作为研究对象，力求通过对在我国投资的日企或中日合资企业的管理模式构建过程的分析探讨日企管理创新模式的构建过程。

以上研究问题看似复杂多样，实则可概括为两个方面的研究内容，即日企组织的创新型技术研发模式研究及日企组织的创新管理模式研究。对于第一个方面，本书将采用1981~2014年（部分至2017年）这一跨度超过30年的统计数据，并借鉴藤本隆宏等长达20年的研发调研国际比较、数据及具有影响力的案例研究成果，探讨日企技术研发模式的特点。就第二个方面，本书基于丰富的时序研究、历时多年的实地调研成果积累进行全新的解读。具体从团队创新、组织创新和管理模式创新共同演进的视角，同时也是组织结构、人才开发系统及质量管理的同步演进过程视角，通过深入的定量和定性调研，对此进行多方验证，探讨日企创新管理模式的一般特征和构建过程，及其与企业组织竞争力强弱之间的关系。

本书的研究对象为日本本土的一般性企业，其中特别包括优秀的日企如丰田、本田、佳能、索尼等，本书还将北京、广州的两家在华日资企业作为研究对象。基于深入的调研对这两家企业进行深度探讨，以验证本书提出的理论模型。以上为本书的基本分析思路。

1.3.2　研究方法

1. 文献研究法

本书将采用多种研究方法和分析方法就研究内容展开论证，具体包括文献研究、实地观察法、开放式或半结构化访谈、问卷调查、比较案例研究和时序研究等。

文献研究也称为文献检索，是指查阅、分析已有的同类研究或相关研究，尽可能多地查阅与研究主题相关的书籍、报纸杂志、论文、统计资料、调查研究报告及官方文件等各种形式的资料，以期了解和借鉴该领域中已经存在的理论成果和现阶段该领域的研究水平，使自己的研究能够避免重复或出现失误和偏差，在他人研究的基础上继续做进一步深入的研究，有助于提高自己研究的针对性，得出准确的研究成果。文献研究是一项站在巨人肩膀上的工作，文献研究的深度将决定问题研究的深度。

关于日本的管理或创新的研究较多，但大多属于由日本学者用日语写成且刊登在日本期刊上或以日语出版的著作。出于语言局限或数据库建设等原因，我国读者较少有机会接触这些创新文献。本书充分查阅大量国内外相关研究文献特别是日本出版的研究成果，了解和把握与研究主题有关的前沿理论和研究动向。此外，为获取史实资料，笔者曾走访日本各大质量管理机构及中国质量协会，以获得相关文献资料和数据。本书的文献具体包括：①前人公开发表的研究文献，如期刊论文、研究著作和调查报告等，这些研究文献为本书的写作提供了良好的理论和数据；②日本文部省、日本科学技术联盟、QC 小组本部、日本工业协会、日本雇佣职业综合研究所、中国国家统计局、中国质量协会等的调研数据和内部资料；③本书笔者及合作者用中、英、日文发表的公开论文、工作论文（discussion paper）、学会或研究会报告、问卷调查报告等。

2. 直接观察法

观察法的成功与否取决于观察的目的与任务是否明确、观察和记录手段是否适当，以及观察者的经验和态度。观察法又分为直接观察法和间接观察法。直接观察法是指在自然状态下，对被试的语言、行为进行观察、记录来判断其特点的社会科学研究方法。本书在实地调查过程中采用了现场直接观察法，深入研究对象的生活背景中，以参与观察的方式收集资料，并对这些数据资料进行定性分析解读。2002~2014 年，笔者多次到访日本松下大阪总部及大阪的工厂、旭硝子公司（Asahi Glass Company，AGC）横滨研修中心、爱普生总部及长野工厂、爱普生技术（深圳）有限公司、中日合资企业北京·松下彩色显像管有限公司（Beijing Matsushita Color CRT Co., Ltd.，BMCC）、广汽本田汽车有限公司（GAC Honda Automatic Co., Ltd.，以下简称广汽本田），深入企业的行政部、人事部、技术部、质量管理部、生产一线、QC 小组成果汇报会、部门研讨会等进行实地观察，把握这些企业内部员工的工作面貌，与一线员工、技术人员、高中低层管理者等深入交谈，观察和体验企业的文化氛围、管理氛围、上下级关系和员工的行为表现等，获取基于直接经验的真实体会。

为使直接观察法收集的数据更为有效，作为调查者，笔者在观察过程中尽量保证不偏不倚的客观态度，注意选择具有代表性的调查对象、最合适的调查时间和地点，深入表里，详细记录，调查后及时处理数据并进行整理分析。

3. 多方位深度访谈法

深度访谈法是质性研究中常用的资料收集方法，指访问者与受访者之间以一种单独的、个人的互动方式进行面对面的交谈，达到意见交换和构建意义的目的。访问者借出访谈的过程与内容，发掘、分析受访者的行为动机、信念、态度与看法等。深度访谈法除了可增加资料收集的多元性外，还能借此了解受访者对问题的想法与态度，也可透过问答双方的互动过程对问题加以澄清，以确认受访者内心的真实感受与行为认知。在前期的文献研究、直接观察和问卷调查等基础上，笔者针对相关问题对相关对象进行深度访谈，从而发现问题、收集信息及分析状况。

本书重点访谈的对象包括 BMCC、广汽本田及其日本总部、日本母工厂和中日两地的关联公司等，对包括日本高层总经理、副总经理、中方高层副总经理、总经理办公室秘书、制造部部长、品管部部长、工程师、质量管理人员、质量推进委员会负责人、事务员、班组长、一般操作工等在内的高中低层级的员工进行了多人次、多地点（地点包括在华日企、日本总部、日本关联公司、中国关联公司、东京大学经济学院，具体城市包括北京、广州、大阪、东京等）及多种形式的深度访谈，访谈以结构化、半结构化和开放式相结合的方式进行。同时，笔者还访谈了本书未纳入案例分析的其他企业，如爱普生公司制造部部长、佳能公司研发人员、朝日啤酒公司技术部部长等。通过广泛深入的访谈，笔者多层面多视角了解了这些企业的发展历史、企业战略、企业文化、工作氛围、各项内部管理制度、管理技术培训的普及方式及普及层面、培训制度、薪酬考核制度、作业组织等方面的特征，获得了较翔实的内部资料、录音信息和文字记录。

4. 问卷调查法

问卷调查法是社会科学各领域研究中最基本也是使用最广泛的研究方法。问卷调查法是研究者依照标准化的程序，把设计的问卷以任意可行的途径发给与研究主题相关的人员，然后对问卷结果进行整理和统计分析，从而得出研究结果的研究方法。经过前期的准备工作，根据不同访问对象和类型，本书设计了针对调研企业员工的问卷调查，以及针对在我国的日企驻华人员的问卷调查。并用 SPSS（Statistical Product and Service Solutions，统计产品与服务解决方案）统计软件对问卷结果进行了数据分析，以便采用多重方式获取有用的相关信息，多方验证观点。

5. 比较案例研究

本书对传统的彩色显像管制造企业和汽车制造企业作为在华日资企业的典型个案进行多角度定性和定量比较案例研究。对分别位于北京和广州的两家中日合资企业进行了多人次、宽范围的深度访谈和直接观察等定性调研，通过调研对比了两家日资企业在管理创新方面的异同，通过比较分析，挖掘有意义的结论。基于调研资料及相关数据进行质性研究和定量研究，以探索在我国的日企的创新管理模式及其特征，并对此进行理论分析。

6. 时序研究

本书采用企业管理调研中实施难度较大的基于较长时序跨度的调研方法——

时序研究（time series analysis）。基于历时态法着重对在华日企中的 BMCC、广汽本田在不同历史时期的演化进行描述性分析和归纳总结，分析这两家公司在我国从开始创立到调研时期为止的数年或十余年过程中构建其人才开发体系、管理技术渗透体系、组织创新体系等在内的组织管理和制度建设模式演化的动态过程，以及其构建结果在绩效方面的比较分析。以时间为横轴坐标在"共时态"中探讨不同因素之间的合力对各企业管理模式构建及创新能力形成方面产生的影响作用，比较各企业在相同演进阶段的进化程度和发生机制。本书所采用的数据虽然始于 2002 年，但笔者至今仍在持续关注这两家企业的后续消息及发展状况，2014 年对相关企业又进行了访谈调研。本书主要用于深度调研和分析比较的案例有 BMCC、广汽本田，但调研的企业还包括丰田集团总部及天津工厂、爱普生的长野总部及爱普生技术（深圳）有限公司等。东京大学经济学院藤本隆宏教授建议笔者对同一家企业进行持续跟踪调研，因为持续调研后累积得到的数据将形成自身在该行业领域的资源聚集优势。

7. 主题分析法

主题分析法（subject analytic method），就是根据文献信息存储和检索系统的需要，对文献信息内容进行分析和提取主体概念的方法。本书对参与观察的录音记录与访谈文字稿，运用主题分析法进行系统性的分析，试图归纳出与日本创新相关的本质问题，并以主题的方式呈现，用来帮助解释文本中所蕴含的深层意义。本书以多方位的基于时间序列的深度访谈为主，对两家企业数十年的各种内部书面材料、新闻报道、媒体采访、公开发表的学术文献及笔者采集的访谈录音等海量资料进行了解读。针对这些资料的分析方法是多元的，但以访谈为主的调研中必不可少的分析方法为主题分析法。运用主题分析法对访谈录音及内部资料进行专业解读有助于提高理论认知和拓展企业实践的理论内涵。

本书核心内容的前半部分采用基于对日企及其他欧美企业的大量实地观察、高层访谈、问卷调查等综合调研而形成的权威国际比较研究成果，以及日本近二十余年来翔实的统计数据开展研究。具体采用文献分析、数据分析和案例比较分析展开讨论。之所以采用这些研究方法，主要由于笔者的研究资源、经费、阅历和视野的局限性，不可能做得比著名学者多年辛苦积累的研究成果更为出色，而这些成果由于语言的限制及思维惯性的影响甚至很难被我国读者看到，更勿谈深入理解。本书后半部分重点以对日本本土企业的理论研究和实地调研为依据，构建理论分析框架，同时就该理论框架对我国的日资企业的实施情况进行调研。本书运用经济学、心理学、群体力学、组织创新、知识创新等跨学科理论与方法对日企的创新问题进行综合研究。本书主要运用观察法、访谈法、问卷调查等进行系统综合的资料收集，获取大量一手资料，结合文献研究和相关数据资料对问题进行分析和探讨。

本书核心内容之一的后半部分基于笔者在神户大学攻读博士学位期间的部分成果及后续成果、公开发表的期刊论文、调研报告，在日本劳务学会、日本经营行为科学学会、日本国际商务研究学会、东京大学汽车产业研究会等学术会议上所做的报告及在东京大学经济学研究科 MMRC（Manufacturing Management Research Centre，制造业管理研究中心）访学期间的追加调研和发表的相关成果，是在汇集多个专家的观点和个人多视角思考解读的基础上形成的。

1.4 研究思路与分析框架

1.4.1 章节概要

本书共分 8 章，章节概要如下。

第 1 章为导论。该部分首先介绍研究背景，分析本书的研究目的与意义，其次提出本书的研究对象、研究内容、研究方法、研究设计和技术路线，指出本书的创新之处。

第 2 章对创新相关概念及内涵进行解读。该章对创新、创新的分类、创新的模式等定义及其内涵进行界定，为之后对日企创新管理模式的技术创新和管理创新的讨论展开论述、为日本创新模式的分析做铺垫。

第 3 章对日本技术创新的模式及特点进行归纳和分析。采用日本文部科学省等的数据对日本国家及企业的研发费用支出情况、研发人员数量及构成、研究成果等数据进行分析，通过与世界主要经济体的对比，得出日本研发方面的一般特征。通过日式生产方式及日企的新产品开发模式的介绍、分析和归纳总结，指出日企技术创新的具体特点及模式特征。特别基于藤本隆宏系列研究及 Harryson（1998）等的新产品开发调研分析数据，归纳日企在技术创新的新产品开发方面的独特性和竞争力。

第 4 章基于文献研究，探讨日本本土企业组织的创新管理模式的构建条件和演进过程的关系，构建日企创新管理模式形成过程的理论模型，提出命题。

第 5 章和第 6 章分别就在华中日合资企业 BMCC 和广汽本田的管理模式创新的内在逻辑及其演化过程进行实证研究，从而帮助读者对日企的组织与管理创新共同演化理论模型获得较为全面的认识。

在第 5 章和第 6 章案例研究的基础上，第 7 章对两个在华日企在管理创新模式构建过程方面的差异进行比较分析，总结出该模式构建成功的企业的成功原因及由此带来的优势，并探讨构建未成功的企业的问题所在。

第 8 章为结论与展望。该章对本书的主要观点和结论进行归纳总结及理论探讨，并就日企创新管理模式的类型特点进行探讨；指出该模式的竞争优势及当前与今后遇到的问题；对该研究的创新之处和意义进行评价，指出进一步的研究方向。

1.4.2　思路与框架

本书的研究思路和分析框架归纳如图 1-1 所示。

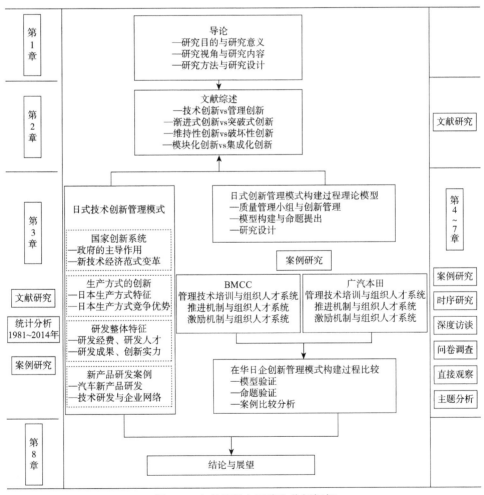

图 1-1　本书的研究思路和分析框架

渐进式创新: incremental innovations；突破式创新: radical innovations；维持性创新: sustaining technologies/sustaining innovations；破坏性创新: disruptive technologies/disruptive innovations

　　第 1 章和第 2 章为导论和铺垫的章节，第 3~7 章为本书的主要构成部分。其中第 3 章与第 4~7 章为平行的逻辑关系，分别介绍日企的技术创新与管理创新的模式特征。而第 8 章结论部分将会分析日企技术创新研发与日企管理创新之间的关系，总结全书各章节主要结论，并探讨日企创新模式的特征及合理性与局限性。

1.5　本　书　特　点

　　本书特点主要体现在研究视角、研究方法和理论模型三个方面。

　　研究视角方面，国内该领域研究基于国家战略视角对日本的技术创新进行的关于整体特征的分析较多，从企业层面对日本式的创新进行实证研究的成果不多，对管理模式的创新进行实证解读的研究更少。本书基于对在华日企的多年多角度调查，对日本式的管理创新模式进行实证研究。此外，国内对日本的技术创新研究较多，但对其开发模式的研究不多，本书将对哈佛学派和东大学派在该领域的权威研究进行较为深入的理论和实践解读。

　　研究方法方面，本书将综合运用跨层次实证研究法，宏观与微观双重层面相结合的研究法，时间序列研究法，定性为主、定量为辅的研究方法对案例企业进行深入探讨。基于时间序列的跨层次实证研究，本书笔者对两家案例企业进行了跨度长达 10 年的纵向时序调研，并且对中方、日方合资双方的高层管理者、部门领导、团队领导及个体员工分别进行了多人次、多种形式且横向跨度较大的多方位调研，调研方法综合运用了直接观察法、结构化和半结构化访谈法、问卷调查法等。

　　理论模型方面，本书将创建关于日企管理创新模式构建过程的理论模型，并基于对在华日企的调研，对此模型进行验证，为我国企业的创新管理提供参考建议。

第2章 创新定义、类型及创新模式理论综述

创新是企业活力之源泉，也是国家经济发展和人民生产水平提升的基本驱动力。迈克尔·波特（Michael E. Porter）在《国家竞争优势》一书中，针对在不同产业取得成功的 10 个知名国家进行的竞争力研究发现，"持续创新"是最重要的成功因素（Porter，1990）。Hamel 和 Skarzynski（2001）将持续创新视为第一经济规律。Schepers 等（1999）认为持续成长是所有成功企业的必备要素，只有不断创造新的产品、服务和系统等才能使企业持续成长。

本章以下部分就创新概念的定义、创新的分类及创新管理模式展开探讨，以便在后面章节更好地解读日企的技术、管理创新和创新管理的特点。

2.1 创 新 定 义

创新是一个在经济学、社会学、管理学和心理学等领域被广泛使用的概念。创新有各种不同的定义，以反映特定的要求和特定的研究特点（Damanpour and Evan，1984）。

约瑟夫·熊彼特（Joseph Alois Schumpeter）在 1912 年用德文出版及于 1934 年用英文出版的《经济发展理论》中指出，创新是内在因素，经济发展必然来自于国家或企业内部自身的创造性。Schumpeter（1912，1934）研究认为，国家经济发展是经济生活本身所发生的非连续体变化，是某种破坏均衡而又恢复平衡的力量发生作用的结果，这种推动经济发展的内生力量即创新。按照 Schumpeter（1912，1934）的观点，创新被定义为建立一种新的生产函数（the setting up of a new product in function），将从未有过的生产要素和生产条件的新组合引入生产体系的过程。Schumpeter（1942）等进一步完善了其创新理论，形成了以国家创新和技术创新为主的创新理论体系。

欧盟在 1995 年的《创新绿皮书》中将创新定义为，为了满足个人和社会需求，

在经济和社会内成功地生产、吸收和应用新事物及提供解决问题的新方法。美国国家竞争力委员会将创新定义为把感悟和技术转化为能够创造新的市值、驱动经济增长和提高生活标准的新的产品、新的过程与方法的新的服务（Samuel，2004）。彼得·德鲁克（Peter Drucker）在《创新与企业家精神》中将创新定义为赋予资源以新的创造财富能力的行为（德鲁克，2007）。经济学家埃德温·曼斯菲尔德（Edwin Mansfield）认为，创新是一项发明的首次应用。他认为与新产品直接有关的技术变动才是创新，创新是一种始于企业新产品的构思，终于新产品的销售和交货的探索性活动。Damanpour（1987）也认为，当一个新的想法形成时并不能代表创新的发生，只有当新的想法落实到运用层面才能称之为创新。

Senge（1990）研究认为，当一个新的构想在实验室被证实可实行时，工程师称之为"发明"，而当它能以适当的规模和切合实际的成本，稳定地加以重复生产时，这个构想才被称为一项"创新"。P. N. 康德瓦拉（Pradip N. Khandwalla）认同Senge（1990）的定义，认为创新是形成创新性思想并付诸实践的过程。

Thompson（1965）研究认为创新是新的观念、流程、产品、服务的产生、接受和执行。Zaltman 等（1973）研究认为创新是指一个新的观念、作业与实务上的成果被相关组织的应用。Mogee 和 Schacht（1980）将创新视为一个能使产业产生新的或得到改善的产品或生产流程的过程。Peters 和 Waterman（1982）视创新为善于持续应对各类环境变化的企业以创意的方式发展新产品和新服务的行为。

创新被经济学、管理学和社会学等领域学者广泛研究。组织创新学派 Becker 和 Whisler（1967）认为，创新是与组织的技术环境有关的新事物，是被有共同目标的系列组织中的其中一个组织最早应用的创意。Damanpour 和 Evan（1984）将创新视为应对环境变化或组织变革的手段。而组织层面的创新是新技术或新管理创意的贯彻实施。

创新是发展和实施各种新思想，包括技术、产品、工艺和管理方面的创新。在组织层面上，Amabile 等将创新视为新创意（new ideas）或行为（behaviors）的产生（generation）或实施（adoption）（Amabile，1988；van de Ven et al.，2000；Zaltman et al.，1973）。创新的产生给组织中的人带来新的收入、产品、服务、技术等，而创新的采纳则给组织带来新产品、新服务、新技术或新实践（Daft，1978；Damanpour and Wischnevsky，2006；Klein and Sorra，1996）。同样地，Amabile 和 Regina（1996）研究认为创新是在组织内新观念的成功实现。Damanpour（1991）研究认为创新是一个新的产品、新的服务、新的生产工艺技术、新的组织结构、新的管理系统或新的计划、程序。Brown（1994）则将创新定义为在产品、流程和程序等方面以与众不同的，或者更优的方法来增加组织的附加价值，提倡全员创新的管理形式。陈伟（2009）研究认为，对现行技术和生产系统的改进、产品质量的提升、新特性的增加、核心业务流程的再造和企业再造等都可视为创新，该定义强调了渐进式创新的重要性。

综上所述，创新是一个含义非常广泛的概念。综合大多数定义所包括的丰富的内涵，从组织视角出发，基于 Damanpour（1991）的观点，本书认为，创新是指能促进国家经济发展的，增加组织附加价值的新产品、新服务、新方法、新技术、新组合、新实践、新流程及新的组织结构或新的管理系统。

2.2　创　新　类　型

2.2.1　熊彼特五种创新类型

根据研究目的的不同，不同的学者对创新有许多不同的分类方法。为了更好地理解创新模式，厘清各种创新的类型是十分重要的，Daft 和 Becker（1978）、Duchesneau 等（1979）的研究均证实了其必要性。

最早关于创新类型的研究非 Schumpeter（1934）莫属。熊彼特所说的"创新"、"新组合"或"经济发展"，根据其内容可概括为以下五种类型：①引进一种新的产品，包括消费者尚不熟悉的产品或原有产品产生某种新的特性；②采用一种新的生产方法，即有关制造部门尚未通过经验检验的方法，这种方法的建立无须以科学上的新发现为基础，以在商业上处理某种产品的新方式存在；③打开一个新的市场，包括开辟一个未曾进入或尚未存在的新的市场；④征服或控制原材料、半制成品的某种新的供给来源；⑤建立一种新的产业组织，如形成或打破一种垄断地位（熊彼特，2009）。以上五种类型的创新分别被称为新产品（new products）、新生产方法（new methods of production）、新市场（new markets）、新材料供应（new sources of supply）和新组织管理（new ways to organize business）领域的创新。结合之后的创新研究的发展可知，熊彼特所界定的创新大体上分别对应产品创新（product innovations）、生产方法创新［工艺创新（process innovations）］、市场创新、供应链创新（资源配置创新）和组织模式创新等五个经典类型。

基于熊彼特的创新分类法的延续，在熊彼特的创新理论基础上，OECD 发行的《奥斯陆手册》（第三版）将创新视为在产品、服务、工艺、市场或组织管理方面实施一种新的方案或是对原有方案进行重大改进，并将创新活动扩展为产品创新、工艺创新、市场创新和组织创新四类（OECD，2005）。熊彼特和 OECD 的分类表明了企业创新活动的主要表现形式。

2.2.2　技术管理视角创新分类：产品创新和工艺创新

Schumpeter（1934）之后，Schumpeter 及其后续者们拓展了其创新研究体系，创新理论继续得以发展。代表人物有 Davis、North、Rothwell、Robertson、Utterback、Levill、Klein、Rosenberg、Nelson 等，并形成了经济学视角下的技术创新的理论体系（道格森，2000）。但相当长一段时间内，大多数研究，特别是经济学家和技术管理领域的研究者大多聚焦于前面两种类型的创新（即产品创新、生产方法创新/工艺创新）的研究，因而产品创新和工艺创新的创新分类二分法及其所代表的技术创新研究得到最为广泛的传播。

OECD（2005）研究认为技术创新包括新产品和新工艺及原有产品和工艺的显著变化。许庆瑞（2001）将技术创新定义为从新的构思出发到该构思变成成功的商业应用为止的全部活动。它包括科学发现、发明到研究成果被引入市场，商业化和应用扩散的一系列科学、技术和经营活动的全部过程。

Abernathy 和 Utterback（1978）通过研究产业创新模式后发现，在产业发展早期，产品创新比工艺创新频率更高，当主导设计出现以后，工艺创新开始占据创新的主要位置。而许庆瑞等（1997）则研究认为，发展中国家的创新模式可总结为"3I 模式"，即模仿（imitation）—改进（improvement）—创新（innovation），他们认为，对于发展中国家而言，初始时工艺创新比产品创新更为重要，而后产品创新才变得重要起来。基于以上论述，公认的最基本、最初始和最广泛的技术创新包括产品创新和工艺创新。产品创新通常指的是为迎合组织外部顾客需求而提供的新产品或新服务；工艺创新指的是被介绍进入一个组织进行产品生产或提供服务的新的元素（new elements）（Schilling，2008；Utterback，1994）。

值得注意的是，Freedman（1987）明确指出，技术创新是新产品、新过程、新系统或新服务的首次商业化转化。实现商业化转化和市场价值是创新活动的终极目标和本质特征，也是技术创新区别于技术发明的根本所在[①]。Mueser 研究了300 多篇（部）技术创新相关文献后发现，其中四分之三的文献强调当一种新思想和非连续的技术活动发展到成功应用的阶段时，才能被称为技术创新。Mueser 强调新技术与应用的成功结合的重要性的这一有关技术创新的重要结论和 Schumpeter（1934）的创新必须与经济相结合的观点一致，同时也与知名日本技术创新专家森谷正规（2002）关于技术创新不是技术发明，技术创新必须以商业利润的实现为最终目的观点一致。

---

① 当然，技术发明是技术创新的基础，但实现技术发明到技术创新的跨越还需要多方面的努力。

2.2.3　组织创新双核：技术创新与管理创新

随着对创新重要性认知的深入及创新从经济学领域的熊彼特学派、制度学派等向管理学领域的发展，越来越多的学者开始关注创新，并从不同角度对组织和管理领域的创新进行研究。其中尤以对"新的组织方式的创新"即组织创新的关注度最高。熊彼特认为组织创新是其创新发展理论的一部分，但他主要关心的是技术创新，并没有对组织创新进行深入的研究，其后一段时期的创新研究发展也大体沿着熊彼特的路线聚焦于技术创新领域，组织创新仅被视为技术创新的辅助条件。

然而实际上，组织创新直接影响着诸如技术创新、产品创新、管理与制度创新等活动，是企业创新的重要组成部分（Daft，1978）。由于组织创新对企业核心竞争能力构建的正向影响（谢洪明等，2006；谢洪明，2006），以及对企业绩效和效率提升方面的显著影响和重要贡献（Kimberly and Evanisko，1981；Damanpour et al.，1989；谢洪明和韩子天，2005；谢洪明等，2007），组织创新被视为企业可持续竞争优势的重要来源（Hamel，2006）。理论界和实践界越来越认识到组织创新的价值意义。

组织创新通常被定义为一种被组织所采取的新的想法或行为（Daft，1978）。在有关组织创新的研究文献中，代表性研究如 Becker 和 Whisler（1967）将其定义为一些与组织技术环境相关的新事物，他们认为组织创新是被拥有相似目标的一系列的组织所首次或较早使用的新的想法或行为。Daft（2000）将组织创新视为采纳对组织所在行业、市场或一般环境而言属于全新的构思、创意和行为。更多学者将组织创新定义为由组织内生的或外生的关于新的产品、设备、系统、过程、政策、方案或服务的创意（Thompson，1965；Zaltman et al.，1973；Damanpour and Evan，1984）。Damanpour（1991）整合诸多研究后认为，组织创新是指组织为了不断提高应对环境变化的能力而产生和实施新想法、新行为的过程。具体表现为新的产品或服务、新的生产流程、新的组织结构或管理系统，或者与组织成员有关的新计划等。本书认同 Damanpour（1991）的定义，同时发现，"组织创新"和上文定义的"创新"的区别主要在于组织创新是构建组织的动态竞争能力而存在的，是一种动态的过程。

有关组织创新的构成部分的相关研究中，具有较高认同度和影响力的当属组织创新的双核模型（dual core model of organizational innovation）。Evan（1966）、Daft 等（Daft，1978；Daft and Becker，1978）、Kimberly 和 Evanisko（1981）及 Damanpour（1987）等按照创新的目标及代表不同决策过程的创新类型，将组织创新分为技术创新与管理创新两个方面。这两种类型的创新分别对应组织的技术系统和社会系统（Damanpour and Evan，1984），共同构成组织创新的技术和社会两个核心部分，且只有当两种创新相互协同时才能使创新绩效最佳（Daft，1978）。Damanpour（1988）研究认为，此种分类方法考虑了创新在组织活动中的完整视角，反映了构成组织的技术和社会结构的最概括性的区分，是创新结构中最重要的二分方法。

创新双核模型的二分法源于 Evan（1966），该研究首次将组织创新划分为技术创新和管理创新两种类型。Evan（1966）、Daft（1978）研究认为组织创新的两个核心是相互区别的，有着各自的参与者、目标、问题、活动和环境。技术创新的主体来源于组织基层的技术工作者，目的是改进产品或生产过程。他们了解技术问题并知道什么样的想法适合目前的技术，有应用技术的经验，所以技术创新来源于组织基层，并向管理层自下而上地推进；而管理创新的主体为组织的管理者，通常表现为管理者从全局角度自上而下地解决管理问题。因此，组织中的管理创新的想法主要来源于组织高层并向下贯彻执行。

创新双核模型同时认为，管理创新和技术创新是构成组织创新的两个方面，同时两者之间还存在一定的关联性。而两者的关联效应都会受到技术的功能、改变的发生率、环境的不确定性及员工的专业性等一些因素的影响。当环境不确定性较低时，管理创新和技术创新两者间的关联性较弱；当组织要不断适应目标的改变时，管理创新的次数更多，管理创新和技术创新两者的关联性会变得紧密；当组织中员工的专业化程度较高时，技术创新的次数会多于管理创新。

最早将组织创新分为技术创新和管理创新的 Evan（1966）对二者的定义分别如下：技术创新是指关于新产品、新流程或新服务的创意；管理创新是指有关人员招聘、资源分配以及任务、权力或奖赏等管理措施的构造的政策创意。Evan（1966）的定义提供了一种对于技术创新和管理创新主体的较早的且具开拓性的解读。

总体上，从狭义的角度看，技术创新通常被界定为产品和技术领域的创新，是新产品、新工艺和新技术的首次应用（傅家骥，1998），是指产品、服务和产品生产技术方面的创新，这些创新涉及与产品或服务相关的基本活动（Damanpour and Evan，1984）。技术创新还可以是新产品、新服务、新想法的采用，以及组织产品生产过程或服务运营中新元素的引入（Subramanian and Nilakanta，1996）。而广义的技术创新则不仅包括技术，还包括市场、管理和财务等产生经济效益的全过程。例如，Mansfield 在 1971 年的研究中将技术创新定义为首次引进一个新产品或新过程所包含的技术、设计、生产、财务、管理和市场等各个方面。本书认为，以上关于技术创新的定义都有其合理性和逻辑性。但由于页面的局限性，笔者将技术创新界定为产品开发和产品生产技术方面的创新。

　　近年来，由于管理创新对促进战略增长、促进组织变革、增强企业绩效等企业实践方面所起的关键作用，研究界和企业界对管理创新的关注度日益增长。但不同研究对管理创新范畴的界定分歧很大。管理创新用英语通常被表述为 administrative innovations 或 management innovations（Damanpour and Evan，1984；Damanpour and Aravind，2012）。Abrahamson（1991）将管理创新界定为组织结构和文化方面的创新。Gopalakrishman 和 Damanpour（1997）则将管理创新视为对组织结构、管理过程和人力资源的变革。

　　而广义的管理创新被认为包括除了技术创新以外的所有创新。例如，根据 Birkinshaw 等（2008）、Damanpour 和 Aravind（2012）等的研究，广义的管理创新是指能给组织创造价值的新的组织结构、管理系统、管理过程和管理技巧，如 TQM、质量圈活动（quality control circle，QCC）、准时制生产、成本核算、360°反馈、事业部制组织（M 型组织）等。Damanpour 和 Evan（1984）认为管理创新是指组织结构和管理过程方面的创新，是技术创新以外的全部创新的集合。Birkinshaw 等（Birkinshaw and Mol，2006；Birkinshaw et al.，2008）同样将管理创新扩大至所有非技术创新范畴，认为管理创新是组织为使管理活动发生重大变革、促进组织目标实现而开展的新实践、新过程或新结构。Khandwalla（2003）认为，管理创新是指那些相对新颖的问题解决方式、决策或完成一项或更多功能的执行过程，如对执行的更好控制、更优秀的协调、对环境更强的应变能力、员工更好的能动性和更强的责任感等。李燚（2007）将管理创新视为一种在现有结构中降低成本的方法，更视为对现有资源整合范式本身的改变。这种改变体现为原有绩效的渐进式改善、绩效的突破式增长。

　　综上可见，本书认同 Damanpour 和 Evan（1984）关于管理创新是指组织结构和管理过程方面的创新，是技术创新以外的全部创新的集合的观点。本书中的管理创新包括组织结构、管理过程、文化制度、资源分配、控制系统及协同机制等所有组织社会系统方面的创新，内涵极为丰富，几乎涵盖除技术创新以外的所有管理领域，可以说是构建企业竞争能力的所有非技术创新的集合。

　　而关于技术创新与管理创新的关系方面，不同的研究者表达了相同的见解：两者只有在协同情况下才能产生最大效益。Vickery 等（1999）认为，管理创新与技术创新之间的协同首先体现在组织结构及由此形成的交流机制与技术创新的协同效应上。组织结构决定企业的责任和权力分配、交流机制、管理制度和运作流程，从而在创新决策、运作模式和效率上影响技术创新，同时技术创新的过程也是不断调试组织结构的过程。郑刚和梁欣如（2006）将组织创新的非技术层面要素，即管理创新细分为战略、文化、市场、制度和组织等五个维度，并指出这五个维度管理创新与技术的协同是企业技术创新成功的关键所在。许庆瑞等（2005）在对中国企业开展深入系统的研究之后提出全要素创新的概念，主张企业组织应实施包括技术和非技术在内的全部要素的协同创新。

苏敬勤和崔淼（2010）将适配理论移植到创新系统研究领域，基于适配理论分析了构成组织创新二维度的不同类型技术创新与管理创新之间的适配关系，并构建了两者之间的动态适配演化框架。该研究在对中兴通讯公司的 TD-SCDMA（time division-synchronous code division multiple access，时分同步码分多址）技术创新进行案例研究后发现：技术和管理是企业发展的"两个轮子"，仅重视技术创新远远不够，必须同时重视管理创新，且必须对企业技术创新系统进行合理的资源配置。外主内辅式的管理创新支撑技术后发型企业在高可变度技术创新阶段成功实现低成本的技术获取、消化吸收及向低可变度技术的转化，内主外辅式的管理创新推动技术后发型企业在低可变度技术创新阶段贴近市场的再创新，后发型企业成功的技术创新得益于在技术创新的不同阶段，企业根据技术和管理创新的动态自然的选择对技术创新系统资源进行合理的配置。

战略大师加里·哈默尔（Hamel）则强调了管理创新的关键作用。Hamel（2006）认为，管理上的突破可以给创新公司带来强有力的优势，并在行业领导中产生巨大的转变，相比之下，技术创新往往只能带来比较小的、单一的优势。在 *The why, what and how of management innovation* 一文中，哈默尔视管理创新为背离传统的管理原则、过程和实践，或者背离传统组织形式，从而显著地改变管理工作的一种方式。哈默尔认为，虽然一个新颖的管理理念转化为根深蒂固的管理实践需要持续、广泛的努力，并且在这个过程中可能会有很多错误的尝试，会走很多弯路，但管理创新的回报是相当可观的（Hamel，2006）。

同样地，Tidd 等（2001）也指出，技术、市场、组织变革之间存在互动系统，因此创新管理需要将各类知识和各种职能进行有效的整合。特别是管理创新被认为是技术或产品（服务）创新与企业绩效之间的中介变量（Lin and Chen，2007），具有较强的系统性，难以被竞争对手模仿，因而被认为是企业长期竞争优势的主要来源之一（Barney，1991，1996；Teece and Pisano，1994；Teece et al.，1997）。Tidd 等（2009）认为只有关注并重视管理创新的组织才是有战略目光的组织。

管理创新体现为组织管理活动形式、质量和状态等，在不同时期表现为新颖性或空前性的变化。如表 2-1 所示，管理创新本质上是一个复杂的系统过程，其影响因素多样，创新过程复杂，管理创新对组织学习和组织绩效均具有较强的影响作用和相关关系。

表 2-1　管理创新影响因素及相关变量

研究视角	代表文献	主要研究问题	主要研究内容
影响因素	Guillen(1994)；McCabe(2002)；Kossek (1987)；Howell 和 Higgins（1990）；Osterman（1994）	哪些因素影响管理创新的引进、产生，以及如何影响？	制度、组织文化、管理者和人力资源、技术条件、知识搜寻等

研究视角	代表文献	主要研究问题	主要研究内容
创新过程	Birkinshaw and Mol（2006）；Birkinshaw et al.（2008）	管理创新实现过程经历哪些阶段？	分阶段探讨管理创新从开始到结束的整个过程及其规律性
组织学习	Stata（1989）；Barker（1999）；Garvin（1993）；Naveh 等（2006）；芮明杰（1994）；张钢（1999）；李斆（2007）	组织学习如何提高管理创新的成效？	不同组织学习水平、学习方式对管理创新绩效的影响
组织绩效	Damanpour 等（1989）；Armbruster 等（2008）；Edmondson（2003）；Edmondson 等（2001）；Piva 和 Vivarelli（2002）；Naveh 等（2006）	管理创新是否能提升组织绩效？管理创新与组织绩效之间呈何种关系？	实施管理创新对组织绩效的积极或消极影响，两者呈线性或非线性相关

资料来源：苏敬勤和林海芬（2010）

2.3　技术或管理创新模式分类

根据创新对技术改进的程度，以顾客主张价值的差异为标准，或基于技术或商业模式的维持（sustaining）和破坏（disruptive）视角，或基于产品架构视角或管理思想的创新分类分别体现了不同的创新模式。

2.3.1　创新技术改进程度视角：渐进式创新与突破式创新

Daft 和 Becker（1978）、Ettli 等（1984）、Dewar 和 Dutton（1986）及 Damanpour（1991）等依据创新对技术改进的程度将创新分为渐进式创新和突破式创新。区分创新是渐进式创新的还是突破式创新的一个常用维度：该创新是否与现实不存在的、明确的、大胆的技术相结合（Duchesneau et al.，1979；Hage，1980）。假如一项技术对于采纳该技术的部门和组织的其他部门来说是全新的（Daft and Becker，1978），需要生产过程及产出物（如产品或服务）改变（Hage，1980），或者组织所需改变的代价是足够大的，才能保证计划进行的创新即突破式创新，反之则为渐进式创新。此外，区分渐进式创新和突破式创新还取决于技术工序的新颖程度及其所带来新知识的程度。这种差异与那些依据技术的知识成分来定义技术的研究者观点一致（Dutton and Thomas，1985）。

渐进式创新被定义为在现有的技术上取得较小的局部的进步或轻微的调整的创新行为（Munson and Plez，1979）。Nelson 和 Winter（1982）认为，渐进式创新对现存的产品改变相对较小，能充分发挥已有的潜能，并能强化现存成熟型企业优势，特别是强化已有企业的组织能力。实现渐进式创新不过分要求企业的技术能力、规模等。

突破式创新被定义为导致投入、产出或流程中根本性的、显著性改变的创新（Hage，1980）。突破式创新建立在一整套不同的科学技术的原理之上，它常常能开启新的市场和潜在的应用（Dewar and Dutton，1986）。此外，突破式创新往往给现存的企业带来巨大的难题（Hanna and Freeman，1984），但是突破式创新也会迫使企业不断提出新的问题，并不断利用新的技术成果和商业策略以寻求解决问题的新途径（Burns and Stalker，1996；Hage，1980），它常常是新企业成功进入市场的基础，并有可能导致整个产业重新洗牌（Rebecca and Kim，1990）。

刘新民等（2006）视渐进式创新为在产品的式样、服务等方面的改变或在现有技术基础上的连续的改进、提高或对现有工艺流程的改进和创新。该研究认为渐进式创新具体表现为以下四个方面。首先，虽然在某个时点的创新成果并不明显，但有巨大的累积性效果；其次，受经济和市场因素的影响更大；再次，从成果看，它不仅强化企业的生产技术能力，同时能强化企业、顾客和市场的联结，效果延续性强；最后，要求组织环境的不断完善和管理能力的不断提高，通过持续不断地积累局部改良性创新，由量变导致质变，最终演变为显著的创新。

突破式创新往往会改变人们的思维方式和应用方式，不仅影响到产业结构的变化，摧毁旧产业，创造新产业，还会引起人们生活方式与社会基础的变化。突破式创新主要可从以下四个方面来衡量：①创造性能上全新的产品在市场中销售；②在产品的研制上经常引入最新理念；③是本行业中开发和引入全新技术的企业；④是新工艺、技术的创造者。

日新月异的市场环境要求企业在创新上做好两手准备，一方面需要对产品和服务进行持续的、快速的、小幅度的渐进式创新，维持企业现有的市场份额及竞争力，另一方面还必须对产品和服务进行大幅度的突破式创新，以此来确保企业未来的竞争力。然而，在技术创新类型的应用方面却各有侧重。苏敬勤和崔淼（2010）基于实证研究指出，低可变度技术创新具有知识积累效应大、以长期的研发（research and development，R&D）生产实践为基础、以渐进式创新为主的特征。高可变度技术创新具有知识积累效应小、以突破型和探索型创新为主的特征。

创新是一个复杂的过程。在这个过程中，个体之间组织、吸收、交换、消化并创造新的知识，因此，不同的创新类型需要不同的知识管理机制。随着组织学习领域及动态能力研究的发展，渐进式创新和突破式创新的分类越来越受到学者们的关注。广为接受的组织创新能力的观点与组织如何利用知识资源的能力密切相关，如有学者强调新产品体现组织的知识管理能力。Nonaka 和 Takeuchi（1995）、Madhavan 和 Grover（1998）将创新作为创新型公司的特点并将创新理解为知识管理和知识创造的过程。

2.3.2　顾客主张价值视角：维持性创新与破坏性创新

哈佛大学 Christensen 在其 1997 年出版的专著 *The Innovator's Dilemma*（《创新者的窘境》）一书中，将技术（=创新）[①]视为一个将劳动、资本、原料、精力和信息等转化为价值更高的产品和服务的过程，是一个包含市场营销、投资和管理流程在内的广泛领域。Christensen（1997）以顾客主张价值的差异为标准，基于维持和破坏展开了关于创新的论述，并据此将创新分为维持性创新和破坏性创新两类。Christensen（1997）的破坏性创新理论对创新类型的划分主要不是基于其产品所蕴含的技术本身，而是基于技术创新对相应产业的商业模式的影响力而言的。

Christensen（1997）研究认为，维持性创新是指对主流市场的高端客户的需求，在对原有技术创新路径和产品竞争基础及现有商业模式不进行根本性改变的前提之下，通过采取渐进式改进和完善产品的功能、质量、服务水平或提高其性价比等措施来巩固和提高市场地位的一种创新。而维持性创新又可细分为替代式维持性创新、渐进式维持性创新和激进式维持性创新三类。替代式维持性创新是指以行业价值链中的某一特定环节为目标进行的创新；渐进式维持性创新是指以行业价值链中的某些相互依赖的界面为目标进行的创新，其创新结果是对基本的竞争基础进行略好的改进；激进式维持性创新也是以行业价值链中的某些相互依赖的界面为目标进行的创新，但创新结果是对基本的竞争基础进行高度复杂的改进。

破坏性创新则是指企业为开拓非主流市场而打破原有的技术创新路径、产品的市场竞争基础及现有的商业模式，使其研发的产品具有非主流市场所看重的产品特征、服务及功能，使之对主流市场现有的竞争格局、游戏规则、商业模式和在位企业的市场主导地位逐渐侵蚀，最终打破原有市场格局并征服在位企业的一种创新。Christensen 认为破坏性创新实质上更多的是一种商业模式上的创新，也是客户价值实现方式上的创新。从改变现有市场格局的角度出发，破坏性创新又分为低端市场的破坏、新市场的破坏和混合市场的破坏三种模式。低端市场的破坏性创新是指以低价为已满足现有产品性能的消费者提供足够好但低于现有性能的创新。值得注意的是，低端市场破坏不是简单意义上的成本领先，而是在对消费者价值偏好进行全面而深入的了解和分析的前提之下，通过把性价比较低的功能或效用剔除，保留其最基本的功能效用来有效地降低新产品的成本和消费者的使用成本，提高消费者整体的价值水平。新市场的破坏性创新是指可使非消费者更容易做某项工作，或者在更方便、更分散化的场所完成工作的创新。同样值得

---

① 为避免歧义，Christensen 之后用"创新/innovation"一词代替"技术/technology"。

注意的是，新市场破坏起初并不与主流产品进行正面冲突和竞争，而是开拓"未消费"市场，更便宜、更便利地满足非消费者的消费需求，并构筑崭新的客户价值网络，最终达到使主流市场对既有的产品价值网络和属性维度主动摒弃的市场目标。如果按照现有消费者重视的那些性能维度判断，该创新通常具有局限性，但是它可以通过新属性，如方便、定制或低价为原来的非消费者提供益处。但事实上，在分析破坏性创新模式时，Christensen 也不得不承认现实中大部分出现的破坏性创新是上述二者的结合体。低端市场破坏与新市场破坏的界限是很模糊的，因此加入了混合市场的破坏这一创新模式。

简单而言，维持性创新就是跟随产业或商业模式的指引不断改进与创新，以满足主流客户不断增长的需要。而破坏性创新往往是逆商业模式的现状而行的创新形式。这种形式的创新不一定以向市场上的主流客户提供技术方面更好的产品为目的。相反，通过引入性能较差但具有其他特点（如方便、便捷和廉价）的产品，吸引新的客户，破坏并定义新的商业模式与性能轨迹。Christensen 发现，在维持性环境下，市场中的现有企业几乎总能在竞争中获胜。而在破坏性环境下，新进入者更有可能击败市场现存者。

一旦破坏性产品在新的或低端市场上确立了自己的地位，改进与进攻的循环就开始了。特别是当主流市场上产品的关键性能已经满足了客户的基本需要，许多客户对关键性能的改进已没有兴趣，相反，他们对一些新的产品性能产生兴趣。于是，破坏性产品开始吸引主流市场的低端客户。而随着破坏性产品性能的逐渐改进，它在原来的关键性能上越来越接近原有产品，这使破坏性产品逐渐往主流市场的高端挺进，最终形成新的主流产品与主流商业模式（Christensen and Raynor，2003）。市场中主流客户开始并不需要新的性能，于是现有企业的创新方向瞄准关键性能的改进，相应的企业资源分配程序就主要是为了支持持续性创新，没有准备对破坏者创造的新的或低端市场进行防卫。因此，从本质上说，它们无法对破坏性创新做出回应。Christensen 将这一现象称为价值观或动机的不对称，它是导致市场现存者在破坏性创新中失败的行为缘由。

Christensen 总结了破坏性创新具备的三个关键特征：①破坏性创新产品往往具有低成本、高便利性，并会全面降低目标市场的综合使用成本；②破坏性创新起初的目标市场往往具有"非消费"的特征，即高价格、难操作等产品属性使得消费者自动放弃满足原有产品能有效实现的需求；③在位企业面对破坏性创新的市场瓦解时往往无所适从，最终多半归于失败。这三个关键特征主要通过技术、产品、市场和竞争四个维度表现出来。

那么，这里的破坏性创新与前文提到的突破性创新应该如何区分呢？本书认为破坏性创新和突破式创新虽有着某种相似和联系之处，但并不属于同一个分支，是不同的创新类型（Govindarajan et al.，2011）。

首先，从技术进步程度方面来看，实施破坏性创新所采用的技术本身不一定符合间断性或突变性的特征，也可表现为一定的渐进性或连续性，破坏性创新所使用的技术本身不一定是原创性的、开拓性的或复杂化的，也可以是简单化的、易操作性的；也就是说，破坏性创新不一定是基于全新的技术属性的创新，它可能是基于既有技术属性的重新组合或是产品结构的再设计（如产品结构的模块化等），从而为目标市场提供全新的消费体验（Christensen，1997）。当然，不能否认，也有破坏性创新属于技术的跨越式进步引起的创新。也就是说，破坏性创新可能同时是技术领域的突破式创新者。但突破式创新可能引起破坏性的创新，也可能不会引起破坏性的创新。

其次，从创新的突破口来看，突破性创新的核心是技术，而破坏性创新的核心在于市场细分、价值体系或商业模式。突破式创新是建立在一整套崭新的科学技术原理之上（Dewar and Dutton，1986；冯军政，2013），并会对企业的技术轨迹和组织相关能力产生根本性改变的创新，其关注的是技术工序的新颖程度及其所带来新知识的程度（Dutton and Thomas，1985），是含量很高的新知识的创新（Markides，2006）。而破坏性创新不一定包含崭新的知识和技术，但能在功能、价格和质量等方面有重大的改进，且该创新不在主流市场实施，而是倾向于在新市场方面寻找价值。破坏性创新理论对创新类型的划分不是基于其中蕴含的技术本身，而是基于技术创新对相应产业中商业模式的影响（Christensen，1997），例如，阿里巴巴集团的支付宝就是典型的对金融等领域的破坏性创新，但它不一定是利用了多么超前的技术，更多的是基于商业模式创意视角的破坏性。破坏性创新往往是逆商业模式的既有指引而行，它并不旨在向市场上的主流客户提供更好的产品，而是最初着眼于因利润微薄而不被在位企业所重视的边缘市场或新兴市场。破坏性创新强调避开主流市场，以低端市场和新市场为代表的非主流市场作为破坏的起点，而由市场机制所引起的边际需求递减则是破坏性创新发生的原因。

最后，从客户价值、创新强度、企业绩效角度来看，突破性创新则强调技术克服发展障碍，以及技术突破带来的从理论到实践上的应用；而破坏性创新是基于价值创新曲线跃迁的创新。它强调新的、超过客户预期的价值结构，以及技术的高强度（万宁，2015）。例如，苹果公司开发并销售的 iPhone 手机，是商业模式上的破坏性创新，同时又属于技术领域的突破性创新。

2.3.3　产品架构与管理思想视角：集成化创新与模块化创新

根据管理思想的不同，按照对产品结构分解与功能单元之间界面的互动方式的差异，技术与管理创新就其产品架构而言还可分为集成化产品架构（integral product architecture）和模块化产品架构（modular product architecture）两种。所谓模块，通常被理解为可组合系统的、具有某种确定功能的、典型通用的独立单元。藤本隆宏等（2001）研究认为，模块化产品架构是指产品的各个组件分别执行单个功能，组件与功能之间的对应关系非常明确，如组合音响设备、台式计算机、自行车等。组件（零部件、模块）之间的界面是标准化的。通过对现有组件的组合，实现产品的多样化开发。如果产品的功能、界面、标准在企业之间相互公开并分享，那么该产品就是开放式的模块化产品架构。反之，如果产品界面标准仅适用于企业内部，则该产品的设计理念为封闭式的模块化产品架构。而所谓集成化产品架构，是指产品的功能单元由多个组件来实现，功能群与组件群的关系错综复杂。每个组件参与多个功能单元的实现，组件之间的相互关系相当模糊，呈非一对一的关系。

Baldwin 和 Clark（1997）特别指出，模块化是一种新的管理思想，是一种新的战略和理念。模块化战略是指通过每个可以独立设计的，并且能够发挥整体作用的更小的子系统来构筑复杂的产品或业务过程（青木昌彦和安藤晴彦，2003）。因而，从产品架构这一视角出发，按照产品开发与设计创新的理念，创新可分为集成化创新和模块化创新两种类型。集成化创新是产品设计的传统理念，是相对于模块化而言的原有产品设计模式（藤本隆宏他，2001）。集成化产品架构创新的特点和优越性包括：①功能界面之间比较模糊，产品不易被复制，具有暗箱（black box）的特点；②有利于产品系统创新而非局部创新；③能发挥产品的全面性能。与此相反，集成化产品架构创新模式的局限性在于：①需要积累包括功能组件与整机系统在内的上下游资源，有资源消费过剩的倾向；②集成化的产品架构设计技术要求企业或企业集团组织具有较为强大的动态组织竞争能力（藤本隆宏他，2001）。

模块化创新是源自美国的一种新型产品设计概念。模块化作为一种特殊的新型的设计结构，起源于 20 世纪 80 年代的硅谷，并随之迅速成为硅谷乃至很多美国企业的竞争优势所在。Baldwin 和 Clark（2000）研究认为"模块化"这个概念有两个附属的观点。第一个观点是不同模块内部的相互依赖关系和模块之间的独立性。模块是一个单元，其单元内的结构要素紧密地联系在一起，但与其他单元中的要素的联系则相对较弱，这种不同的关联度导致了不同的模块化等级。换句话说，模块就是大系统的单元，这些单元虽然结构上相互独立，但是共同发挥作用，因此系统作为一个整体必须提供一个框架，从而既保证结构的独立性又保证功能的一体化。第二个观点可通过三个词来说明，即抽象、信息隐藏和界面。复杂系统管理可以通过将系统分割成小的模块，然后分别处理来实现。当系统要素的复杂性超过特定的阈限时，可将这种复杂性分离抽象出来，作为独立的、具有简单界面的一部分。这种抽象隐藏了要素的复杂性，界面则表明了要素如何与所处的大协同进行互动（Baldwin and Clark，2006）。

　　Baldwin 和 Clark（1997）在《哈佛商业评论》上发表的《模块化时代的管理》
（*Managing in an age of modularity*）一文中，"模块"（modular）被称为在信息技
术革命背景下产业的发展过程中逐步呈现出来的用于解决复杂系统问题的新方
法。Baldwin 和 Clark（2000）研究认为，模块化设计的特点是其中参数和任务结
构在单元（模块）内是相互依赖的，而在单元（模块）之间是相互独立的。对于
任何设计来说，单元间的独立性和相互依赖性可以通过设计或任务矩阵来确定。
模块化则具有可以通过外包等方式削减成本、灵活应对并迅速占领市场高地等优
越性（Baldwin and Clark，2006）。

　　最早对模块化进行研究的是诺贝尔经济学奖得主赫伯特·西蒙（Herbert A.
Simon）。Simon（1962）指出，科层（hierarchy）结构是有关复杂系统的组织原则，
由相互联系的子系统构成，而子系统又有自己的内部结构及其子系统。Simon
（1962，1981）以钟表业为例，提出了模块的可分解性（decomposability），把模
块化理解为一种在环境进化中促使复杂系统均衡动态演进的特殊结构，阐明了模
块化对于复杂系统管理的重要性。不过模块化理论在很长一段时间里并未受到经
济学界和管理学界的重视（曹虹剑，2006）。

　　模块化（modularization）概念由 Starr 于 1965 年在《哈佛商业评论》上首次
提出。Starr（1965）认为模块是可以单独进行设计和制造的部件，而这些部件又
可以多种方式进行组合。其实质是使技术人员设计、开发和生产的零部件能产生
最大组合或通用性，由此实现大规模、标准化的高效率与高质量生产，并满足用
户的个性化要求。1992 年美国学者 B. 约瑟夫·派恩（B. Joseph Pine）在《大规模
定制：企业竞争的新前沿》一书中提出，实现大规模定制（mass customization）最
好的方法就是建立能配置完成多样最终产品和服务的模块化构件。Holander 则提
出了复杂的适应性系统，开创了模块化理论的系统框架。

　　哈佛大学的 Baldwin 和 Clark（1997）有模块化领域颇有影响力的研究。该研
究指出，模块化是一种特殊的设计结构，其中参数和任何结构在单元（=模块）内
是相互依赖的，而在单元（=模块）之间则是相互独立的。该研究对模块化给出了
一个更具概括性的定义，认为模块化是通过每个可以独立设计，并且能够发挥整
体作用的更小的子系统来构筑复杂的产品或业务过程。Baldwin 和 Clark（2000）
研究认为，对具有可分解性的系统各部件的联系规则进行创造性的分解和再整合，
是实现复杂系统创新的一种新型方式。

　　模块的一个特征是具有能构成系统的接口，即模块之间共享的界面（结合处），
它的主要功能是传递功能。模块的接口可以是有形的，也可以是无形的。这种模
块之间的接口被 Baldwin 和 Clark 称为"设计规则"（design rules）。Baldwin 和 Clark
对模块化进行了更为深入的研究，他们特别指出，在设计 IBM（International

Business Machines Corporation，国际商业机器公司）/360 系统时，为解决各个模块之间及内部错综复杂的联系和依赖问题，设计者把设计信息分成"看得见的信息"与"看不见的信息"两类。"看不见的信息"是各个模块内部需单独遵守的设计规则，"看得见的信息"则是所有模块都需要共同遵守的设计规则。在模块化结构的产品设计中，不同区域之间的参数的相互关系都已经被设计规则预先确定，区域之间的非线性关系被解除，只剩下区域内部的相互依赖关系。由于模块化的设计规则是预先商定，甚至是全行业公开的，这就形成了产业和行业标准性质的标准化的接口（Baldwin and Clark，2000）。

青木昌彦和安藤晴彦（2002）将现代模块化理论研究分为哈佛学派、日本学派和青木学派三个主要派系。从模块设计角度看，哈佛学派 Baldwin 和 Clark（1997）认为，产品设计规则应包含三个部分的内容：①结构（structure）。确定哪些模块是系统的构成要素，它们是如何发挥作用的。②界面（interface）。详细规定模块如何相互作用，模块相互之间的位置如何安排、联系，如何交换信息等。③标准（standard）。检验模块是否符合设计规则，测定模块相对于其他模块的性能。每个设计出来的模块都包含这三个部分的信息，并在模块化过程中得以体现。

青木昌彦和安藤晴彦（2002）认为，模块是指半自律性的子系统，通过和其他同样的子系统按照一定的规则相互联系而构成的更加复杂的系统或过程。而模块化是把复杂的系统分拆成不同的模块，并使模块之间通过标准化接口进行信息沟通的动态整合过程，是为了处理复杂的事物而进行的原始的努力（青木昌彦和安藤晴彦，2002）。模块化又分为模块化分解化和模块化集中化两个过程，前者是将一个复杂的系统或过程按照一定的联系规则分解为可进行独立设计的半自律性的子系统的行为。后者是按照某种联系规则将可进行独立设计的子系统（=模块）统一起来，构成更加复杂的系统或过程的行为。青木昌彦和安藤晴彦（2002）根据系统的三个构成单位，即"系统信息"（或称为"看得见的信息"）、"个别信息"（或称为"看不见的信息"）和"舵手"，将模块化集中化分为三种基本类型。第一种类型为金字塔形分割模式（如 IBM 开发的 360 型电脑的产品架构）。其特征表现如下："舵手"负责处理专业的、排他的"系统信息"，即在设计、生产各模块之前事先决定模块的联系规则（即设计规则或界面规则）。各个模块的活动开始后，即使系统环境发生了很大的变化，也只有"舵手"有权决定改变联系规则。各模块在"舵手"发出"看得见的信息"的条件下，负责处理各自活动所必需的"个别信息"，这里的"舵手"起着系统设计师的作用。第二种类型为信息同化型联系模式（丰田型）。其特征表现为：在"舵手"的领导下，"舵手"与模块之间（或者在某种情况下是模块与模块之间）不断地交换经常发生变化的"系统信息"，各模块的活动开始之后，联系规则也会做细微的调整，也即"看得见的信息"在"舵手"与模块之间来回流动，被双方所利用。这里的"舵手"类似于 Clark 和

Fujimoto 在 *Heavy weight product managers* 中所说的"大经理"（big manager）。第三种类型为信息异化型-进化型联系模式（硅谷模式）。硅谷模式中存在多个模块主题同时在反复活动，而且也同时存在多个"舵手"。各个模块主体独立于其他模块，负责处理"个别信息"和从一开始就已确定的有限的"系统信息"。于是，各个模块发出的"看得见的信息"不一定是相同的信息。但是这种信息由"舵手"对它从"舵手"本身所处的系统环境角度加以解释后（如同提出对模块之间的界面技术规格的建议一样）以简约的形式再反馈到整个系统。于是各子系统的活动主体对"系统信息"的处理便包括反馈过来的异化信息的比较、解释和选择活动。通过这种分散的信息处理、传达和交换，单一的（有时是多数的）模块之间的联系规则不断被筛选，从而得以进化和发展。"舵手"通过事后（即在各主体的信息处理、设计、生产之后）对整体规则的整合，找出最合适的模块组合，形成生产系统。这里的"舵手"即找出整个路径的人（青木昌彦和安藤晴彦，2003）。

　　模块化创新指的是一种建立在非对称关系上的、以企业间网络为载体的分工创新与整合创新模式（郝斌，2011）。通常以模块创新的框架来分析企业创新资源的使用类型，一般可划分为三种创新资源定位，即产品体系的集成创新定位、次级专用系统的模块创新定位和次级通用系统的模块创新定位。模块化创新的过程是多主体进行创新协作的过程，包括模块企业、系统集成商、企业的员工、科研机构、中介组织和客户等。模块化创新需要一个集群环境，通过对企业间知识的有效集成共享，提高技术创新集群的创新潜能，为创新集群的发展提供丰富的知识资源。而复杂产品内企业间形成的面向协作和配套的模块化创新模式可分为技术联盟模式和核心企业协调下的模块化创新模式。复杂产品系统的技术联盟模块化创新模式是指复杂产品系统的集成制造商在寻求技术产品外包时还寻求在行业内有着重要影响的、同时能够和自己资源和市场互补或相互促进的企业结成同盟，形成更富有影响力的、技术能力更高的复杂产品系统开发联盟。核心企业协调下的模块化创新模式根据核心企业的不同类型而细分为以模块集成商为核心的模块化创新模式、以模块供应商为核心的模块化创新模式及以行业协会为核心的模块化创新模式。基于资源互补的复杂产品间模块化创新模式是指大量的系统集成制造商、模块集成供应商和模块构件供应商（通用模块供应商和专业模块供应商）集聚于某一特定的地理空间，共同从事模块化产品或服务的设计、制造和整合。

　　模块化在当今世界之所以备受欢迎，是因为模块化有着无可比拟的优势。首先，模块化是推动技术创新和产品创新的重要动力装置（张伟和陈凤者，2007）。模块化并非是信息时代的专利，几个世纪以前，人们就已经在生产中实践着模块化理论了。但是，今天的模块化相比于古典的实践而言其所构成的系统更加复杂，以至于每个模块内部所预设的设计规则只能分权化，也就是由子模块设计者自己独立创新而来，而且模块之间的联系规则在很大程度上也都要依靠事后的独立的改进而不断创新出来（青木昌彦和安藤晴彦，2003）。同时，青木昌彦和安藤晴彦（2002）也指出，当今模块化之所以备受关注，是以下几个方面的原因所致：分解复杂的系统（或者说组成复杂的系统）后得到的模块本身就是复杂的系统；模块的联系规则地进化发展；模块之间的联系规则，乃至 Baldwin 和 Clark 所谓的"看得见"的设计规则一旦确定，每个模块的设计和改进都会独立于其他模块的设计和改进（青木昌彦和安藤晴彦，2003）。

其次，模块化战略更符合当今的网络经济环境。在网络经济的背景下，为了获得竞争的边际收益，与独自发展的一整套技术相比，把技术的要素分解（模块化），集中力量设计、制造特定的模块，其他部分则通过与外部其他企业展开大胆合作，灵活地运用其他企业的资源，这种企业战略更有优势，这也是地方网络型的日本式企业组织形式的局限性（青木昌彦和安藤晴彦，2003）。IBM 在设计上创造性地采用了所谓的模块化原理以解决不同型号的电脑之间的兼容性问题，将设计规则分为两类。一类规则是事先规定的设计规则，包括确定哪些模块、详细规定模块之间如何安排和联系在一起（即确定所谓的"界面"）用于衡量模块的标准等。另一类规则可称为"自由的设计规则"或叫"看不见的设计规则"，它允许和鼓励设计人员在遵循第一类设计规则的条件下对模块内的设计进行自由发挥。例如，IBM 做了这样的模块化设计之后，新的系统与现存软件之间的兼容性问题得到了解决。IBM 在设计上的模块化战略最终导致了电脑产业结构的飞速升级和持续的创新，引发了后来的信息技术产业的集群现象——"硅谷现象"。有了设计和制造的戏剧性的模块化，特别是有了设计上的自由规则的那一部分，才有可能使研发独立的"模块"的队伍壮大并开展模块内部的竞争，因为只需熟悉共同的界面和标准等最低限度的规章，在各自的模块中如何进行研发可由每个团队自行决定（青木昌彦和安藤晴彦，2003）。

最后，模块化使得企业能够驾驭日趋复杂的技术。青木昌彦和安藤晴彦（2002）认为，通过把产品分解为模块这一子系统，设计者、制造者和用户都获得了很高的灵活性。不同的企业可以分别负责自己的模块，并且通过这种努力会产生可信赖的高质量产品（青木昌彦和安藤晴彦，2003）。模块化帮助我们处理事务的复杂性；模块化使平行操作成为可能；模块化有利于对付事务的不确定性。IBM/360型电脑的设计和 Simon（1962）中制作手表的例子告诉我们：我们不能试图短期内迅速调整复杂的整体系统，而应把系统分解为模块，通过各模块内部的局部调整，以便节约信息处理和传递的费用。而且各个模块专门从事局部的设计活动，因此我们可以发挥它的专业优势。在稳定的联系规则下，各模块设计所必需的信息处理过程可相互保密，从而使得各模块内部多个主题同时开展设计竞争成为可能，这种同时重复的研究开发努力也会产生选择价值。通过对模块内部的各种实验所取得的成果进行事后选择有可能使系统发生崭新的变化，模块化发展了，可以将原来的模块进一步分解，去掉某个模块之后再增加新的模块，或者将用在这个领域里的模块的组合规则负责到其他领域，即对模块的联系进行创造性的破坏与再结合，实现系统的创新。

另外，模块化具有创新方面的优越性。Baldwin 和 Clark（2000）将模块化管理思想和方法的应用等同于 19 世纪铁路运输对现代工业发展的作用，认为模块化的思想和实践带来了一个全新的工业技术创新时代，模块化是管理复杂事物的一整套规则。将复杂的系统分为独立的部分，各部分在结构内部可通过标准界面交流。模块化优势的其中一个重要方面是它在创新方面优越性。它把部分作为"看得见的信息"被整体组织（系统）所共享，其他结果则隐藏在各模块（子系统）中，由此带来在创新方面信息浓缩化的成本与利益。

此外，Baldwin 和 Clark（2000）将模块化的作用归结为以下三个方面：第一，模块化提高了复杂性的可控范围。通过限制元件之间或任务之间交互作用的范围，可以减少设计或生产过程中发生的循环次数与范围。第二，模块化使任务结构中的要素彼此独立，使得独立大型设计的其他不同部分（即子系统或模块）可以同时进行设计，从而提高了设计的效率。第三，模块化能包容不确定性。模块化将设计参数分为可见参数和隐藏参数，隐藏参数对设计的其他部分来说是独立的，并且可以中途改变。

然而，模块化虽能提升技术创新的速度，但同时也存在一些缺陷。首先，随着局部模块的增多，可能难以实现产品整体的最优化。因为每个模块都无法保证自己设定的联系规则能完善地概括所有系统环境的信息。系统的结构越复杂，事先设计的联系规则就越容易有缺陷。因此，在联系规则的标准化问题上存在矛盾关系：如果要进行局部化调整就必须以牺牲整体最优化为代价。而且如果把系统的模块（如各模块的活动方向、活动水平、产品规格等）分得过细，会使模块之间变得难以协调，这将导致模块化失去其应有的优势。因此，模块化并不是越小越好（青木昌彦和安藤晴彦，2003）。

其次，模块化系统的设计比联系型系统的设计要难得多。为了确定能使模块发挥整体作用且能阐述清楚设计规则，模块化系统的设计者必须精通产品和整个生产过程。此外，模块化在包容不确定性的同时也增加了设计过程中的不确定性。经营管理层并不能确定在众多实验方法中的哪一个一定能够在市场竞争中取得胜利。于是为了应付突发的市场变化，经营者必须掌握在技术、技能、金融等各种复杂的环境中做出正确选择的能力，同时，为了在模块化的世界里获取竞争优势，企业经营者还必须对公司内部组织进行再设计。为了创造出高效的模块，不仅要能迅速地对市场做出反应、灵活地运用技术革新手段，还必须使这个模块能适应整体结构。通常情况下，组织进行模块化，会把工作分配给独立的队伍，由每个队伍负责改进各自的子模块，从而加快每个模块的开发周期（青木昌彦和安藤晴彦, 2003)。

2.4 本书对日企创新的解读视角

本章对创新的定义、类型及创新模式进行了理论综述与解读。

关于创新的定义，本书基于 Damanpour（1991）的观点，认为创新是指能促进国家经济发展的，增加组织附加价值的新产品、新服务、新方法、新技术、新组合、新实践、新流程及新的组织结构或新的管理系统。

关于创新的类型，熊彼特认为根据其内容，创新可以被分为引进一种新的产品，采用一种新的生产方法，打开一个新的市场，征服或控制原材料、半制成品的某种新的供给来源，建立一种新的产业组织五种类型。然后，从技术管理视角出发，创新有产品创新和工艺创新两种类型，而基于组织创新双核模型视角，创新可以分为技术创新和管理创新。

关于技术创新或管理创新模式的分类，基于创新技术改进程度视角，有渐进式创新和突破式创新；基于顾客主张价值视角，有维持性创新和破坏性创新；基于产品架构及管理思想视角，有模块化创新和集成化创新。

通过以上分析，对创新有了更加清晰、深刻的理解之后，日企在以上这些分类形式的技术创新或管理创新的模式中分别体现为怎样的创新特征呢？接下来的章节将基于创新类型的二分法，就日企的技术创新和管理创新分别体现为何种模式特征展开深入的探讨。

第3章 日企技术创新与管理

3.1 技术创新的重要性

创新是一国经济增长的引擎，也是企业获取竞争优势的关键。21 世纪是技术创新的世纪，信息技术、生命科学、新材料、新能源、人工智能等高新技术的竞争越来越关系到综合国力的强弱。世界范围内的经济竞争越来越体现为技术创新领域的竞争，技术创新在国家经济中的主导作用已越来越明显。

综合第 2 章的观点，组织创新通常分为技术创新和管理创新。技术创新与管理创新是企业发展的"两个轮子"（苏敬勤和崔淼，2010），是构成企业组织创新的核心构成部分，技术创新和管理创新之间存在协同效应（Vickery et al.，1999）。技术创新被定义为关于新产品、新流程或新服务的创意（Evan，1966），是新产品、新服务、新想法的采用，也包括组织产品生产过程或服务运营中新元素的引入（Damanpour and Evan，1984；Subramanian and Nilakanta，1996）。

根据熊彼特等的观点，技术创新是新产品、新过程、新系统或新服务的首次商业化转化。无论何种新产品、新过程或新技术，在未能将其应用到经济领域并转化为经济价值之前，均不能称为创新。只有科技成果商业化的过程才是技术创新（Schumpeter，1912；Freedman，1982；森谷正规，2002）。因此，技术创新强调技术与经济的结合，并以新技术（新产品、新工艺等）的投入为前提。王承云（2009）强调企业是技术创新的主体，判断技术创新成功与否的重要标志是其市场实现程度，而不是技术上的完善程度。技术创新取决于产品、过程、系统、服务、发明专利等各类技术等的创新，更取决于技术的应用和管理方式。值得注意的是，实现商业化转化和市场价值才是创新活动的终极目标和本质特征，也是"技术创新"区别于"技术发明"的根本所在。

关于技术创新及其管理对企业的应用和效益方面，经济学和管理学领域的经典研究颇具说服力。亚当·斯密（Smith，1776）的《国富论》提出的分工理论应用于扣针工厂后，极大地提高了工厂的生产和劳动效率，带来了效率的本质性飞跃①，而费雷德里克·泰勒（Taylor，1911）的《科学管理原理》通过标准化、差别工资制等一系列科学的管理方法，为伯利恒钢铁厂及之后的诸多企业带来了效率的倍数增长②，亨利·福特把亚当·斯密的分工观念和泰勒的科学管理法引入汽车生产过程，形成了以流水线生产为特征的高度标准化的福特生产方式，而这一模式本身并非运用了划时代的技术，而是对已有技术的新组合而创造的生产方式。这些都极大地推动了生产率的发展，并因此获得了巨大的经济效益，以至于近百年来，人们一直将其视为生产制造的固有模式。

而日企在第二次世界大战战败后大力发展实体经济的过程中，致力于生产、质量、成本等技术在企业中运用的同时，也对生产、服务、技术等的管理理念和方法进行了改进，构建了一种不同于大批量生产方式和管理方法的福特模式的、具有日本文化特色和国际竞争力的日本生产方式（Japanese production system）。以丰田生产方式、精细生产（lean production，LP）等为特色的创新型生产方式已然成为精益、高效、灵活、柔性的代名词，在提高产品质量、降低生产成本、改善服务质量乃至提高企业的竞争能力及企业缩短产品开发周期等方面均有着重要的作用和一定的国际影响力。

同时，日本在第二次世界大战后的研究开发技术方面的创新经历了技术引进、消化、吸收和自主研发的过程，也形成了具有日本特色的高研发投入强度③，重开发、轻基础，商品化能力强、发明能力较弱等特点。从企业的研发看，日企重视研发过程的开发、生产和市场等多部门的参与，重视内外部网络间的知识分享与创造，橄榄球式的多工序同时开发及开放式创新（open innovation）等多个日企特色的新产品技术开发模式（Fujimoto，1989；Clark and Fujimoto，1991；Nonaka and Takeuchi，1995；Harryson，1998；王承云，2009）。

根据哈佛大学 Clark 教授和哈佛大学博士、东京大学教授藤本隆宏等的观点，制造能力、生产技术改进能力和新产品开发能力是日企的独特竞争力，而日本生产体系恰恰与日企的新产品开发能力存在较强的相关关系（Fujimoto，1989；Clark and Fujimoto，1991）。因此本章关于日企的技术创新能力及其特点主要从生产系统的技术创新、日本的研发投入、创新实力及日企的新产品开发创新等几个方面展

---

① 亚当·斯密在该论著中写道，在一家制造扣针的工厂，生产一枚扣针需要经过18道工序。这家工厂改进分工方式，改为由10名工人共同承担18道工序，每人负责1~2道工序后，每天的扣针生产量高达48 000 枚，平均每人生产 4 800 枚。如果让工人各自单独完成全部工序，那么他们中的任何一个工人，一天生产的扣针不超过20 枚。由此可见，分工能使工人的生产效率至少提高至原来的 240 倍。

② 泰勒在《科学管理原理》中提到，以搬运生铁为例，改进工人的铁铲等搬运工具和作业方法，实施科学管理法后，工人每天的生铁搬运工作效率由原来的 16 长吨（1 长吨=1.016 吨）升至 59 长吨，提高至原来的 3 倍多。详见泰勒（2007）。

③ 研发投入强度=研发费用支出/本国 GDP。

开论述。在此之前，本书先介绍日本技术创新的发展历程，以及国家在企业开展技术创新过程中的作用。

3.2　日本技术创新发展历程概要

日本的现代国家技术模式以第二次世界大战后从美国引进技术为出发点，是在政府的政策推动、金融和法律制度的改革下进行的，但企业才是技术创新的主体（于建原和李瑞强，2009）。

随着第二次世界大战后国内经济的迅猛发展，日本于 1968 年超过联邦德国跃居 GDP 世界第二，且在相当长的时期内维持了第二经济大国的地位，其创新型发展模式备受瞩目。因此，诸多研究将日本视为后发国家进行技术创新的成功典范（Freeman，1987；李博，2012）。那么日本的技术创新有何特点？日本的经济创新的实力究竟如何呢？

技术创新模式是指技术创新主体在一定时期内所采用的相对稳定的一般创新行为倾向和机制，包括技术创新的类型选择、动力来源、运行机制和管理方式等方面。不同的组合方式和重点，形成了不同的技术创新模式（王黎娜等，2006）。第二次世界大战后，日本在有效学习和综合集成西方技术的基础上，快速推进国家工业化，成为主导世界经济走向的重要发达国家。在技术创新过程中，日本形成了具有自己特色的创新模式。

和美国在经济发展中形成的"科学—技术—生产"的技术创新模式不同，日本的技术创新遵循"生产—技术—科学"的发展过程，并带来了不同的效果。美国的技术创新模式更加重视基础科学、高新科技的研发，通过科学创新技术，然后运用到生产中；而日本更注重通过购买、引进技术之后，再针对生产过程进行改造，把基础科学、高新科技的创新研究放在次要位置（王静文，2003；邵云飞等，2002）。因此，日本在其生产系统方面的创新广为人知，但人们对其在技术开发领域的实力却知之甚少。事实上，日企在技术开发方面也同样极具特色，并且形成了一种不同于欧美的技术创新模式。

从技术独立程度的视角来看，日本走的是"技术引进—消化—再改良—创新"模式，其演进过程表现为"模仿创新—引进消化吸收再创新—集成创新—原始创新"的基本特征。

第二次世界大战后日本的技术创新根据其技术独立的程度，经历了技术引进和消化阶段、技术引进与自主研发技术结合阶段及自主研发技术主导阶段三个主要发展阶段（刘湘丽，2011）。20 世纪 50 年代至 60 年代是日本经济从第二次世界大战后废墟中重新发展的时期，也是技术引进和消化阶段，也是反求工程（reverse engineering）阶段①。这一时期日企的技术基础薄弱，竞争力低。在技术能力落后的情况下，日企无力突破原有的科学技术限制，只能偏好于成本较小、周期较短、通过工艺创新降低成本的技术改良。而且，日本政府为了实现经济赶超，也积极鼓励企业在引进技术的基础上实施反求工程，开展渐进式创新。

这一时期的日本将钢铁、电力、煤炭和造船定位为重点发展产业，技术引进也以与这些产业相关的内容为中心而展开。同时从美国等发达国家引进的钢铁、石油化工、电子和汽车制造等技术为日本的高速发展奠定了基础。据调查，1960年，外国引进技术对日本工业产出的贡献度达11%（刘湘丽，2011）。日本引进外国技术的方式包括：购买设备与机械；与欧美企业进行技术合作；雇用欧美技术专家；购进尚在实验阶段的技术发明；日企派遣优秀技术人员到欧美国家寻找技术种子；等等。

在引进技术的同时，为解决在使用外来技术制造的产品时遇到的技术问题，日企组织了学习会、攻关小组，并展开了与相关企业、研究机构的合作开发活动。一方面，日本政府加大研发投入，在1955~1961年的研发投入年均增长达20%（小田切宏之他，1998），增幅超过GDP增长率。不仅如此，日本政府成立科学技术厅等筹划科技发展策略，逐步限制对外来技术的引进，如对汽车产业采取外国车进口外汇配给制和高关税等政策。另一方面，加大力度投入消化吸收从外国引进技术的反求工程中，在不依靠外商直接投资或未取得产品设计图和流程图的情形之下，基于自身的摸索去制造某件产品的仿制品，是基于模仿的技术学习（Freeman，1987）。

20世纪60年代，为日本经济高速增长期，日本的GDP在10年间增加近4倍②，被称为"开始认识到自主技术创新重要性的时期"。日本相继设立了"新技术开发事业团"（1961年成立）、"宇宙开发委员会"（1968年成立）、"宇宙开发事业团"（1969年成立）、"动力炉与核燃料开发事业团"（1976年成立）等，开始着手尖端领域的研究。1967年日本设置了企业研发费增加额免税制度，1968年设置了技术振兴融资制度，以税制、融资等方式支持企业开展技术开发。为解决特定的技术问题（如大规模、需要长期开发的、高风险的课题）而设置的，由若干大企业、国家研究机构等组成的"研究组合"合作开发形式应运而生。这期间，几乎所有大企业都设立了专门的研发部门（刘湘丽，2011）。

这一时期日本的科学技术创新机制基本确立，政府有较完整的行政体制和研

---

① 意为对引进技术的消化吸收并加以改良。根据Freeman（1987）的观点，事实上日本政府和企业在19世纪末就已广泛采用反求工程，只不过第二次世界大战后投入强度更高。

② GDP数据引自日本经济企划厅的《经济白书》。

究机关，同时以直接援助、税制和融资的手段促进企业的研究开发活动，而企业则为了在竞争中生存而积极开展各个领域的技术开发，成为日本创新体系中最重要的部分。

（1）技术引进与自主研发技术结合阶段。20 世纪 70 年代，日本的产业技术从"引进技术主导"向"引进与自主开发技术结合"的方向转变。根据 1977 年日本科学技术厅计划局关于民营企业研发状况的调查，当时企业拥有的技术中，"国外引进技术"占 42.3%，"纯国产技术"占 57.7%，完全照搬使用国外技术的比例仅为 4.8%。这表明日本企业并不单纯地使用引进技术，而是注重对其的消化、改良及创新，这一调查结果表明日企此时已经具备了相当程度的技术创新实力。数据表明，这一时期日本的技术贸易额在国家总出口贸易额中的占比已达 1/4，可见其技术实力已稳步立足于强国之林。这一时期的日企构建了注重现场改进的生产管理体系，在技术管理方式上也取得了长足的进步。

20 世纪 80 年代，日本的 GDP 在 10 年间增加了 1.7 倍，日本技术达欧美同等水平。政府进一步提出了"科技立国"战略，制定了"科学技术政策大纲"（1986年推出），旨在加强基础研究，培养创造性人才，增强企业的自主技术开发能力，进一步提高日本的国际竞争力。20 世纪 80 年代中期，日本产品的出口大幅增加，高科技产品在世界贸易中占比达 19.8%（1986 年）。贸易出口额与进口额之比从 1980 年的 0.26 上升到 1989 年的 0.38（日本文部科学省，1999），日本的技术强国地位进一步稳固。尽管这一时期自主创新较少，以渐进式创新为主，少有原创性的突破式创新，但确实取得了不少的创新成果。例如，统计分析表明，1966 年，日本的机动车制造业在美国取得的专利数微乎其微，至 1976 年中期，已经赶超联邦德国同时期在美国的专利数，并列世界第一，并且自此之后的 20 世纪八九十年代这一相当长时期内日本在美国该领域取得的专利数一直位居世界第一（Altshuler et al.，1985）。

20 世纪 90 年代日本在房地产和股市方面空前繁荣，但日本政府很快就对这种脱离实业经济、货币财富虚增的泡沫现象感到不安，采取了釜底抽薪的措施去刺破泡沫，却从此给实体经济带来了沉重的打击，告别了 20 世纪七八十年代的高速、中速增长。1991~1999 年，日本 GDP 年实际增长率分别降至 3.8%、1.02%、0.31%、0.64%、2.74%、3.10%、1.08%、-1.13%、-0.25%，呈现从未出现过的急速下滑，且低迷状况持续至今。

20 世纪 90 年代，由于日本国内经济处于低谷，企业研发投资相应减少，各行业在 20 世纪 90 年代的研发费平均增长率均低于 20 世纪 80 年代。但自 20 世纪 70年代开始研发的技术到这一时期日趋成熟，如被誉为替代日光灯等光源的蓝色发光二极管技术的创新。这一创新技术用于商业化后，至 2003 年已发展至国际市场规模，达 1 000 亿日元，而日企占据了其中 70%的份额（日本文部科学省，2007）。

与国内总生产的低速相反，该时期的技术贸易出口、进口规模继续增长（日本文部科学省，1999）。

（2）自主研发技术主导阶段。进入 21 世纪以来，2000~2009 年，日本 GDP 实际增长率除中间几年稍好以外，其他年份持续低迷，分别为 2.78%、0.41%、0.12%、1.53%、2.20%、1.66%、1.42%、1.65%、-1.09%、-5.42%，特别是 2009 年受金融危机的影响下滑很快。而 2010~2017 年日本 GDP 实际增速分别为 4.19%、-0.12%、1.50%、2.00%、0.34%、1.22%、0.99%、1.60%[①]。其间，技术贸易出口与进口的比值（日本银行统计口径）在 2003 年首次突破 1，2004 年达 1.15，2005 年继续扩大至 1.2，之后十余年来，除 2009 年前后金融危机时期稍有回落外，一直稳步增长，2014 年达 1.79，日本在世界技术贸易中进入了长期出超阶段[②]。事实上这一时期日企的技术创新活动也出现了新的高潮，各行业投资和设备投资增幅加大，基础研究投资呈增加趋势。

20 世纪八九十年代后，日本不断加大科研投资力度，提出"科学技术立国"，努力迈向"技术立国"国家战略，实现了在 21 世纪以前的 20 年内使日本在新兴技术领域达到较高水准，并在较长时期内稳住目前居世界前列的经济大国地位的目标。

从 20 世纪 90 年代后期起，日本经济好转，研发投入费用增加，创新活动重新活跃起来。为了使分布于各研究机构、大学及企业的决策者对国家技术战略方向有清晰、一致的理解，做出正确的判断，更有效地进行科研活动，就必须使国家技术战略更详细、更易于传播和理解，于是技术战略图应运而生。技术战略图，简单而言，即将国家重点技术的开发进程与趋势，沿时间轴用图表形式描述出来，集结众多参与者的智慧，统一认识，保障技术开发活动的方向性、有效性的管理方法。日本从 2005 年又开始了对技术创新管理的国家改革。

日本作为曾经排名第二位、目前排名第三位的世界经济强国，之所以能取得举世瞩目的经济成就，与其及时制定合理的发展战略是密不可分的。1985 年"广场协议"的签订导致日元大幅度升值，日本在激烈的国际竞争和日益加剧的贸易摩擦中，逐渐认识到技术创新才是保持国家竞争优势的根本。因此，日本政府在经济发展战略上进行了革命性的变革，由"贸易立国"战略转向了"技术立国"战略。在发展战略的转变过程中，日本政府愈来愈重视研究开发活动，研发资金投入和研发人员数量不断增长。

特别值得一提的是，1986 年开始推出的"技术战略图"是日本在政府层面引导技术发展与创新的国家战略，对 20 世纪 80 年代中期之后的日企技术发展与创

---

① 2016 年至 2017 年底，日本 GDP 实现连续 8 个季度正增长，系 28 年来首次出现。
② 技术贸易状况是反映一国技术实力最真实的指标，出口收入额超过进口支出额是技术先进国家的特征。

新进入自主阶段有重要的推动作用。该路线图由"进程设想"、"技术图"和"技术路线图"三部分构成（刘湘丽，2011）。"进程设想"介绍研究开发过程及其成果转化为商品或服务并被提供给社会的主要阶段，以及国家应采取的应对措施。"技术图"在概述满足市场和社会需求所需要的技术课题、要素技术及应有功能的同时，沿时间轴对国家应该掌握的关键技术进行描述，目的在于使相关人员对其技术领域有整体理解，并有体系地开展研究，同时也为国家研发投资指明方向和进度。"技术路线图"规定了各要素技术及应有功能的开发时间轴，在各时间点上给出具体的目标，作为技术创新进展的里程碑，有利于企业等技术开发主体检查研发进度，分析与其他技术的开发进度的关系，促进技术合作和技术融合。日本经济产业省认为，技术战略图指出了研究开发成果产业化的内容与进度，从产业化的角度对各领域关键技术应解决的课题及研究进度做出了规定，提供了从研究开发到产业化的全过程的指南，促进了不同领域之间各种知识的融合与扩展，推动了产学官之间的知识共享和力量集结。并且，日本国家技术战略图与学术研究路线图和企业内技术路线图三位一体，促进了从基础研究到应用研究再到开发研究之间的双向知识流动，加快了新知识产出的速度和广度。

3.3　日本国家创新系统：新技术范式的确立

诸多研究证明，日本被视为后发国家进行技术创新的成功典范（Freeman，1987；李博，2012）。英国学者弗里曼在其 1987 年出版的 *Technology Policy and Economic Performance：Lessons from Japan* 中首次提出国家创新系统理论。该理论认为，一国的技术创新并非简单的企业个体的学习行为，而是一个复杂的系统过程。弗里曼认为历史上技术领先的世界中心从英国到德国、美国再到日本的过程，其实是一种技术上的追赶和超越的过程，是一种国家创新系统模式演变的结果，即当一国的经济在发展、追赶和跨越中，在自由竞争的市场经济之外，还需要政府提供公共产品，寻求资源的最优配置，以推动产业和企业的技术创新。

该书在分析中指出，日本在构建国家创新体系和促进日企创新方面的成功经验体现了日本的国家集权意识，体现了政府在推进国家创新系统方面的重要作用。具体包括：通产商业省（以下简称通产省）制定向知识密集型产业转移的政策；企业在技术引进、消化吸收和创新中的主导作用（反求工程、准时制生产、丰田生产方式或精益生产方式、对质量的全过程控制等）；教育培训与社会创新（国民教育的普及、重视，工程专业人才的培养，社会领域的平等化运动，实施大公司管理机制改革，使得日本阶层之间的收入差距和地位差距极其微小，也使得日企的劳动力具备了高灵活性和高适应性的基础，而终身雇佣制构建了一种强大的激励体系，为日企的技术进步提供了丰富的经验和知识的稳定积累）；等等。这些方面的努力使得企业、政府、机构间彼此形成了一个相互关联的强大的系列网络。

综合考虑对技术变革与创新的实证研究，以及熊彼特学派（技术推动论）和需求拉动方面的理论，Freeman（1987）按照创新活动的范围与影响程度，将技术创新的方式分为四类，渐进式创新、突破式创新、新技术体系（new technological system）和新技术范式（new technological paradigms）（弗里曼，2008）。

"渐进式创新"通常指通过需求压力与技术机会的结合而实现的创新方式。实证分析表明，这类创新通常体现在各种生产要素效率的改善、产品和服务总量系数的变化及生产率的稳步上升方面。根据需求导向产生的发明与创新大多与该类创新存在联系，在专利取得中也占绝大多数（弗里曼，2008）。例如，20 世纪70 年代，本田着手开发水冷式发动机以替代原来的气冷式发动机，并于1971 年推出使一氧化碳、碳氢化合物、一氧化氮等有害物质大幅减少的 CVCC（compound vortex controlled combustion，复合涡流控制燃烧）发动机，超越了美国马斯基法案的管理标准，凭借尾气排放技术走在了世界制造商的前列。

"突破式创新"也称为根本性创新。它不是对现有产品或流程的微小改进，而是取代现有产品和工艺流程的"毁灭性创造"。突破式创新一旦成功，将开拓新的市场或使现有产品的成本得以降低或是产品的质量得到巨大的改善。这类创新还常常伴随有产品创新、工艺畅销和组织创新的连锁反应，可在一段时间内引起产业结构的变化，但它的经济效益需通过随后大量积少成多的渐进式创新和扩散才能真正实现（弗里曼，2008）。

"新技术体系"的变革指对若干经济部门产生重大影响，同时催生某些新产业的意义深远的技术变革。这种变革以突破式创新与渐进式创新的结合为基础，通常是由一系列突变的、渐进的和组织上的创新组成的创新群。这类创新对经济系统有着普遍影响，能改善多个部门的生产条件和生产方式，甚至创造出全新的生产部门（弗里曼，2008）。

"新技术范式"的变革是指经过较长的一段时期（十年或更长）进行新范式的确定，再经过一段更长时期使其在整个系统中进行扩散的创新方式。而一项新的技术经济范式的发展包括最优实践的新规则、新惯例或科技革命，通常会引起生产函数等的技术、经济或社会方面的系列变动。这种由新技术引起的范式上的变化往往是"量子跃迁"（quantum leap）式的，往往伴随着大规模组织和社会变革的发生（弗里曼，2008）。

基于技术创新的分类，弗里曼通过对英、美、德、日的国家创新实践的比较分析后发现，国家兴衰很大程度上取决于能否适应新的技术经济范式的创新。并进而指出，日本的技术赶超不只是个别技术领域的赶超，而恰恰是依赖于国家创新系统对技术创新资源的集成能力、集聚效率和适应性效率等技术经济范式的转变和赶超。他认为，第二次世界大战后日本经济腾飞的成功很大程度上归功于日本的国家创新系统较好地适应了信息技术的新范式。尽管日企在过去并非突破式创新的主要贡献者，但它们的管理方式和策略被证明非常适合对这类新技术经济范式进行快速的验证和开发（Freeman，1987）。因此，弗里曼将日本的国家创新系统视为全球最具效率的系统之一。对外国技术的消化吸收和改良创新等技术进步，以及自 20 世纪 90 年代以来日本的研发投入长期保持在占 GDP 比例达 3%以上，这些措施在其中的决定性作用使得日本从"技术追赶型"向"创新导向型"国家成功转型（弗里曼，2008）。

3.4　生产方式创新

3.4.1　日本生产方式概要

20 世纪二三十年代，福特生产方式曾在相当长一段时期被其他国家的企业争相效仿。其后，德国和日本等也进行过全国性的产业合理化运动（安保哲夫，1994）。日本正是因为通过全国性的产业合理化运动，形成了与众不同的日本生产方式，实现了日本经济的腾飞。

日本神户大学经营学部教授宗像正幸（1989，1991）认为，日本生产方式是以美国工厂管理学，特别是泰勒科学管理法的具体技巧为基础，以德国工业经营经济学为体系发展出来的生产方式。学习国外知识和自我开发一直是日本工业生产效率维持和提高的重要基础。通过学习与自我开发的全民运动，20 世纪四五十年代，日本全面学习美国的科学管理法和其他适用于生产制造类工厂的生产技术手法，如TWI（training within industry，产业培训）、OR（operation research，生产研究）、MTP（management training program/plan，管理培训项目/计划）、PM（project management，项目管理）、WF（work flow，工作流）、IE（industrial engineering，工业工程）、SQC（statistic quality control，统计质量控制）、QC，并在此基础上结合实践探索，进行了创造性的改进[①]，从而构建了以 TQM、准时化、自动化、零库存、系列管理为核心的丰田生产方式等为核心，以高质量、低成本等为主要特征的独特的生产方式。这种被称为"日本生产方式"的竞争武器，使日企达到迅速扩大国内生产和海外投

---

① 如大野耐一等从美国超市开放式流程管理方式上吸取灵感，创造了日本生产方式，丰田生产方式是其重要代表。

资的效果。

更为重要的是，日企还在国内各个生产领域通过柔性生产方式实现了高效率、高质量和精益性（lean）。柔性生产方式是日本生产方式的一个重要组成部分，是该生产方式重要的竞争力之一。它是以现场中人的要素构成的，这种人的要素支撑着日本式经营管理技术。与美国式生产方式让工人适应机器、设备和生产线，将人看成机械手的方式相比[①]，日本生产方式被称为"human-ware"（島田晴雄，1988），该方式重视生产现场中人的因素。较典型的是小池和男（1977，1981，1991，1997）的"知性熟练论"。该理论包括：日企重视广大员工技能的多样性和广泛性，通过师徒制的在岗培训（on the job training，OJT）、离岗培训（off the job training，OFF-JT）和岗位轮换（job rotation，JR）等典型的内部培训方法，对几乎每个员工都采取由易到难、由浅入深的技能习得模式。且该理论认为正是日本生产方式中独特的让普通劳动者独当一面去应对生产线上出现的各种复杂的质量缺陷或异常问题的方式，才使得劳动者达到知性熟练，从而实现了生产效率和经济效益的最大化。

从纯技术角度看，无论在任何国家或企业，生产技术及生产方式的原理及作用机制都是相似的。但日企之所以能在市场竞争中占据一席之地，是因为其在吸收和学习生产技术的基础上，结合文化、环境等因素进行了技术上的改良和管理上的创新而形成的独特生产方式（Womack et al.，2007），这种生产方式被其他国家企业争相学习，并取代了福特生产方式。

3.4.2　日本生产方式构成

1. 丰田生产方式

日本生产方式的发展离不开丰田生产方式，日本生产方式中最突出、影响力最深的也是丰田生产方式。20 世纪中后期，诸多日企已经慢慢意识到，过去通过模仿学习美国生产方式导致日本经济发展和繁荣的原有生产方式已经落后于时代，不能适应消费者急剧变化的价值观和生活方式及市场与环境的重大变化。因此，从根本上对过去的生产方式进行改革的企业正在增加，其中最有代表性的企业是第二次世界大战后在日本生产技术领域一直居领先地位的日本丰田汽车公司，其在日本引进了福特式的大规模生产方式，并对此进行了有效的改进后，在生产技术领域取得了世界瞩目的独特且高效的技术创新，创造出大规模定制的精

[①] 泰勒在 *The Principles of Scientific Management*（1911 年版）中写道，搬运生铁工人的选拔标准为：愚蠢、冷漠及体力上像头公牛，必须足够迟钝。详见泰勒(2007)。

益生产方式（弗里曼，2008）。随着丰田在全球取得的业绩增加，丰田生产方式得到了世界范围的广泛认可。越来越多的日企开始效仿丰田的生产方式，对企业进行改革，也取得了一定的成果。丰田生产方式由丰田的副社长大野耐一创建，是丰田的一种独具特色的现代化生产方式（门田安弘，2008）。

丰田生产方式，亦称准时化生产方式，包含了"一个目标"、"两大支柱"和"一大基础"。简言之，以实现企业对员工、社会和产品负责任为目的，以杜绝浪费为目标。在连续改善的基础上，采用准时化和自働化的方式，追求制造满意产品和理性。

大野耐一（2014）认为企业中存在着许多浪费，这些浪费正是提高劳动生产率，从而产生效益的机会。消除这些浪费是增加公司效益的良机。因此，丰田生产方式的"一个目标"是通过改善活动消除隐藏在企业里的种种浪费现象，从而低成本、高效率、高质量地进行生产，最大限度地使顾客满意。

丰田生产方式中的"两大支柱"指的是准时化和自働化。产品（不停滞地）连续流动，或对市场上数量和种类两方面需求变化的弹性适应，需要通过准时化和自働化来实现。

准时化不仅是丰田生产方式的出发点，还是丰田生产方式的基石。准时化生产是准时化这一概念在生产方式上的应用。简言之，准时化生产就是将必需的产品，按必需的数量，在必需的时候生产。准时化生产是以拉动生产为基础，以平准化（leveling system）为条件。拉动生产是以看板管理为手段，采用取料制即后道工序根据市场需要进行生产，对本工序在制品短缺的量从前道工序取相同的在制品量，而形成全过程的拉动控制系统，绝不多生产一件产品。"看板"是准时化生产的一种手段，以实现准时化、零库存为目的。在生产过程中因为看板的拉动而创造连续流动，使平准化生产变为可能。平准化在品种和数量上实现混流加式运动，起到对市场多品种、小批量需要的快速反应和满足功能（门田安弘，2008）。

自働化是人员与机械设备的有机配合行为。丰田生产方式中库存极少，如果不能迅速生产，就会失去市场机会。而维持高度完好的生产系统和杜绝不良品出现，是自働化的目标。自働化是指给机械设备设定感知异常立刻停机的功能。生产线一旦出现质量、数量、品种方面的问题，机械设备便能自动停机，并有指示显示。自働化要求机械设备要像人一样，具有发现品质问题立刻停机的智慧。因此，丰田公司特意用了加"人"字旁的"働"字（刘湘丽，2011）。同时任何人发现故障问题都有权立即停止生产线，主动排除故障并解决问题。将质量管理融入生产过程变为每一位员工的自主行为，将一切工作变为有效劳动，也使得带"人"字旁的"自働化"更有意义。

"一大基础"是指改善（kaizen）（门田安弘，2008）。改善是丰田生产方式的基础。改善是指：①全面改善；②消除浪费；③连续改善。丰田的经验表明，提高质量、降低成本、保证按期交货、提高生产效率的根本手段，是永不停止的全面改善。同时，持续不断的全面改善也是生产方式不断完善的根本保证。丰田的改善思想和改善措施是通过"合理化建议制度"和"QC 小组活动"提出并实施的。

此外，丰田生产方式也注重精益生产，其在第二次世界大战后就取得了令世界瞩目的独特且高效的技术创新的成就。精益生产又称精良生产，其中"精"表示精良、精确、精美；"益"表示利益、效益等。精益生产就是及时制造、消灭故障，消除一切浪费，向零缺陷、零库存进军。精益生产综合了大量生产与单件生产方式的优点，力求在大量生产中实现多品种和高质量产品的低成本生产（刘蓉等，2001）。精益生产模式为丰田实现拒绝浪费，向零库存模式进军提供了有利条件。

丰田通过长期坚守"一大目标、两大支柱、一大基础"和精益生产，形成了日本最具代表性的"零库存"管理模式。所谓零库存，是一种特殊的库存概念，零库存并不是等于不要储备和没有储备，而是指物料（包括原材料、半成品和产成品等）在采购、生产、销售、配送等一个或几个经营环节中，不以仓库存储的形式存在，而是均处于周转的状态。它并不是指以仓库储存形式的某种或某些物品的储存数量真正为零，而是通过实施特定的库存控制策略，实现库存量的最小化。"零库存"管理模式在丰田的成功实施，为丰田节约了一系列库存成本，越来越多的企业也开始加入实行零库存管理的行列中。

丰田生产方式是在日本的土壤上诞生并且为人所瞩目的生产方式，它通过降低成本、消除浪费而增大利润，被许多企业采用，成为日本生产方式的一个重要组成部分。

2. 佳能细胞生产方式

日本是一个善于模仿并善于在吸收中加工创新的民族。丰田生产方式在诞生和发展的过程中，保持并吸收了欧美先进的经营理论和经营方式。在丰田生产方式中，"作业标准化"仍然继承了泰勒的科学管理方式，福特式生产方式的最主要特征——传送带生产方式，仍然存在于丰田生产方式之中。但丰田生产方式对传统的传送带生产方式进行了改善，创造了细胞生产方式，这种方式能让劳动者拥有积极性和成就感，而最具代表性的是佳能细胞生产方式。

佳能通过不断完善和改进细胞生产方式，进一步提高生产效率，降低生产成本。1997 年，佳能在废除总计约 16 000 米长的生产流水线后，实施细胞生产方式改造，1998 年开始取得成效，劳动生产率平均提高了近 50%，其中佳能在大连的工厂采用细胞生产方式以后，年内劳动生产率提高了近 370%，公司的边际利润率由 1999 年的 2%提高到 2004 年的 10%，升幅达 4 倍之多；公司每位员工贡献利润在 1999~2000 年的单年内升幅达 80%，2004 年的百分比更是 1999 年的 4 倍（酒卷久，2006）。

简单而言，细胞生产方式就是一张工作台，其与传送带生产方式相比有很大的不同。在以往的传送带上，由众多操作者配合传送带的流动进行作业组装。而在细胞生产方式中，由一个或几个人负责多个工序进行组装。

根据酒卷久（2006）的观点，佳能细胞生产方式与传送带生产方式相比，有以下几点不同。

（1）等待时间。原有传送带生产方式中的工人经常有等待的时候，即等待的浪费。例如，外壳安装区等待镜头的浪费，"监视机器"人员"闲视"的浪费，生产过程中人员等待的浪费，等等。而在新的细胞生产方式中，同一位工人知道完成一项工作的所有工序，具有高度的柔性和灵活性，因此，它可大幅度地减少等待的浪费。

（2）搬运。原有传送带生产方式中的另一种浪费即搬运过程中的浪费。有研究人员指出传送带生产方式中，其注重大批量生产，工人在实际作业时间减少的同时，总工时却在增加，经仔细分析后发现，是两个工厂间的运输工时居高不下。那么，在细胞生产方式中如何改善这个问题呢？在细胞生产方式中，其注重小批量生产，原材料和零部件货仓及完成品货仓需要贮存的物品大幅减少。将工厂进行合并后，原材料和零部件货仓由原来在别处变成在生产线旁，从而减少搬运。在不可能完全消除搬运的情况下，重新调整生产布局，尽量减少搬运的距离。

（3）应变能力。传送带生产方式另外一个大问题就是应变能力差。当生产的产品改变时，车间需要很多时间去重新分配工作及将只懂专门工序的工人训练做另外一个工序。而细胞生产方式正是为了配合市场的不断变化，每位工人都懂得组装一件完整产品的工序，因此，在从生产一个型号转到另一个新型号时，不需大量训练，就能使生产线快速切换生产新的产品。此外，应变能力弱和大批量生产会导致大量原材料、零部件及完成品的库存，细胞生产方式可提高工人的应变能力，从而减少库存、消除浪费。

（4）不良品。产品制造过程中，只要有不良品产生，就会造成材料、机器、人工等的浪费。任何修补都是额外的成本支出。原有传送带生产方式由于工作分工太细及大批量生产，往往需要大量时间发现不良品。细胞生产方式由于以单元生产，很容易生产一个试版，使每个人都对完成品有整体的理解，能及时发现不良品，确定不良的来源，从而减少不良品的产生。细胞生产方式带来的最大效果是劳动者的意识改变，使自发性的改善活动成为车间的风气，进而发展为全公司的结构性改革。

通过以上几点比较，可发现佳能等企业引入细胞生产方式的主要目的是清除厚厚污垢般的传送带时代的"无用功"。而佳能细胞生产方式之所以著名，就在于上述比较中最后一点所提到的，佳能通过细胞生产方式带来了全企业组织的结构性改革。

制造类组织的竞争力通常是由开发、生产、销售三个部门合力决定的。但是，当推进组织结构改革时，以生产部门为起点，效果会更好。首先，在工厂劳动的人占大多数。佳能包括临时员工和派遣员工在内有1 650人在工厂劳动，相当于全体员工的75%。单从人数比例而言，生产部门的组织结构改革对于组织氛围的影响举足轻重。其次，开发人员和销售人员会经常到工厂去。由于工厂的空间比较大，跨组织的会议大多在工厂召开。对于公司而言，工厂是组织的主干，其他部门的人对于工厂氛围改善自然会很关心，有什么变化他们会很快地感知到。佳能公司认为，若工厂组织一成不变，对其他部门的负面影响会很大。

佳能细胞生产方式虽然起源于丰田，但又通过不断改善闻名于世界。佳能在新社长带领下进行了一系列的改革。因此许多日企也引入了佳能细胞生产方式，佳能细胞生产方式成为日本生产方式的重要补充。

3. 日本生产方式的管理创新

20世纪70年代后期，日本产品开始大量出口欧美时，研究者发现日企的生产技术与欧美企业并无太大差别，但日本管理方式的产品质量和劳动生产率高于欧美企业（刘湘丽，2011）。80年代后期，日本汽车企业大举进军世界市场，美国研究者发现日企的管理方式中的独特性，并将其称为"高效生产方式"。管理方式的创新成了日本生产方式发展中的一个重要部分。

以丰田生产方式为代表的日本管理方式与西方传统管理方式相比，两者在生产组织管理方面有着明显的不同。从理论角度看，日企把生产组织设计为有机综合型，使生产组织具有知识型技能学习功能，并将全员创新理念贯彻到其中。日企创造了与福特式生产方式不同的"有机综合"作业管理方式，在这种管理方式中，员工需要掌握较大范围的系统知识，并参与设备维修、品质管理、现场改进等创新活动。在以此模式为基础的日本式生产技术环境中，以多面手职工为核心并配备灵活性高的骨干职工，形成了灵活高效的"有机综合"式生产管理体制。

在典型的福特式生产方式中，工人的作用是辅助机械设备或代替机械设备，其作业内容被细化，所需的技能是单一的、极为简单的。然而，日企认为劳动力应被作为提高生产效率、加快创新的资源来利用。这就需要工人有多样化、高度化的技能。高度化的技能，被称为"知识型技能"。美国学者拉佐尼克（2009）对消费电子、机械、汽车等行业进行研究，发现日本现场工人在拥有基本操作技能之外，还掌握知识型技能，因此他认为这是使日企在效率、产品创新、工艺创新、产品质量上取得国际竞争优势的一个重要原因。日企高度一体化的技能学习机制，有利于使整个生产组织具有知识型技能学习的功能，这也有利于效率提升、产品创新和工艺进步。同时，日企是能主动适应环境变化的开放型组织，它要求全体员工参与生产过程中的技术创新。在全员参与生产过程中的技术创新过程时，整个企业处于一种学习和发展的状态（Freeman，1987）。

3.4.3　日本生产方式的创新点与竞争优势

藤本隆宏（2003）将竞争力看成企业就某种产品发送的一连串信息流而对消费者所产生的影响力，并将竞争力分为表层竞争力和深层竞争力。表层竞争力是在与消费者的接触界面上所把握的表现水平，指的是对于特定的产品，顾客可直接观察并进行评价的指标，是价格、可观察到的产品特点等。相反，顾客无法直接观察到但对表层竞争力提供支撑且与企业的组织能力直接关联的指标，称为深层竞争力，与生产方式相关的一系列特征恰恰属于组织能力的深层竞争力的范畴。

企业深层竞争力最主要的指标有质量、成本、交货期限及柔性化（quanlity，cost，delivery，flexibility，QCDF）。我们首先用 QCDF 作为生产方式所追求的竞争力的度量依据，对日本生产方式做出简要评价。

质量方面，日本生产方式属于内嵌式品质管理。藤本隆宏（2007）指出，内嵌式品质管理机制指的是在制造过程中保证生产符合标准的产品，而不是制造过程结束后再进行品质检查，即尽可能地让每个生产线上的员工均承担品质管理的责任。丰田的内嵌式品质管理包括事前预防、事中控制和事后处理三个方面。事前预防即严格实施标准作业与培训、预防维护措施，提高生产人员的操作准确性。事中控制指设置误动作预防系统，减少生产人员错误操作的可能性。事后处理指强化"加人字偏旁的'動'字的自働化"、自律检查等措施，要求在发生生产异常时迅速查明原因，采取修正措施，减少次品信息反馈次数。

小池和男（2006）称"日企把工人视为合作与依赖的对象，是价值创造的源泉，并认为把品质检查这个原本属于白领阶层或专业技术人员的管理性质的工作授权给工人"这种现象属于"蓝领工人白领化"，这是日本内嵌式品质管理有效发挥作用的重要条件（刘湘丽，2016），同样也意味着要保证产品的质量首先要提高全体员工的参与意识。日本生产方式通过质量管理小组、无残次品小组、改革小组等，使现场工人通过长期从事改善和创造相关的小组活动来参与经营。参与经营的工人与组织学习过程的融合，使生产工序的每一环节质量都能随时得到监控。

成本是支撑价格的重要竞争力因素。门田安弘在《新丰田生产方式》中提出，成本改善是为了实现目标利润而支持成本降低活动的体系（门田安弘，2008）。丰田生产方式采取彻底消除生产现场的浪费而降低成本的现场改善方式，彻底削减库存。库存管理利于发现工厂存在的隐性问题，佳能细胞生产方式同样在成本控制方面效果十足。如果使用流水线生产方式的话，传送带和自动仓库等部件设备要花费巨大的成本，从规划阶段起，工厂创建和转移的周期非常长。而使用细胞生产方式的话，只要确保空间够用，准备好基本的作业台和部件库，创建工厂所需的成本和时间就能大幅减少和缩短。

日企常常让工人观摩专业维修活动和参与设备维修，以提高他们的设备维修能力，工人被赋予操作以外的思考和管理职能的创新型日本生产方式对减少管理成本起到重要作用。

交货期限，指的是顾客收到产品所需要的时间，也就是"从订货到交货的时间"。无论产品如何物美价廉，如果需要遥遥无期的等待，顾客就会打消购买的念头。交货期限包括生产提前期（product leading time，从收到原料到出货为止所需的时间）和开发提前期（development leading time，从产品开始开发到上市销售为止所需的时间）。日本生产方式的综合生产能力（各个工序的产出能力）与交货期存在互为相关的正向关系。丰田生产方式通过缩短加工时间、搬运时间、等待时间来达到缩短生产时间的目的（门田安弘，2008），进而通过缩短生产时间来缩短交货期限。由于具备能迅速适应需求变化的生产能力，丰田能在极短的时间内把预订的汽车交给顾客，相当于接近订单生产。销售部门就可将成品车库存控制在最低程度，大幅度压缩库存空间，实现精益生产。

柔性程度定义为QCD（quanlity，cost，delivery，质量、成本、交货期）所反映的竞争力水平不受外部环境影响。日本生产方式可通过零部件和工序的通用化组合的管理方式实现产品设计变化时成本方面的灵活性。通常认为，高度柔性化和高生产效率（低成本）无法同时达成，但以丰田为代表的成功企业同时实现了这两个指标，被誉为国际竞争力的源泉所在。

丰田生产方式中最能体现柔性化的典型技术之一就是看板方式的技术，看板方式是协调管理全企业组织的生产，将必需的产品在必需的时候恰好按照必需的数量制造出来的一个信息系统。佳能细胞生产方式也具有高度柔性化特征。由于生产线人员懂得多种技能，当一个生产单元从一个型号转为另一个新型号时，相关作业人员无须经过重新训练便能很快适应改变后的生产线，从而提升柔性生产能力。

深层竞争力还包括生产能力和开发周期两个指标。深层竞争力可以说是生产水平和产品开发展现出来的信息创造、信息传递和信息转化的效率和速度。日企在这方面有较强的竞争能力。所谓生产水平，即生产工序中的作业人员与设备所包含的产品设计信息传递转化到原材料和半成品时的信息发送效率。众所周知，日本的制造业的作业时间、降低故障等待时间（因机械设备故障而停工的时间）、换模换线时间（更换生产品种时生产线停工的时间）、等待时间（在等待加工对象和零部件到达时，作业人员等待设计信息传递转化的时间）相对较短。

福特生产方式采取重视有效作业速度的办法即以单能工（只从事一项操作的作业人员）及专用设备为基础来提升生产线的速度，进而缩短生产周期、提高作业速度。与此相反，日企更重视有效作业时间占比，以多技能工（能处理多种类型的作业、具有灵活性的作业人员）和多工序负责人（一人同时负责多项工序）为基础，从而达到提高生产水平的目的。

最后一个指标为生产周期。生产周期是指在生产过程中投入的原材料或半成品吸收各种产品设计信息，最终转化为成品所需要的时间，也可视为产品设计信息在被传递转化端"接收信息的效率"。用以下公式来简单地表示：

生产周期=有效作业时间总和+没有接收信息的时间

这里所说的有效作业时间是指将产品设计信息从工序实际传递并转化为半成品所需的时间。和生产水平的情况一样，要想缩短第一项"有效作业时间总和"，就得提高有效作业（信息吸收）的速度。而对于第二项"没有接收信息的时间"，如库存时间，是半成品没有吸收设计信息、处于休眠状态的时间，若能削减这一项的话也能提高设计信息接收所占的时间比例，生产周期相应也就缩短了。日本的制造企业，如丰田把第二项的"没有接收信息的时间"，尤其是把削减库存时间放在首位。通过小批量同步生产来削减库存，即采用准时化的方式，使半成品尽可能不间断地吸收产品设计信息，从而缩短生产周期，并以此来缩短交货时间。

日本生产方式还带来了高劳动生产率。根据 IMVP（International Motor Vehicle Program，国际汽车计划组织）的调查，1989 年日本汽车组装工厂的平均劳动生产率为 17（人·时）/台，美国工厂为 25（人·时）/台，欧洲工厂为 37（人·时）/台。根据 IMVP 1993 年的第二次调查数据，美国工厂为 23（人·时）/台，欧洲工厂为 26（人·时）/台，而日本工厂为 16（人·时）/台，日本员工的劳动生产率依然占有绝对优势（Womack et al.，1990，2007）。

但这种优势的实现并不是把人当成机器及冰冷而没有温度的技术达成的，而是努力克服传统流水线生产方式容易使人过度疲劳的问题，增强员工价值感的新型生产方式。重视参与的内嵌式品质管理、将思考和执行结合起来的知性熟练工人培养方式、快乐学习、自觉提升能力为基础的细胞生产方式是日企员工高敬业度、高自主性、强学习能力诞生的秘密所在。以上这些恰恰也是日式生产系统区别于传统流水线的创新之处。另外，藤本隆宏（藤本隆宏，1997；藤本隆宏，2007）研究认为，日式生产方式的形成过程有着浓厚的"创发性"（emerge），具有内生能力的难以模仿性特征，因为日本生产方式是创发性进化过程的结果，也是渐进式的技术创新形式。正是生产方式、生产技术和生产能力的创新能力使得日企的新产品开发也具有较强的国际竞争力。这一点将在本章后面部分展开论述。

3.5　研发整体特征

3.5.1　研发费用

研发费用支出一直以来都是衡量企业创新能力的重要指标，无论是注重创新的传统企业，还是发展迅速的新型企业，都把研发投入视为自己的立业之本。

1. 研发费用总投入

在研发费用总投入方面，日本自 20 世纪六七十年代以来加大了研发投入，其研发投入总额位于世界前列。日本文部科学省（2016）数据显示，自 1981~2017年，美国的研发费用总投入始终位列世界第一。1981~2013 年，从国别的角度来看，日本的研发费用总投入一直位列世界第二，仅次于美国。不过，我国的科技研发投入总额从 2013 年开始超过了日本，成为仅次于美国的世界第二大科技研发投入国。从 OECD 购买力均价换算来看，日本在 1981~2014 年研发费用总投入一直位列世界第二。从研发费用总投入来看，2014 年后，日本的研发费用总投入与我国的差距继续扩大，2016 年我国的研发费用总投入已达日本的两倍①。研发费用总投入方面日本虽仍然位列前五，但已被我国赶超数年。

2. 研发投入强度

研发投入强度（研发投入比）是国际通用的、用于衡量一个国家研发投入水平的重要指标，主要用"一国研发经费支出占该国 GDP 之比"来表示。研发投入强度不仅反映一个国家对科技创新的重视程度，还直接影响一个国家的科技发展水平、技术创新能力、经济发展后劲与可持续发展能力。提高研发投入强度是一个国家实现自主创新的重要手段（吴丹，2017）。

自 20 世纪六七十年代以来，日本的研发活动得到飞速发展，在 20 世纪 80 年代初在研发投入强度上甚至追平了美国。在民用研发（特别指产业融资）这一项目上，日本和联邦德国在 20 世纪 70 年代初超越了美国，80 年代开始曾一度领先全球②。自 21 世纪日本政府提出重振科技创新政策以来，特别是企业这一研发主

---

① 2018 年 2 月，英国《自然》杂志撰文称，我国将于 2019 年超越美国，成为全球最大研发投入国。
② 1975 年美国、日本研发投入强度分别为 2.38%、2.01%，至 1983 年，美国、日本研发投入强度分别增至 2.73%、2.67%，同时期欧洲研发投入强度为 2.08%，美日之间的差距进一步缩小。见弗里曼（2008）。

体，尤为重视新技术、新产品的研发，即使是经济实力一般的中小企业也对此十分重视。自泡沫经济破裂以来，虽然日本的经济发展一直处于低迷状态，但是日企却始终保持着位居世界前列的高技术研发投入。图 3-1 为 1981~2014 年日本和其他主要国家和地区的研发投入强度推移统计，从图中主要国家和地区比较来看，日本 1988~2010 年一直位列第一。1998 年以来，日本的研发投入强度一直在 3%以上。

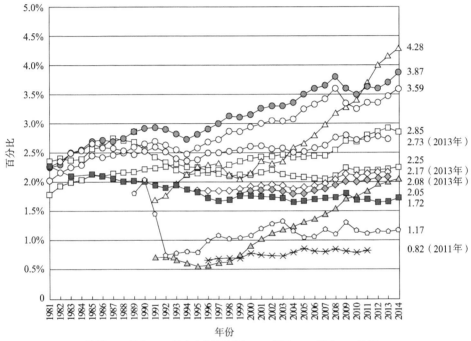

图 3-1　世界主要国家和地区研发投入强度（1981~2014 年）

欧盟 15 国指法国、德国、意大利、荷兰、比利时、卢森堡、丹麦、爱尔兰、英国、希腊、西班牙、
葡萄牙、奥地利、芬兰、瑞典

欧盟 28 国指奥地利、比利时、保加利亚、塞浦路斯、捷克、克罗地亚、丹麦、爱沙尼亚、芬兰、法
国、德国、希腊、匈牙利、爱尔兰、意大利、拉脱维亚、罗马尼亚、立陶宛、卢森堡、马耳他、荷兰、
波兰、葡萄牙、斯洛伐克、斯洛文尼亚、西班牙、瑞典、英国

资料来源：日本文部科学省（2016）

　　根据图 3-1，日本在研发投入强度方面一直位居世界前列，是一个非常重视研发投入的国家。2011 年后韩国研发投入增长加快，超过了日本。但日本研发投入仍稳居世界前列。

　　值得一提的是，日本的研发投入强度一直高于美国，并且自 20 世纪 80 年代初日本经济追平美国以来，美日研发投入强度差距有逐步加大的趋势。美国的研

发投入强度长年在 2.5%左右徘徊，但日本 1997 年后，研发投入强度一直维持在
3.0%~3.87%，2014 年日本的研发投入强度达到历史新高的 3.87%，2015 年降为
3.29%，2016 年又上升至 3.49%。

相关研究证明，作为一个创新型国家，最基本且最为重要的参照指标就是
要有较高的创新性投入，即国家的研发投入强度应超过 2%[1]。研发投入强度在
2%以上的国家一般是重视研发投入的西方发达国家，研发投入强度在 1%~2%
的国家包含经济比较发达的国家和经济发展较快的发展中国家。我国同时期研
发投入强度刚刚进入中等强度行列，2015 年为 2.05%，低于日本，离 3%尚有
一定距离[2]。

近年来，由于以色列、韩国等高研发强度国家的出现，日本研发投入强度排
名有所下降，但在世界主要发达经济体中的表现仍然突出，是为数不多的研发投
入强度近 20 年来一直超过 3%的重视创新和研发的国家。

从企业研发投入强度看，2011 年日企研发投入强度高达 2.59%，而同年德国、
美国企业的研发投入强度分别仅为 1.84%、1.66%。我国企业研发投入强度为
1.36%，位居世界第四，高于欧盟的 1.02%。

3. 研究类别与投入

就基础研究、应用研究和开发研究几种不同的研究类型而言，除法国和英国
以外，世界各国均非常重视产品开发研究方面的研究，而日本属于尤为重视新产
品开发研究的发达国家。日本文部科学省（2016）数据显示，2014 年，日本研究
投入在基础研究和应用研究方面的总费用仅占 36.5%，而投入在开发研究方面的费
用占比达 63.5%，日本对基础研究和应用研究的重视程度不如法国、英国、美国、
韩国。就基础研究占比情况而言，根据图 3-2，法国和德国是非常重视基础研究的
国家，法国基础研究投入最高时约占总研发费用的 29%，德国最高年份基础研究
占比达 22%，而我国排名最后。日本在发达国家中属于十分重视开发研究的国家，
呈现重开发、轻基础的研发特点。

长期以来，日本的研发费用大部分是由企业来负担的，政府投入只占很少的
比率，导致日本的基础研究和应用研究实力相对薄弱，而开发研究实力较强。

---

① 创新性投入高，即国家的研发投入强度一般在 2%以上；科技进步贡献率达 70%以上；自主创新能力强，国
家的对外技术依存度指标通常在 30%以下；创新产出，世界上公认的 20 个左右的创新型国家所拥有的发明专利数
量占全世界总数的 99%。是否拥有高效的国家创新体系是区分创新型国家与非创新型国家的主要标志。人们往往用
相关创新投入和产出的指标来衡量国家的创新程度，一般来说，创新型国家的创新综合指数明显高于其他国家。

② 2011 年我国的研究投入费用位居世界第三位，但研发投入强度仅为 1.84%。我国最近几年加大了研发投
入强度，研发实力也处于快速增长阶段。2016 年我国研发费用总投入绝对值已经跃居全球第二位，仅次于美
国，研发投入强度为 2.11%。

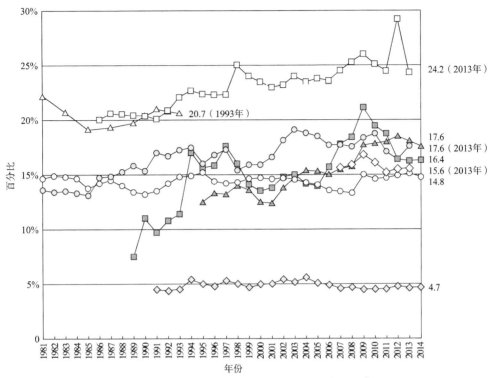

图 3-2　世界主要国家基础研究费用占总研发费用之比（1981~2014 年）
资料来源：日本文部科学省（2016）

　　此外，韩国在基础、应用和开发研究方面的研发费用占比与美国极为相似。这
与 Clark 和 Fujimoto（1991）、延冈健太郎和藤本隆宏（2004）、Harryson（1998）
的研究结论密切相关。Harryson（1998）研究认为，日本企业不重视基础研究，与
图 3-2 的数据分析结果一致。

　　据图 3-3 统计数据，大学等科研机构在基础研究中处于主导地位，占比为 54.7%。
但企业在日本的开发研究中占比高达 75.8%，可见日企不仅在研发费用投入上占据
主力地位，更是开发研究的主体。而企业研究投入的优势恰恰在于开发研究而非基
础研究，对于日本整个研究开发的效率和方向起着重大的作用[1]。由于企业重视开发
研究，长期以来日企形成了自己的强项，即实用技术开发能力强，积累了将技术产
品化的丰富经验。不像欧美国家和地区的技术研究者研究出新的技术之后，就不再
花工夫将其推向实用化，日企的技术人员能发挥所长，坚持把新技术推向实用化、

　　① 进入 21 世纪以来，日本出现了如田中耕一、中村修二等在企业取得诺贝尔自然科学奖成果的研究人员，这
在全球并不多见。特别是像田中耕一一样，获奖前不过是在企业从事开发研究的有点小职务的一线中低层研究人员，
获奖后依然为企业中层研究人员，不过多了一个兼职教授职位。

商品化，因此日本虽然原创发明能力较弱，但是商品化能力很强。且日本的科研人员对于为生产服务的、烦琐而艰苦的实用化研究，总是抱有很大的热情，并乐于深入现场，与生产现场的技术力量相结合发展起来。这一点在本章 3.7 节、3.8 节关于日企开发模式的部分也得到验证。就日企而言，2014 年，日本在自然科学领域投入的研发费用中，企业投入的研发费用占比很高，达 77.2%，位居世界前列，与我国和韩国相差无几。

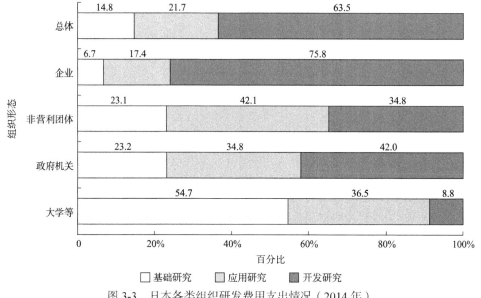

图 3-3　日本各类组织研发费用支出情况（2014 年）

资料来源：日本文部科学省（2016）

单从日企不同行业的研发投入分布来看，投入比例最高的是电子信息与技术（11.7%）、健康行业（6.9%）和通信业（6.8%）（日本文部科学省，2016）。欧盟委员会公布的"2016 年度全球研发投入 100 强企业排行榜"显示，2015~2016 财年，在研发投入排名位列全球前 100 家的企业中，有 16 家是日企；"2017 年度全球研发投入 100 强企业排行榜"显示，2016~2017 财年，在全球企业研发排名前100 家①的企业中，有 14 家是日企。而在世界研发投入排名靠前的 2 500 家企业中，美国企业占 821 家，数量最多。欧盟成员国共占 567 家，中国占 481 家（含中国台湾企业 105 家），日本占 365 家，韩国占 70 家。

就制造业领域而言，如图 3-4 所示，2014 年度日企在主要制造业领域的研发费用中，除医药制造类和交通运输类以外，人工费占比均达 40%以上，可见在日本，研发人员的素质及对研发人员的激励在研发中起主导作用。日本总务省统计

① 以 2016 年会计年度中研发投资额在 2 400 万欧元以上的 2 500 家企业为对象进行调研之后筛选出来。

局《科学技术研究调查报告》显示，日企的研发费用主要用于汽车制造及其零部件生产领域。2008 年后，对除汽车制造业以外的制造领域的研发投入逐步减少，而对医药类行业研发投入逐步增加，特别是在 2011 年后急速上升。2013 年后，对非制造类研发投入也急剧上升。

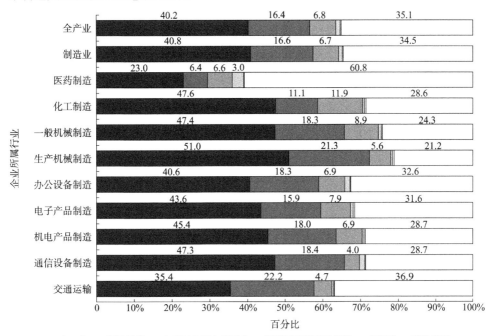

图 3-4　日本制造型企业研发费用支出情况（2014 年）

图中"无形固定资产购买费"占比自上而下（从上方的"全产业"至最下方的"交通运输"）分别为
1.2、1.0、3.0、0.5、0.8、0.5、1.4、0.7、0.5、1.4、0.5；专利费占比分别为 0.3、0.4、
0.2、0.3、0.3、0.4、0.2、0.3、0.5、0.2、0.3

资料来源：日本文部科学省（2016）

　　总体而言，日本的研发投入强度一直位居世界前列，高于美国，可见日本十分重视研发。关于研发费用支出的组织、研究类型和领域方面，日本在自然科学领域投入的研发费用中，用于企业的研发费用占比最高，达 77.2%；在基础研究和应用研究方面的费用投入比较少（总和为 36.5%），但在开发研究方面的费用投入比较多（63.5%），可见日本非常重视开发研究，且企业是日本研发的主体（77.2%），更是开发研究的主体（75.8%）（图 3-3）。日企的研发费用主要用于汽车制造及其零部件生产领域，用于医药类和非制造类领域的研发费用近年来上升较快。而日企在主要制造业领域（医药制造类和交通运输类除外）投入的研发费用中，人工费占比均达 40% 以上，可见在日本，研发人员在研发过程中发挥着关键的作用。

3.5.2　研发人才

人才竞争近年来一直是国际竞争和企业竞争的焦点，而研发人才的数量和质量直接决定了一个组织的研发成果，甚至决定一个国家自主创新的能力和水平。

从研发人员总数来看，据 2016 年日本文部科学省的统计，2015 年日本从事研发的研究人员总数为 86.7 万人，2011 年美国为 125.3 万人，2014 年中国为 152.4 万人，从国别的角度来看，我国从事研发的人数居世界第一，2008 年甚至达到了 160 万人左右。

但特别值得关注的是，从研发人员占比来看，图 3-5 的统计结果显示，1981~2015 年的 30 余年，日本每一万名劳动人口中研发人员人数始终位列世界第一，且这一趋势在 1981~2013 年从未被超越。虽然 2014 年这个占比被韩国赶超，但这一超长纪录深刻反映了日企重视研发且参与研发的人员来源广泛这一重要特征。值得注意的是，2014 年韩国每一万名劳动人口中研发人员为 130.2 人，2015 年日本为 130.6 人，而我国每一万名劳动人口中研发人口也是最少的，2014 年仅有 19.1 人，仅约为日本的七分之一。日本这方面值得我国学习之处非常之多。

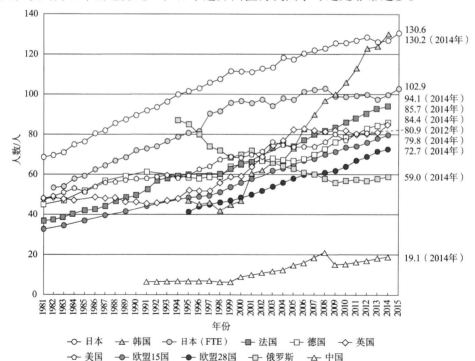

图 3-5　世界主要国家和地区每一万名劳动人口中研发人员人数（1981~2015 年）

FTE：full time equivalent，全时当量

资料来源：日本文部科学省（2016）

和大多数国家一样，日本的研发人员也主要是分布在企业中。如图 3-6 所示，2015 年日本的企业研发人员数在总研发人员中的占比为 58.4%，总人数达 50.6 万人，远远超过占比第二位的大学等高校研究人员 32.2 万人的数量。此外，日企的研发人员还具备一个显著特点（图 3-7），在日本，除了专门的研究人员和研究助手外，技术、技能人员也参与研发。这与 Harryson（1998）的研究结论存在相关性。

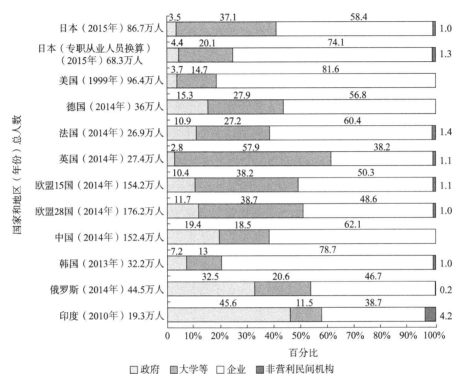

图 3-6　世界主要国家和地区研发人员在各类组织中的分布情况

由于舍入修约，数据有偏差

资料来源：日本文部科学省（2016）

从图 3-6 来看，日本研发总人数绝对值和世界其他国家相比并不占优势，其研究人员在各类型研发机构中的构成情况与其他国家相比也不存在突出的特点。但其研发人员在劳动人口中的占比数则具有明显的研发人员占比多的特征。

总体而言，自 1981 年起，在日本从事研发的研究人员总数基本上呈稳步上升趋势，2015 年达到 86.7 万。在 1981~2013 年长达 33 年的时间内，日本不管是每一万名人口中研发人员占比，还是每一万名劳动人口中研发人员占比，均位居世界第一。虽然 2014 年日本被韩国超越，但差距并不大，其一直处于世界前列。2015 年，日本每一万名人口中研发人员有 68.2 人，我国仅有 11.1 人（2014 年），这一数值仅相当于日本的六分之一。2015 年日本每一万名劳动人口中研发人员为 130.6

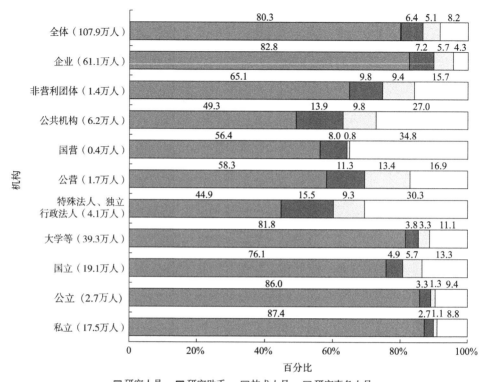

图 3-7　日本的研发相关从业人员占比（2015 年）

由于舍入修约，数据有偏差

资料来源：日本文部科学省（2016）

人，而 2014 年我国的这一数据仅为 19.1 人，大约只有日本的七分之一。与日本相比，我国在研究人员占比方面的差距可谓十分巨大，非短期内所能赶上的。

　　关于日本研发人员的分布情况，政府等公共机构的研究人员在总研发人员中的占比为 3.5%，大学等高等教育机构中的研究人员的占比为 37.1%，企业研究人员的占比最大，为 58.4%。但是不管是在哪个组织，研究人员数量都基本保持上升趋势，尤其是企业和大学等高等教育机构。在日本，除了专门的研究人员和研究助手外，技能人员也参与研发，可见日本的管理体制鼓励全员参与各种形式的创新，不仅仅只让专门的研究人员去从事研发，还强调广泛的研发参与。本章随后将重点讨论这一日本特色的技术创新管理问题。

3.5.3　研发成果

　　由以上分析可见，和世界其他主要国家和企业相比，日本国家及日企在研发费用占比和研发人才占比方面均世界领先，同样地，研发成果也居于世界前列。

1. 论文产出及引用

从学术论文产出情况来看，日本文部科学省（2016）的数据显示，1985~2015年，日本在临床医学、生物学（生命科学）、物理学（材料科学）领域的论文产出率最高，分别为 21.8%、23.1%、19.0%，并且前两者与我国同领域论文产出率相比，处于领先地位。

从日本学术论文被引用的情况来看，据 1985~2015 年的 31 年间世界主要国家研究论文相对被引用率指数（图 3-8），日本的论文相对被引用率一直处于世界平均水平 1.0 下，维持在 0.75~0.95，2000 年后，日本的论文相对被引用率呈缓慢增长趋势，2015 年达到 0.93，整体高于我国，但低于欧美国家和地区。但是，在复合领域，宇宙科学，分子生物学、遗传学方面，日本学者的论文相对被引用率最高，分别达到 1.42、1.20、1.14（表 3-1）。

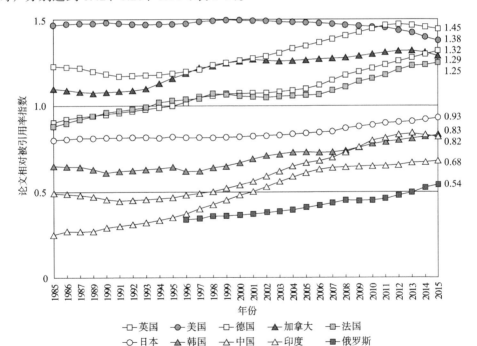

图 3-8　世界主要国家研究论文相对被引用率指数（1985~2015 年）

世界论文总被引用次数/论文来源国家总数量=1.0（世界平均水平）

各国论文总被引用次数/世界论文总被引用次数=各国论文相对被引用率

1988 年数据暂缺

资料来源：日本文部科学省（2016）

表 3-1 日本各领域论文的相对被引用率分布情况（2010~2014 年）

排序	研究领域	论文相对被引用率
1	复合领域	1.42
2	宇宙科学	1.20
3	分子生物学、遗传学	1.14
4	地球科学	1.09
5	免疫学	1.07
6	动植物学	1.04
7	物理学	1.02
8	化学	0.97
9	临床医学	0.93
10	材料科学	0.91
11	微生物学	0.89
12	环境科学	0.88
13	药理学、毒理学	0.83
14	数学	0.82
15	神经科学	0.82
16	生物学、生化学	0.81
17	工学	0.81
18	农学	0.74
19	计算机科学	0.59

资料来源：日本文部科学省（2016）

从不同学科领域的论文产出情况来看，数据统计分析结果（图 3-9）显示，日本在临床医学（21.8%）、生物学/生命科学（23.1%）、物理学/材料科学（19.0%）领域的论文产出率较高，并且前两者与我国同领域论文产出率相比，处于较明显的领先地位，说明日本在前两个科研领域的研究实力较强。

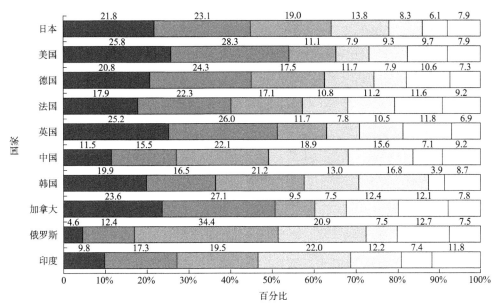

图 3-9　世界主要国家主要学科领域论文数占比（2011~2015 年）

由于舍入修约，数据有偏差

资料来源：日本文部科学省（2016）

2. 发明专利许可数

一国的发明专利许可数不仅反映该国的科学技术进步水平，还体现该国企业的技术创新实力及创新的活跃程度。图 3-10 对 1995~2014 年 20 年间的世界主要国家发明专利许可数分布情况进行了统计。分析发现，日本的发明专利许可数一直位列世界第一，2014 年发明专利许可数达 29.7 万件，同一时期美国为 25.6 万件，中国为 17.6 万件。分析充分说明，在这个长达 20 年的时期内，日本是当之无愧的发明专利授权大国。但是，从图 3-10 的发展趋势来看，2013 年之后，日本的发明专利许可数下降幅度较大。另有资料显示，2015 年日本的发明专利许可数被中国超越（2015 年中国的发明专利许可数达 28 万件，日本为 27.1 万件，美国为 25.7 万件）。根据美国商业专利数据库（IFI Claims Patent Services）的统计结果，中国近几年来发明专利授权数正以惊人的速度增长，2017 年中国在美国获授权发明专利数增长至 2008 年的 10 倍。不过，在光学、发动机、运输、半导体、音像技术、医学技术等 6 个领域，中国与其他国家仍存在一定的差距。

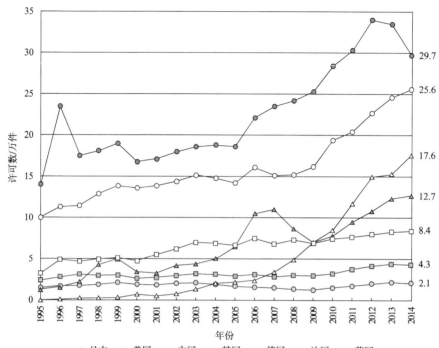

图 3-10　世界主要国家发明专利许可数分布情况（1995~2014 年）

资料来源：日本文部科学省（2016）

另外，就发明专利的性质来看，日企传统上擅长实用技术的改良创新。根据统计，1953~1973 年的 21 年间，全世界发明的每 500 项新技术中，美国占 63%，日本占 7%（35 项）。而在这 35 项发明技术中，88% 属于改良型创新技术，创造型创新技术不足 10%。对此，西方有"发明在欧洲，创造在美国，制造在日本"的说法。第二次世界大战后日本就是以掌握"带来利润的技术"为目标进行技术创新，依靠对现有技术的融合和对原有技术的改良，使生产技术和加工技术赶上工业发达国家的水平，改善现有产品的性能和质量，实现了经济腾飞（王承云，2009）。日本至今在该领域的实力仍然首屈一指，日本的发明专利中基础研究、应用研究类成果逐年增加。虽然日本的发明专利许可数多于欧美主要国家和地区，但美国在 2015 年后逐步超越日本，并且美国的基础研究类专利成果卓越。仅从数量上看，与中国和韩国近年来的跨越式发展，特别是与中国的飞速超越相比，日本呈现急剧下降之势，发展前景不容乐观。不过由于老牌欧洲国家发展较慢，日本的发明专利许可数在发达国家依然位居前列这一趋势在近期内不会改变。

3. 技术贸易

从技术贸易演变情况来看，图 3-11 展示了 1981~2014 年这一长达 34 年的历年世界主要国家技术贸易进口额和出口额推移情况。由图 3-11 可见，2014 年日本的技术贸易出口额为 345.5 亿美元①，而技术贸易进口额仅为 48.4 亿美元，技术贸易顺差趋势明显。显而易见，美国是当今世界当之无愧的技术出口超级强国。与日本有所不同的是，2014 年美国的技术贸易出口额为 1 362.7 亿美元，进口额为 894.2 亿美元，进口和出口的额度均居世界第一，而且这一趋势自十多年前即已开始。因此美国既是技术贸易出口大国，也是技术贸易进口大国。而日本自多年前开始已呈现出口额远超进口额的状况。

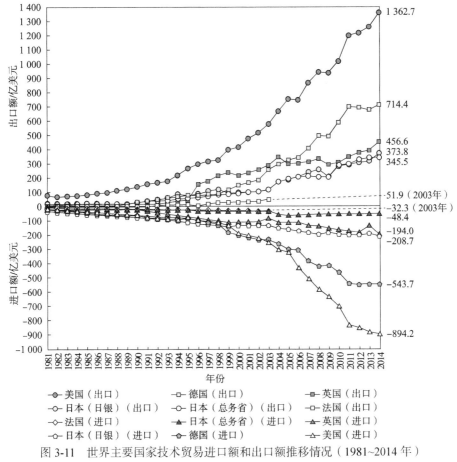

图 3-11　世界主要国家技术贸易进口额和出口额推移情况（1981~2014 年）

资料来源：日本文部科学省（2016）

这些统计数据充分表明，日本技术在世界范围内广受欢迎，日本一直以来均重视向其他国家输出技术，不过，日本从国外购买的发明、专利、许可、商标、

① 日本总务省统计局数据，与日本银行（日银）统计口径有所不同。

创意或技术明显偏少。并且自 1981 年起的 30 多年中，日本技术出口和技术进口的顺差一直呈扩大化的趋势。这一方面说明日本的技术实力十分强大，外国对日本的技术需求旺盛，另一方面也说明日本在专利技术的引进方面对外国专利发明技术持谨慎、保守的态度。

　　同样地，从图 3-12 所示世界主要国家技术贸易收支比来看，2014 年，日本的技术贸易收支比为 7.13，位列世界第一，是美国 1.52 的 4.7 倍。2014 年美国是日本最大的技术贸易输出国，占日本技术贸易出口的 36.4%。同时，日本技术贸易进口最多的国家也是美国，占 73.3%，是购买美国技术和专利最多的国家。也就是说，日本和美国是互为最大技术贸易对象国。这说明了美、日科技创新的活跃度和在国际贸易市场上的绝对领先地位。日本技术贸易出口的其他国家依次是中国、泰国，技术贸易进口的其他国家依次是德国、英国。

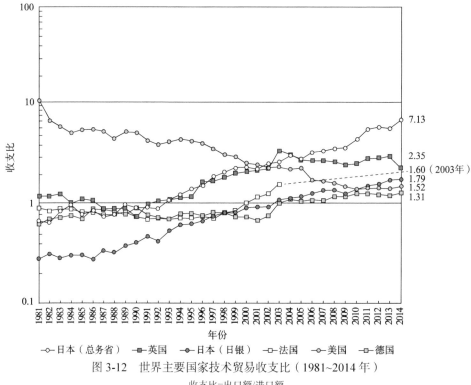

图 3-12　世界主要国家技术贸易收支比（1981~2014 年）

收支比=出口额/进口额

资料来源：日本文部科学省（2016）

　　日本之所以技术进口少，技术贸易收支比高，究其原因，一方面跟日本实行技术封锁有关，另一方面也跟日本产品黑匣子较多，其产品设计呈独特的集成式产品架构（integral product architecture）特征有关。而这一点也与日企一直以来谨慎利用外部技术，对模块化创新模式的接纳程度较低有较大的关联性。模块化创新模式善于利用企业外部技术，集成式产品架构模式倾向于内部开发适合自身产品架构的非通用模块等技术。这方面的偏好可能遭受那些来自利用模块化创新的后来者、颠覆者的商业模式或研发速度的冲击，日企今后的发展可能存在隐忧。

4. 自然科学领域诺贝尔奖获得情况

表 3-2 归纳了 1949~2016 年日本在自然科学领域获得诺贝尔奖的情况。由表 3-2 可见，日本自第二次世界大战后已有 22 位自然科学领域的诺贝尔奖获得者[①]。这充分显示了日本科技，尤其是研发的强大实力，同时也表明日本逐渐加大了对基础研究的重视程度，在基础研究方面的实力越来越强。2001 年，日本出台了"第二个科学技术基本计划"，明确提出日本要在 21 世纪的前 50 年内获得 30 个诺贝尔奖的目标。而自 2000 年以来，日本在自然科学领域已经产生了 17 位（16 位）获奖者，由此可见日本的研发实力不可小觑。

表 3-2　日本在自然科学领域获得诺贝尔奖的情况（1949~2016 年）

年份	获奖者	奖项
1949	汤川秀树	物理学奖
1965	朝永振一郎	物理学奖
1973	江崎玲於奈	物理学奖
1981	福井谦一	化学奖
1987	利根川进	生理医学奖
2000	白川英树	化学奖
2001	野依良治	化学奖
2002	小柴昌俊	物理学奖
	田中耕一	化学奖
2008	南部阳一郎（现为美籍）[1]	物理学奖
	小林诚	
	益川敏英	
	下村脩	化学奖
2010	根岸英一	化学奖
	铃木章	
2012	山中伸弥	生理医学奖
2014	赤崎勇	物理学奖

① 如去掉较早移民美国的南部阳一郎，仍有 21 位获奖者。南部阳一郎在日本成长，在东京大学读完本科、硕士及博士课程，并在日本就职。

续表

年份	获奖者	奖项
2014	天野浩	物理学奖
	中村修二（现为美籍）[2]	
2015	梶田隆章	物理学奖
	大村智	生理医学奖
2016	大隅良典	生理医学奖

　　1）南部阳一郎在东京大学读完本科、硕士及博士课程，并成为大阪市立大学的教授。1970年49岁的南部阳一郎加入美国国籍。其研究积累为在日本期间及20世纪40~70年代在日本和美国担任教授期间完成，因此作为日本人的诺贝尔奖成果

　　2）中村修二的获奖成果为1993年在日亚化学工业株式会社任职时期取得的，1999年后中村修二去美国就职，数年后改为美国国籍，因此其成果作为日本人的诺贝尔奖成果

　　资料来源：笔者根据日本历年诺贝尔奖数据整理

　　以上可见，日本历年的研发成果中，科学技术类论文相对被引用率一直处于世界平均水平1.0下，估计语言能力是日本论文接受度较低的一大因素，但相对被引用率却高于我国。日本在临床医学、生物学/生命科学、物理学/材料科学领域的论文产出率最高，并在前两个领域领先我国。日本的专利许可数虽然近几年有所下降，但是在1995~2014年，日本的专利许可数一直位列世界第一，说明日本是当之无愧的世界专利大国和强国，虽然最近两年我国专利许可数急剧增长，但质量方面仍与日本有一定的差距。因此，日本的专利技术无论在数量还是质量方面目前仍然位居世界前列。

　　根据欧盟委员会公布的"2017年度全球研发投入100强企业排行榜"所属国家和地区的分布数据可知，日本的研发投入比很高，说明日本有着自己独特的研发体系，取得了比较丰硕的研发成果。但是，日本的技术贸易收支比常年居高，技术贸易顺差趋势明显，说明日本引进的外国技术比较少，有着自己独特的产品构架设计，喜欢在内部进行技术创新，不太擅长跟他国进行技术交流，实行技术封锁政策，容易受到来自模块化创新的颠覆者的冲击，未来发展存在一定的隐忧。

　　以上分析可见，日本在研发费用、研发人才、研发成果方面在世界上均有一定的优势，其中一个显著特点就是日本十分注重开发研究，虽然之前一直强调日企十分重视产品的开发研究，不太重视基础研究，但是根据日本在自然科学领域诺贝尔奖获得情况可以看出，日本在基础研究这一方面的实力也在上升。开发研究是利用基础研究、应用研究所得到的知识、技术和成果，创造新技术、新方法和新产品，是一种以生产新产品或完成工程技术任务为内容而进行的研究活动。而企业作为研发的主体，同样也是开发研究的主体。接下来笔者将单独探讨日本企业产品开发的特点和模式，以帮助读者了解日企产品开发中那些有利于技术创

新的特点和模式。在此之前，先分析日本创新实力的外部评价情况。

3.6　创新实力评价

3.6.1　日本国家创新实力评价

The Economist 发表的 2015 年国家创新质量（innovation quality）[①]报告显示，日本的创新质量位列世界第三，仅次于美国和英国（图 3-13）。日本在专利领域的创新实力尤为强大，由图 3-13 可知该领域内 2015 年度日本的整体创新实力高于美国、英国、德国等主要发达国家，近年来，中国专利申报活跃，专利许可数也大幅增长，但与日本尚有一段距离。

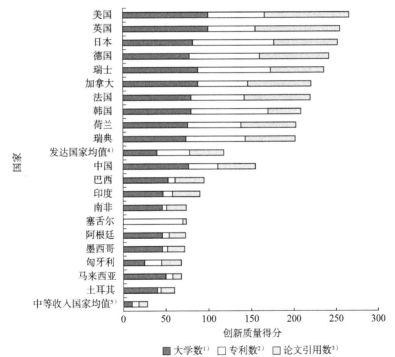

图 3-13　2015 年国家创新质量排名

1）指顶级三所大学的平均值；2）指每一个 GDP 单位所含专利数；3）指公开出版的论文被引用百分比；

4）指 48 个发达国家平均值；5）指 72 个中等收入国家平均值

资料来源：*Global Innovation Index* 2015

---

① 创新质量指创新技术为经济发展作贡献的程度，体现一个国家创新实力的重要指标。

另一个知名度非常高的全球创新指数（the global innovation index，GII），是由欧洲工商管理学院、美国康奈尔大学和世界知识产权组织共同研制的，目前已成为创新指数的领先参考指标（图 3-14）。全球创新指数包括 2 个次级指数，7 项一级指标，21 项二级指标，81 项三级指标。2 个次级指数分别为创新投入次级指数、创新产出次级指数。其中，创新投入次级指数下设 5 项一级指标，分别为制度环境、人力资本和研发、基础设施、市场成熟度和商业成熟度；创新产出次级指数下设 2 项一级指标，分别为知识和技术产出、创意产出。

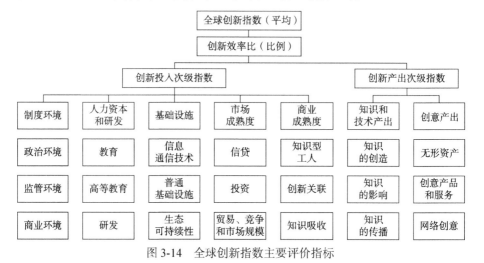

图 3-14　全球创新指数主要评价指标

资料来源：http://www.gov.cn/xinwen/zhuanti/2016GRIIbaogao/index.htm

2017 年 6 月 15 日，《2017 年全球创新指数》[①]在日内瓦发布，通过 81 项指标对世界 127 个国家创新表现进行排名。从国家来看，2017 年全球创新指数排名中，瑞士再度位列第一，已经连续 7 年位居排行榜榜首，之后依次是瑞典、荷兰、美国和英国。与 2016 年相比，排名前 10 位的国家和地区虽然名次上有变化，但依然保持在前 10 位。这说明这些国家仍然在引领全球创新，是世界上最具创新力的国家。在此榜单中，日本的历年排名一直位于第 10 名以外，可见该报告对日本的创新投入和产出指数评价不高。2017 年日本的最新排名为 2013~2017 年的最好排名，但也仅仅在第 14 名。不过，从 2013~2017 年的趋势来看，日本排名依次为第 22 名、第 21 名、第 19 名、第 16 名、第 14 名，日本的创新实力呈明显的增强趋势（表 3-3）。

表 3-3　全球创新指数报告主要国家（地区）排名情况

国家（地区）	2013 年	2014 年	2015 年	2016 年	2017 年
瑞士	1	1	1	1	1
瑞典	2	3	3	2	2
英国	3	2	2	3	5
荷兰	4	5	4	9	3
美国	5	6	5	4	4
新加坡	8	7	7	6	7
丹麦	9	8	10	8	6
芬兰	6	4	6	5	8
爱尔兰	10	11	8	7	10
中国香港	7	10	11	14	16
卢森堡	12	9	9	12	12
德国	15	13	12	10	9
冰岛	13	19	13	13	13
韩国	18	16	14	11	11
日本	22	21	19	16	14
中国[1]	35	29	29	25	22

1）不包括中国台湾、香港、澳门地区数据

资料来源：笔者根据历年全球创新指数报告整理

　　目前日本绝对排名值强于中国，但创新实力弱于中国香港地区。日本连续五年来排名不断靠前，说明日本正在大力改进创新生态系统，在教育、研发、生产率增长、高科技出口等方面不断取得进步，创新能力实现了持续提升。不过中国的追赶速度在不断加快，中国和日本创新实力接近的年份应该就在未来几年内。

3.6.2　日企创新实力评价

　　接下来主要从企业角度看日企的研发实力评价情况。首先，根据 2013 年麦肯锡发布的研究报告，在有望改变未来生活、商业和全球经济的 12 大新兴颠覆技术——移动互联网、人工智能、物联网、云计算、机器人、次世代基因组技术、自动化交通、能源存储技术、3D 打印、新材料技术、非常规油气勘采、资源再利用中，日本在以上领域 90% 的技术实力均排名前三。日本在大数据、云计算、机器人、能源存储技术、新材料技术、资源再利用等领域更是首屈一指（正略服务业研究所，2016）。

特别在未来大数据时代的关键技术——云计算方面，2014年10月起由日本富士通、NEC、NTT和KDDI联合设计开发的云计算安全规则成为云网络服务的全球安全标准。全球最大的信息产业组织——美国商业软件联盟（Business Software Alliance，BSA）连续两年将日本评为云计算技术与云应用环境的世界第一强国。随着云计算技术在日本各行各业的推广应用，加上各个行业的机器人替代劳动力及工业自动化的加速，日本极有可能成为第一个迈入高度智能化社会的国家。

欧盟委员会"2013年度全球研发投入100强企业排行榜"榜单[1]显示，前50名企业中丰田、本田和日产三家日企分别排行第5名、第16名和第25名，年度研发投入分别为71亿欧元、49亿欧元和41亿欧元，主要集中在汽车行业。2014年上榜该榜单前100强的日企达39家[2]，美国上榜企业为36家，日企数量超过美国，占据榜单之首。而"2016年度全球研发投入100强企业排行榜"中，2015~2016财政年度投入的研发费用较多的全球前2 500家企业，包括欧盟590家，美国837家，日本356家，中国327家（不含港澳台地区数据），中国台湾111家，韩国75家，瑞士58家，其他国家或地区146家。全球前100强企业研发总费用占整体的53.1%，前50强企业占比达40%。该财政年度入围榜单前100强的日企为16家，美国和日本企业数量之比为35∶16。"2017年度全球研发投入100强企业排行榜"中，2016~2017财政年度排名前100家企业中，有14家为日企。欧盟委员会的报告分析发现，美国企业研发投入最高，占全球的38.6%，日本、德国和中国次之，中国企业的投资额同比猛增24.7%，全球占比由2016年的5.9%提高到7.2%。研发投入增长最多的行业是ICT（information communication technology，信息通信技术）、健康和汽车（2016年度和2017年度全球研发投入100强企业排行榜见附录2）。

此外，美国商业专利数据库公布的2005~2017年佳能在美国获授权的专利统计数据（表3-4）显示，佳能已连续13年蝉联日企在美国专利排行榜榜首，在全球企业中排名基本稳居在世界第3位（个别年份位居第2或第4位），近两年仍然维持这一排位未变。佳能在专利申请方面一直是日企中的领军者，也是美国本土以外国家和地区专利获取能力最强的企业[3]。

---

[1] 以上一会计年度研发投资总额在2 400万欧元以上的全球前2 500家企业为调研对象。

[2] 中国台湾地区两家，大陆地区一家，华为上榜。

[3] 2017年全球企业在美国获得专利数量前10位排名为IBM（9 043项）、三星电子（5 837项）、佳能（3 285项）、英特尔（3 023项）、LG电子（2 701项）、高通（2 628项）、谷歌（2 457项）、微软（2 441项）、台积电（2 425项）和三星显示器（2 237项）。除美国硅谷高科技企业外，亚洲企业实力抢眼。

表 3-4　佳能历年在美国获授权的专利数及排名（2005~2017 年）

年份	排名[1]	获授权专利数/项
2017	第 1（第 3）	3 287
2016	第 1（第 3）	3 665
2015	第 1（第 3）	4 127
2014	第 1（第 3）	4 048
2013	第 1（第 3）	3 820
2012	第 1（第 3）	3 173
2011	第 1（第 3）	2 818
2010	第 1（第 4）	2 551
2009	第 1（第 4）	2 200
2008	第 1（第 3）	2 107
2007	第 1（第 3）	1 983
2006	第 1（第 3）	2 366
2005	第 1（第 2）	1 829

1）括号外数字代表佳能在日企中排名，括号内数字代表佳能在所有企业中的排名

资料来源：美国商业专利数据库（2005~2017 年）

从表 3-4 中列举的专利数量上看，总体上佳能历年专利数呈增长趋势，2016~
2017 年在专利数量上有所减少，但数量下降并不代表实力下降，相反质量不断向
高精尖端方向提升。峰值出现在 2015 年，该年度佳能获批美国专利数为 4 127 项。
从 2016 年的世界排名来看，2016 年专利数排名位列前两位的为 IBM 和三星，分
别为 8 088 项和 5 518 项。2016 年排在前 10 位的另一家日企为索尼，以 2 181 项
位列全球第 10 位，由此可见，以索尼为代表的日企衰退一说事实上并不成立。

"全球创新企业百强"（Top 100 Global Innovators）榜单是目前在企业（或机
构）创新领域最权威、最能反映企业或机构科技创新实力的权威研究排名，被认
可度非常高，是我国国家知识产权局认可的权威测评报告。由科睿唯安（Clarivate
Analytics）[1]负责每年根据各项研发实力评选出"全球百强创新机构"榜单。该评
估标准通过计算各企业（或机构）过去三年中专利申请数与获批专利数的比例，
及过去五年中各企业专利被引用数量加以分析评定。评定指标包括专利总量、专
利授权成功率、专利组合的全球覆盖率和基于引用的专利影响力（若干年内每家
受评机构的专利被他方在后申请专利中引证的次数，不含自引）四项。该评选方
法包括美国、欧洲、日本和中国等知识产权核心组织进行同级评审，并运用德温
特世界专利索引（Derwent World Patents Index，DWPI）、德温特创新专利索引

---

① 原汤森路透（Thomson Reuters）知识产权与科技业务部，2016 年更名，为全球著名的创新研究信息数
据公司。

（Derwent Innovations Patents Index，DII）^①、德温特专利引文索引（Derwent Patents Citations Index，DPCI）、四方专利索引（Quadrilateral Patent Index，QPI）及知识产权情报信息智能合作平台 Thomson Innovation 得出评估结果。财务比较分析则基于科睿唯安金融信息和 Eikon 平台完成。评价结果基于严格的甄选与全面分析，其权威性受到国际社会认同。

表 3-5 为科睿唯安开始进行企业创新评价的 2011~2017 年全球创新企业百强分布情况的归纳。由表 3-5 可知，我国除台湾地区有一两家企业上榜外，大陆地区企业仅有华为一家于 2014 年和 2016 年两次上榜^②。而日企自 2011 年，特别是自 2013 年以来上榜企业数呈跨越式增长。日本这 7 年间分别有 27 家、25 家、28 家、39 家、40 家、34 家、39 家企业上榜，与美国不相伯仲，呈势均力敌之势。2015 年上榜日企更是高达 40 家，占据全球创新企业百强 40% 的份额，2014 年首次超过美国的 35 家，日本企业的创新实力跃居全球第一。2016 年虽然又被美国赶超，但日企的创新实力表现证明日本仍然是唯一能与美国抗衡的世界顶尖的科技强国（2016 年和 2017 年全球创新企业百强榜单名单见附录 1）。

表 3-5　科睿唯安 2011~2017 年全球创新企业百强分布情况　　　　单位：家

年份	北美洲	欧洲	日本	韩国	中国大陆	中国台湾
2011	美国 40	29（法国 11，德国 4，瑞典 6，瑞士 3，其他 5）	27	4	0	0
2012	美国 47	21（法国 13，德国 1，瑞典 3，瑞士 3，其他 1）	25	7	0	0
2013	美国 44 加拿大 1	22（法国 12，瑞士 4，其他 6）	28	3	0	1
2014	美国 35 加拿大 1	18（法国 7，德国 4，瑞士 5，其他 2）	39	4	1（华为）	2
2015	美国 35 加拿大 1	20（法国 10，德国 4，瑞士 3，其他 3）	40	3	0	1
2016	美国 41	20（法国 9，德国 4，瑞士 3，其他 4）	34	3	1（华为）	1
2017	美国 36	19 家（法国 7，德国 4，瑞士 3，荷兰 2，其他 3）	39	3	1	2

资料来源：根据科睿唯安 2011~2017 年全球创新企业百强名单及年度创新报告整理

以上数据表明，日企在某些传统消费电子领域的衰退说明其正面临转型期，创新方向正在发生巨大的变革。尤为令人意外的是，家电领域日益衰落的松下、

---

① 1963~2017 年的数据。截至 2017 年，数据库中共收录 1 000 万个基本发明，2 000 万项专利，读者可以总览全球化学、工程及电子方面的专利概况。每周有 40 多个国家和地区、专利组织发布的 25 000 条专利文献及来自 6 个重要专利版权组织的 45 000 条专利引用信息被收至数据库中。

② 世界知识产权组织报告表明，自 2011 年起，我国已超过日本、美国成为申请数位列第一的专利大国，我国专利数量庞大却质量不高，因此，除 2014 年和 2016 华为上榜外，目前为止我国大陆地区企业其他年份无缘"全球创新企业百强"。

索尼、东芝、日立、NEC、爱普生、富士通等企业连续 6 年上榜科睿唯安"全球创新企业百强"榜单。对比欧盟委员会公布的历年入围全球研发投入 100 强企业及投入金额，分析表明日企的研发投入强度事实上非常高，无疑是科研效率（科技投入与产出之比）最高的创新强国之一。

"2017 年全球百强创新机构发布暨知识产权与创新研讨会"于 2018 年 1 月下旬在广州召开，由广东省知识产权局与科睿唯安共同举办。科睿唯安发布的 2017 年"全球创新企业百强"榜单显示，2017 年日企上榜全球创新企业百强数达 39 家，日本继 2014 年和 2015 年后第三次成为全球最具创新活力机构最多的国家。2017 年度的创新评价除综合考量专利数量等研发实力及知识产权保护外，更重视相关专利的商业化成功率。相关数据分析表明，2017 年全球创新企业百强在专利申请增长率方面略低于全球平均水平，但创新企业百强明显更倾向于投资独创性的发明。在创新商业化方面特别是独创性创新发明的商业化方面优势尤为明显，而这恰恰是衡量创新是否成功的重要指标。由此可见，日企的创新实力仍然强大。

科睿唯安知识产权与标准事业部总裁 Daniel Videtto 在榜单发布会上表示，全世界都在经历重大的经济变革，而在这种剧烈变化中能够让领导者乘风破浪的不变灯塔即创新。创新助力企业增强竞争优势，共创可持续经济发展。这一观点充分表明，创新评价是对企业未来竞争优势最准确的预测，而就创新实力而言，日本是当之无愧的世界强国。

3.7　新产品开发基本方式

在以上总体评价的基础上，本节接下来重点就日企新产品开发基本方式及典型日企的新产品方面的特点做进一步的具体分析。

新产品开发是指从研究选择适应市场需要的产品开始到产品设计、工艺制造设计，直到投入正常生产的一系列决策过程。从广义角度而言，新产品开发既包括新产品的研制，也包括原有产品的改进与换代。新产品开发是企业研发的重点内容，也是企业生存和发展的战略核心之一。

从独立完成角度看，新产品开发一般包括引进开发（引进他人的技术开发成果）、改良开发（改变原有产品的性能、变换型式、扩大产品功能等）、独创开发（自行设计、自行研制）和混合开发（新产品的开发过程中，既有直接引进的部分，又有独立开发的部分）。但是，从开发的具体展开过程来看，日企的新产品开发具有形式多样、担当部门多、参与者广和合作频率高等特点，具体包括以下几种基本的新产品开发方式。

3.7.1　学习交流式新产品开发

现代科技开发活动越来越需要依靠集体的努力，需要激发集体的智慧，需要不同人员和群体之间开展有机协调与配合。因此，发扬团队意识和集体主义精神，对于现代科技研发具有重要的意义。日企文化中一个重要的特色即团队意识强。日企的技术研发活动并不单纯是研发机构的事，而是大部分员工均参与研发。首先，企业内部除研发部门主要从事研发外，其他部门，如生产部门、销售部门、质量管理部门等，通过对技术研发部门随时提供技术信息、用户反馈意见及对新产品、新技术开发提出要求和建议等形式参与技术研发活动。其次，深入持久地开展"全员质量管理"活动、无缺陷及无次品活动、合理化建议等群众性技术创新活动，使员工树立科技意识、质量意识和管理意识，主动自觉地处理好生产经营中各类相关问题，使员工的工作与企业的科技进步紧密联系在一起（王承云，2009）。

为整合不同部门的资源，加快新产品的开发速度，日企非常重视为不同职能部门的研发人员提供相互沟通的平台，研发部门努力让不同专业领域的研究人员共同相处。从知识发展的角度而言，知识的宽度和广度是今天任何单个研究人员都无法全部掌握的。随着技术进步的速度加快，新技术或新产品的内涵日趋复杂，一些新产品的开发需要技术或市场层面等不同领域的专家紧密合作方可完成。把不同的专家组织在一个项目研发组中，使他们彼此能够运用各自领域的专业知识，从不同的专业角度看待新事物。这种知识之间的协同效应，能迅速扩大研发人员的知识宽度和深度，加快新产品开发的速度，提高新产品的成活率（王承云，2009）。图 3-15 展示了信息源与流动关系及各类研发人员之间互动的重要性。

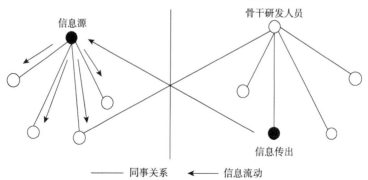

图 3-15　学习交流式新产品开发示意图

资料来源：王承云（2009）

为了达到高品质的学习交流，研发人员需要充分吸收新思想、新知识，甚至包括专业以外的知识。例如，具有强大研发实力的佳能为组织成员创造的较为独特的学习条件包括：工作时间的 15% 由研究人员自由支配。在这个时间里，研究人员可以自由想象和创造，从各自不同的角度去思考和解决问题，做一些自己想做的事情。这一管理方式实施的目的在于让员工在自由时间内发挥想象力和创造力，从看似与工作无关的事物中获得交叉灵感，这样做有利于从事创造性劳动的员工提高绩效。当所有研发人员都能从工作外获得灵感和想象力时，学习交流才有更好的效果。

3.7.2　项目交叉式新产品开发

如图 3-16 所示，东芝两个研发项目组先后启动 64K（kilobyte，KB，千字节）和 256K 芯片项目的研发。两年之后，64K 项目组开发任务完成，进入批量生产。此时，该项目组成员不是进入 256K 项目组与之共同开发，而是着手进行 1M（megabyte，MB，兆字节）芯片项目的开发研究。同样，当 256K 项目开发完成，进入批量生产后，该项目组成员不是进入 1M 项目组，而是即刻启动 4M 项目的研发活动，以此加快新技术或新产品的开发速度（韩中和，2002）。

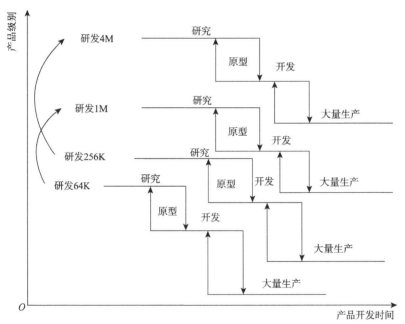

图 3-16　项目交叉式新产品开发示意图
资料来源：Aoki 和 Dore（1996）

多个项目交叉并行的开发方式是一种比传统的一代接一代的产品开发模式要有利得多的产品开发方式。传统的方式是生产部门按照设计图进行生产，有问题只能自己想方设法解决，而交叉开发可直接将工程工艺、生产制造上的要求反映到图纸上。在研发初期，各方研究人员就能充分交流和沟通，及时解决许多新产品开发中存在的衔接问题（武田英次，2007）。例如，64K 芯片研究小组可将其在研发中的经验教训及时应用到 256K 芯片的开发之中。交叉式新产品开发方式排除了研究开发中常见的停顿期或空白期，可缩短开发不同产品之间的知识转移时间，有利于增强团队学习的效果，加快新产品的升级换代周期和商品化的速度，使企业保持在该领域的竞争优势。

3.7.3 跨部门并列式新产品开发

在日企内部，研发部门往往与生产和营销等部门密切合作，生产部门和营销部门不仅向研发部门提出大量项目开发建议，还共同参与开发，使产品更好地满足市场并加快开发时间。在日企的研发中，项目主要是由研发部门和顾客提出建议的（王承云，2009），并且企业内部跨部门联合攻关，如图 3-17 所示。企业内部为取得在研发新技术方面"多、快、好、省"的效果，经常采用团队形式组织各类技术人员展开竞争以攻克技术难关，由于引入竞争机制，实行并列研究开发方式，为选择最佳研发方向提供了可能性。各部门之间的密切合作也能保证产品更加符合市场需求，并且便于在市场需求变化时更快地掌握信息，在较短的时间里开发出市场需要的新产品。

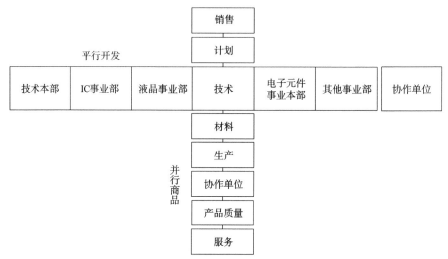

图 3-17 跨部门并列式新产品开发示意图

资料来源：王承云（2009）

例如，夏普为提高新产品开发的效率，形成竞争优势，最高管理层采取充分合理调配研发资源的形式（清家彰敏，1995）。在新产品开发过程中，夏普高层通常组建跨机构、跨部门的研发合作项目组织，公司内部的紧急项目组就是其中典型的一例。夏普赋予紧急项目组相当大的权力，该项目组组长可从公司内部任何部门选派研发人员，调配任何研发资源。被指名的员工必须无条件地投入新项目的开发。不同部门人员的流动，加强了组织横向之间的联系，共享不同的信息和知识，使组织在新产品开发中发挥协同效应。传统的开发模式仅仅依靠该领域的技术人员组成项目组，这样往往难以实现公司内部研发资源的合理调配，各部门内部利益的冲突容易造成局部观点或产生矛盾，不利于公司整体的战略实施，而跨部门并列式新产品开发方式能有效避免此类问题的发生。

3.7.4　中心制式新产品开发

丰田集团于 1992 年导入中心制式新产品开发方式。如图 3-18 所示，丰田将所有的新产品研发项目根据产品大类归类为四个研发中心：后驱动系统，前驱动系统，娱乐车/越野车系统，重大技术开发/新材料研究。前三个中心是决定产品整体结构的主要生产系统，第四个中心则支撑、服务于前三个中心。第一个中心至第三个中心各并行开发五种新车型。第四个中心拥有各类技术人员 4 000 名，由原丰田属下的东富士研究所各自分割出来的研究院整合而成。第四个中心实际上成为研发机构不可分割的一部分（王承云，2009）。

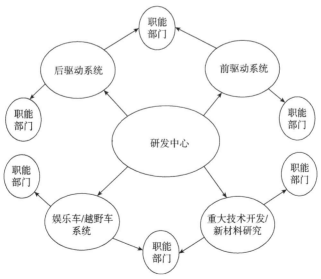

图 3-18　中心制式新产品开发示意图

资料来源：王承云（2009）

丰田的中心制式新产品开发方式能妥善处理以下几个问题。第一，精简机构。

通过机构改革，职能部门从 16 个减少到 6 个，新的中心制研发机构加强了对职能部门的整合。第二，加强中心制机构内部的协调。三大中心内部实际上各有许多产品系列。为使这些产品之间能够取得规模经济，同时又要尽可能保持各个产品的独特性或差异化，中心负责人要协调产品之间的关系，加强各产品之间零部件的通用性，发挥各开发项目组的创造性。在中心负责人的协调下这个精神就容易被贯彻。第三，由于使原来各自为战的产品研发项目组集合在一个中心内，加强了各项目组之间的学习和交流，有效地实现了资源共享。三个中心属于不同的产品大类，各中心的产品又有许多相同之处，使得许多零部件的开发研究数据、新车身机构方面的设计技巧等，在项目组之间能够得到共享。各中心每周都举行例会，这样就加强了各项目组之间的信息交流和知识共享（王承云，2009）。

3.7.5　橄榄球式新产品开发

Takeuchi 和 Nonaka 在《哈佛商业评论》发表的《新产品开发的新游戏规则》中，使用"橄榄球式"来比喻日企在新产品开发中所展示出来的速度、灵活性及任务叠加或并行开展方式，如同在橄榄球赛中，球队在场地上以整体的形式向前推进时，橄榄球在队员之间互相传递的方式（Takeuchi and Nonaka，1986）。橄榄球式新产品开发方式被誉为 20 世纪 80 年代以来日企在产品开发上取得成功的根源（Takeuchi and Nonaka，1986；Nonaka and Takeuchi，1995）。项目开发团队在开发过程中所传递的"球"包含以下信息：对企业来说它代表什么，它将走向何方，它希望它生存的世界是什么样子，以及使这个世界如何成为现实的共同理解，也包含高度主观的洞察力、直觉和预感。这些信息即该"球"所包含的名为理想、价值观和情感的东西。与接力赛中由一个队员拿着接力棒跑完他所接力的过程后再将接力棒传递给下一个接力队员的方式不同，橄榄球不是按照确定或结构化的方式在队员中传递的，橄榄球的运动轨迹并非线性或顺次形式，它的传递是运动场上团队成员彼此互动的结果，是基于直接经验在"试错"与"纠误"过程中，在"此时此地"现场决定的，团队成员之间必须有默契地配合并为共同目标的实现而努力（Nonaka and Takeuchi，1995）。

如图 3-19 所示，C 类型用图解的方式说明了橄榄球式新产品开发方式。A 类型代表的是接力赛式，这一方式在开发过程中的每个阶段呈现明显的分离特征，接力棒从一个小组传递给另一个小组。B 类型的产品开发被称为"生鱼片系统（生鱼片式）"，因为其形状看上去像是放在碟子上的生鱼片，彼此间存在重叠部分（Imai et al.，1985）。

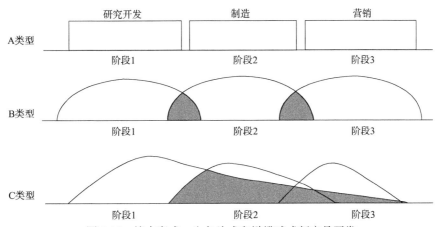

图 3-19　接力赛式、生鱼片式和橄榄球式新产品开发

资料来源：Takeuchi 和 Nonaka（1986）、Nonaka 和 Takeuchi（1995）

　　在日本，很多新产品开发实力强大的企业均采用橄榄球式新产品开发方式。引用本田 Honda City 开发团队负责人渡边洋男的观点："我总是对团队成员说，我们的工作不是一场接力赛，不是我的工作从这里开始，你的工作从那里出发，我们这个开发团队的每位成员都得从起点到终点跑完全程，而不仅仅是其中一个阶段。像橄榄球比赛一般，我们要一同奔跑，将球向左向右传递，最后作为一个整体破门得分。"（Nonaka and Takeuchi，1995）可见，橄榄球式开发方式与接力赛式开发方式有着本质的不同。关键点在于橄榄球式更加重视隐性知识的共享和信息冗余，每个参与者的业务范围更广、更深且具重叠性。

　　松下的产品开发方式同样也是橄榄球式的，其中几个职能部门——如工程、制造、规划和营销——在一个职能团队里并肩作战，在会议上或集训中通过对话彼此交换信息、共享暗默知识（tacit knowledge）。这样能使协调工作比较容易进行，可以在较短时间里完成开发任务（Nonaka and Takeuchi，1995）。同样地，日本汽车制造商也始终将开发阶段的各个环节以重叠并行的方式开展工作，通过橄榄球式新产品开发方式，将产品投放市场前的开发时间压缩，3~4 年推出一款新的车型，同时每两年对现有车型进行升级迭代。利用缩短开发周期的方式加快新产品问世的能力一直被视为日企竞争力的一个重要源泉。

　　不过橄榄球式由于需要来自不同部门的人员同时共同解决所面临的问题，整个过程可能过于重视保持整体的统一及和谐一致。换言之，可能存在在最低公约数下达成妥协或共识的风险。由于日企中常常有制造部门和营销部门的影响力相对较强的文化，橄榄球式很可能会阻碍对技术潜力的不懈追求。另外，由于基于该开发方式的开发过程需视变化随时改变工作方式或进展，对一些在开发伊始便对每个负责开发的部门确立清晰的绩效考核目标的项目进展可能造成不利。

不过，日产公司开发出高性能的全球型轿车——"霹雳马"的开发经历不但做到了将近四年的时间里开发出爆款车型①，而且仍然可以做到满足欧洲的性能标准。更重要的是，"霹雳马"既满足了英国汽车制造的国产化要求，也达到日产公司为其日本制造过程规定的质量标准。原因在于其使用了一种全新的橄榄球式新产品开发方式——"美式橄榄球式"产品开发方式。

如果用世界体育运动的比喻将在日本流行的重叠方式（即上文提到过的橄榄球式）贴上"英式橄榄球式"的标签，而将西方的阶段式方式称呼为"接力赛式"，那么霹雳马案例则暗示了第三种方式，即"鱼和熊掌兼得"。如果仍然使用体育比赛做比喻的话，那么第三种方式可被称为"美式橄榄球式"。该方式使公司在产品开发中既获得了较短的开发时间，同时又能使产品达到较高的性能标准。

新产品开发过程的"美式橄榄球式"产品开发方式将职能团队中明确专业分工（像我们在接力赛上看到的那样）的优势与团队作为一个整体全程跑动（像英式橄榄球式那样）的优点结合在一起。但是，"美式橄榄球式"成功的关键秘诀在于其比赛开始阶段便着手制订全程计划，球队多个负责人彼此密切配合设计出具体的战略战术（Nonaka and Takeuchi，1995）。橄榄球式新产品开发是日企最具知名度的新产品开发方式，它的开发过程集结了诸多日式新产品开发的精髓。这一过程中包含大量的信息和知识的跨专业、跨部门、跨层级的交流与分享，同样存在项目交叉进行及跨部门甚至跨组织的合作和竞争，因此是较为综合的产品开发方式。

以上划分并不能把各产品开发方式完全区分开来，而且日企通常会采用以上几种方式叠加的方式对新产品开发进行有效的管理。橄榄球式是最能体现日企综合特色的新产品开发方式，是典型的基于组织学习、知识创造的新产品开发方式。

3.8 汽车新产品开发：欧洲、美国、日本的国际比较

3.8.1 新产品开发竞争力评价要素

本章前面的分析认为，日企尤为重视研发中的新产品开发，并且重视新产品开发后的商品化过程的能力构建。根据藤本隆宏（2001）等的观点，发明、专利

---

① 本章后面将要介绍，日本汽车品牌商的汽车开发周期平均在 40 个月以上，而欧美企业则需 5 年甚至更长时间。

大多来源于基础研究、应用研究，而技术创新则与产品开发的关系更为密切。新产品开发是指创造在市场中销售的新产品的"产品设计信息"的企业活动，还包括收集有关生产商业化产品的工程设备信息及生产工序。简言之，产品开发指的是产品设计开发及其相关的生产和工序技术开发（藤本隆宏，2001）。

日本文部科学省（2016）《科学技術要覧》的统计结果及"全球研发投入 100 强企业排行榜"榜单表明，日企在汽车制造领域的研发费用投入最多。事实上，丰田一直以来都是全球研发投入额位居前列的日企。在相当长一段时期内，汽车领域的研发实力是日企国际竞争力的重要体现。由于汽车行业的新产品开发生命周期长，如果产品不能在较长一段时期内满足消费者的需求[①]，那么企业势必会难以为继、面临困境。广告宣传、销售、快速交货能力等因素会影响汽车企业的相对竞争优势，但是决定性的影响因素还在于产品本身的竞争力。关键竞争力只有通过产品开发过程才能获取。根据 Clark 和 Fujimoto（1991）、藤本隆宏（2001）、延冈健太郎和藤本隆宏（2004）、藤本隆宏和 Clark（2009）等的观点，新产品开发的竞争力评价可用以下三个指标加以测量和评定。

第一，开发生产性（productivity of product development），指的是新产品从概念提出到商业化生产期间在推进新产品项目开发中所必需的资源（包括劳动时间、设计时间、试验车使用的材料、其他厂家的服务和设备等），用新产品从概念设计和产品产出所需的技术技能人员所花费的总劳动时间来衡量。开发生产性对一台汽车的生产成本影响很小，但对整个生产的成本影响很大。具有高开发生产性的新产品开发企业，既能减少产品的成本，又能将精准满足客户多样化需求的产品投入市场。

第二，提前期（leading time）。其由汽车公司从设计理念到形成产品，并将产品投入市场的时间来测定。提前期的长短不仅对产品设计的效果有影响，也会对该设计在市场中的接受程度产生影响。产品概念设计和计划需要在项目早期就制定好，因为其好坏决定了企业是否能准确预测将来用户的需求及竞争对手车型的开发状况。因此，提前期会通过预测准确度间接影响产品最后的呈现（藤本隆宏和 Clark，2009）。某汽车企业假设开发一个使用寿命为 6 年的产品，而它的提前期需要 6 年的话，那计划员需要进行 6~12 年的预测。如果提前期和产品使用寿命均为 4 年的话，那么计划员只需要做出 4~8 年的预测，即环境不确定性越高，提前期越短，竞争能力越强。

如果汽车企业在新产品开发中处于优势地位的话，那么提前期的长短还可能会影响汽车产品迭代的速度，以及顾客的新鲜感的维持程度。4 年迭代一次的企业与 6 年迭代一次的企业相比，前者的产品明显更具吸引力，当然也并非迭代速度

[①] 也即，不能像快时尚服装款式一样仅在短期内满足消费者的喜好。

越快越好。过短的提前期可能会给顾客留下产品技术不成熟、性能不稳定的印象，但使用成熟技术的产品基本上在投入市场两年时间内都能在技术水平上与竞争对手拉开差距。因此，较长的提前期也能维持产品的竞争力。综上所述，长短适中的提前期才能给企业带来最大的竞争优势。

第三，产品的整体质量（total product quality，TPQ）。TPQ 由客观数据和主观评价两方面决定。新产品开发的方式从两个方面影响 TPQ：一是产品的设计水平和设计质量；二是企业的综合能力。

除了上述三个要素以外，产品开发时的组织结构、管理体制、市场环境、经营战略等也会影响企业的开发绩效，但企业的长期竞争力主要取决于以上三个要素。

3.8.2　欧洲、美国、日本汽车企业的新产品开发调研结果分析

根据藤本隆宏和 Clark（2009）对 5 家美国汽车企业、8 家日本汽车企业、9 家欧洲汽车企业，共计 22 家汽车企业、29 个新产品开发项目进行的调研，发现日本汽车企业的开发工时数是欧洲、美国汽车企业的 1/3，日本汽车企业完成一个汽车新产品开发项目的提前期只需欧洲、美国企业的 2/3。

如表 3-6 所示，将调研的汽车企业分为欧洲、美国、日本来看的话，平均开发工时数最少的是日本的量产车品牌商（均值为 120 万小时/项目），最多的是美国的量产车品牌商（均值为 350 万小时/项目）。藤本隆宏和 Clark（2009）还提到，所有欧洲、美国、日本汽车品牌企业（22 家）所需开发工时数按由少到多的顺序排列，第 1 位品牌商为某欧洲高档汽车品牌，第 2~7 位为日本某几个汽车品牌，所有日本汽车品牌全部集中列前 11 位，欧洲品牌分布在第 1 位、第 8 位、第 12 位、第 13 位、第 19 位和第 22 位，其他均为美国汽车品牌。由此可见，日本汽车品牌的新产品研发具有明显的开发工时短的特征。

表 3-6　欧洲、美国、日本汽车企业新产品开发实力推移情况比较

项目	日本量产车品牌商	美国量产车品牌商	欧洲量产车品牌商	欧洲高档车专业品牌商	合计
调研公司数/家	8	5	5	4	22
调研项目数/个	12	6	7	4	29
调研车型投放市场年份	1981~1985 年	1984~1987 年	1980~1987 年	1982~1986 年	1980~1987 年
指标 1：开发工时数（1=100 万小时/项目）	均值 1.2	均值 3.5	均值 3.4	均值 3.4	均值 2.5
	最短 0.4	最短 1.0	最短 2.4	最短 0.7	最短 0.4
	最长 2.0	最长 7.0	最长 4.5	最长 6.5	最长 7.0

续表

项目	日本量产车品牌商	美国量产车品牌商	欧洲量产车品牌商	欧洲高档车专业品牌商	合计
指标2：提前期/月	均值 42.6	均值 61.9	均值 57.6	均值 71.5	均值 54.2
	最短 35.0	最短 50.2	最短 46.0	最短 57.0	最短 35.0
	最长 51.0	最长 77.0	最长 70.0	最长 97.0	最长 97.0
指标3：TPQ 指数	均值 58.0	均值 41.0	均值 41.0	均值 84.0	均值 55.0
	最低 23.0	最低 14.0	最低 30.0	最低 70.0	最低 14.0
	最高 100.0	最高 75.0	最高 55.0	最高 100.0	最高 100.0

资料来源：藤本隆宏和 Clark（2009）

　　图 3-20 比较了欧洲、美国、日本汽车企业开发工时数在 1980~1999 年长达 20年的时序变化。日本汽车企业平均开发工时在 100 万~150 万小时，而欧洲、美国企业则长达 200 万~350 万小时。1980~1994 年，欧洲和美国企业在提高新产品的开发效率方面付出了诸多努力，因此开发工时数迅速下降，但和日企的差距仍较大。在 20 世纪 90 年代后半期，欧洲和美国企业的开发工时又急速上升。

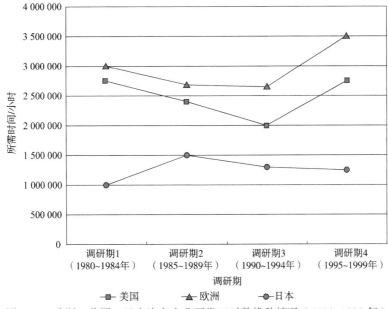

图 3-20　欧洲、美国、日本汽车企业开发工时数推移情况（1980~1999 年）
资料来源：延冈健太郎和藤本隆宏（2004）

1. 新产品开发生产性比较分析

藤本隆宏和 Clark（2009）通过对价格为 1.4 万美元的小型车开发所需工时数

的调研进行比较后发现，日企的比值①为 1.7，美国为 3.2，欧洲量产车和高档车生产厂家的比值均为 3.0，也就是说，日本每开发一个新产品所需的开发工时数均值为 170 万小时，而欧洲、美国分别为 300 万小时、320 万小时，由此可见，日企的开发生产性比欧洲、美国企业高出不少。

日本开发生产性高的原因主要是日企将新产品开发的大部分业务委托给零部件供应商，通过降低内部设计比例的方式使品牌商企业内部保持灵活性（表 3-7）。

表 3-7 欧洲、美国、日本汽车企业的零部件内部设计比例[1]（1980~1999 年）

零部件内部设计方式	汽车品牌商总部所在地	调研期 1（1980~1984 年）	调研期 2（1985~1989 年）	调研期 3（1990~1994 年）	调研期 4（1995~1999 年）
贷与图	美国	85%	79%	58%	50%
	欧洲	80%	54%	67%	42%
	日本	34%	21%	39%	54%
承认图	美国	14%	17%	30%	39%
	欧洲	17%	39%	21%	39%
	日本	57%	72%	55%	43%
直接购买	美国	2%	4%	12%	8%
	欧洲	4%	8%	12%	20%
	日本	9%	7%	6%	3%

1）内部设计比例=贷与图（%）+承认图（%）×0.355，0.355 指的是汽车品牌样本企业承认图设计分担比例的平均值

资料来源：延冈健太郎和藤本隆宏（2004）

零部件内部设计方式有以下三种：贷与图方式（由汽车品牌商自行设计，设计后交给零部件供应企业生产，属于 100%内部设计）、承认图方式（汽车品牌商提供关于产品设计的目标、性能方面的信息，但是图纸主要由零部件供应商负责设计）、直接购买方式（汽车品牌商直接从零部件供应商处购买需要的零部件，内部设计率为 0，外部设计率为 100%）。欧洲、美国、日本汽车企业在不同时期的零部件内部设计比例推移情况比较如表 3-7 所示，日本汽车品牌商自主设计的平均比例为 35.5%，而余下的 64.5%由零部件供应商负责。欧洲、美国汽车品牌认为全部由内部设计会导致开发效率低，因此，在调研的 20 年间，内部设计比例呈下降趋势。日企认为，让零部件供应商参与设计的承认图方式是提高零部件供应商新产品开发能力的重要手段。1980~1989 年日企的内部设计的贷与图方式逐年减少，承认图方式在大幅增加。20 世纪 80 年代前半期，欧洲、美国企业的贷与图方式零部件设计占比 80%及以上，至 90 年代后半期美国企业降为 50%，欧洲企业则降

---

① 比值为经统计算法修正后的开发工时数，表示各地区或各战略区域汽车企业生产相同质量汽车所需的平均设计和开发时间。比值 1=100 万小时/新产品项目。

为 42%。日企正好相反，内部设计比例大幅增长，至 90 年代后半期，日企的内部
设计比例和欧洲、美国企业的内部设计比例接近。

延冈健太郎和藤本隆宏（2004）对 1980~1999 年的调研样本进行相关性分
析后发现，欧洲、美国企业的内部设计比例与开发生产性之间并无相关关系，
因此欧洲、美国企业的内部设计比例降低并未导致开发生产性的提高，而日企
的内部设计比例与开发生产性之间存在相关关系，因此 20 世纪 80 年代的日本
汽车企业低零部件内部设计比例使开发生产性得到了提高（延冈健太郎和藤本
隆宏，2004）。

2. 新产品开发提前期比较分析

藤本隆宏和 Clark（2009）研究认为，每个项目的新产品开发提前期可以分为
开发前期（概念产出、产品计划的制订）和开发后期（试验车的制造、测试、商
业生产前的各类准备）两个时期，以及概念产出阶段、产品策划阶段、前期开发
阶段、产品开发、工艺开发和试用阶段六个阶段。在这六个阶段中，日企每个新
产品开发提前期的平均值跟欧洲、美国企业相比，都是最短的；在开发提前期的
开发前期阶段，日企为 14 个月，欧洲、美国企业为 22~23 个月；在开发提前期的
开发后期阶段，日本需时 30 个月，欧洲、美国需时 40~42 个月，且欧洲、美国汽
车品牌的新产品模式相似（藤本隆宏和 Clark，2009）。由此可见，日本汽车品牌
在产品开发过程中，无论是在开发前期的计划阶段，还是开发后期的开发阶段，
都显示出速度方面的明显优势。其原因在于日企在计划阶段的任务较为单一，且
应对和处理方式比较高效。

但是，在开发提前期的第四阶段和第五阶段，即产品开发和工艺开发两个阶
段，日企的提前期和欧洲、美国企业的差距很小，仅仅只有几个月的差距而已。
不过，日企这两个阶段几乎同时进行，而欧洲、美国企业这两个阶段的开始至少
隔了几个月，由此可知，日企在新产品开发方面的并行处理能力比欧洲、美国企
业强（藤本隆宏和 Clark，2009）。

从整个新产品开发提前期比较来看，日企具有明显的优势。从量产车开发的
国际比较来看，日本汽车企业所需时间为 46 个月，欧洲、美国企业达 60 个月，
即从数据来看，日企与欧洲、美国企业相比有约一年多的时间差。经过相关车型
设计复杂度等均值化处理后，仍然存在一年的时间差。从高档车开发的比较来看，
日企与欧洲、美国汽车企业开发需时相差达 18 个月之多。因此，与开发生产性一
样，日本汽车企业在提前期这一指标上也存在明显的竞争优势。由此可得出结论：
日本汽车企业普遍具有迅速开发新产品方面的较强竞争能力。

图 3-21 为欧洲、美国、日本汽车企业的新产品开发提前期比较图。由图 3-21

可见，1980~1994 年（调研期 1 至调研期 3），日企的新产品开发提前期从 45 个月增加至 50 个月，而欧洲、美国企业在这一期间，除 1990~1994 年美国汽车企业外，新产品提前期均超过 50 个月。但从 20 世纪 90 年代后期开始，以丰田为中心的日本汽车企业集中精力缩短产品开发提前期，从调研期 3（1990~1994 年）的 50 个月缩短至调研期 4（1995~1999 年）的 45 个月。

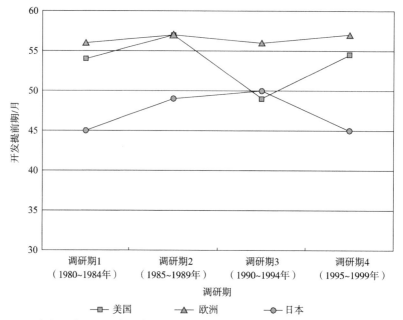

图 3-21　欧洲、美国、日本汽车企业的新产品开发提前期推移情况（1980~1999 年）

资料来源：延冈健太郎和藤本隆宏（2004）

基于 Clark 和 Fujimoto（1991）的权威观点，新产品开发工时数是直接决定企业的组织能力和核心竞争力的关键要素。因此以上对日本汽车企业与欧洲、美国汽车企业进行的基于长期调研数据的分析比较得出了日企竞争力较强的结论。接下来继续对欧洲、美国、日本汽车企业产品的整个开发周期内部各阶段进行探讨。

如果把产品开发周期分为概念探讨开始期、产品技术开发开始期、生产技术开发开始期[①]三个阶段来分析的话，如图 3-22 所示，日企在以上三个阶段均比欧洲、美国企业存在明显的所需开发周期短的优势。

———————————

① 产品技术开发开始期不是指要素技术的前期开发的开始，而是指车辆（产品）的技术开发开始的时机。车辆的技术开发通常从车辆的策划及主要系统的计划开始。而生产技术开发开始期通常指设计、制造中最花时间的瓶颈阶段，即大型车身面板所用模具的策划开始期。

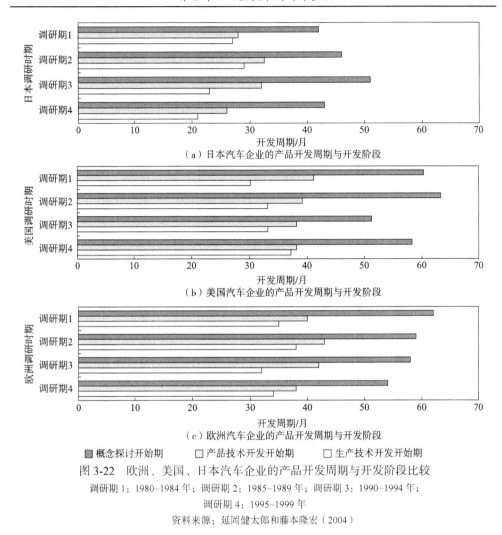

（a）日本汽车企业的产品开发周期与开发阶段

（b）美国汽车企业的产品开发周期与开发阶段

（c）欧洲汽车企业的产品开发周期与开发阶段

■ 概念探讨开始期　　□ 产品技术开发开始期　　□ 生产技术开发开始期

图 3-22　欧洲、美国、日本汽车企业的产品开发周期与开发阶段比较
调研期 1：1980~1984 年；调研期 2：1985~1989 年；调研期 3：1990~1994 年；
调研期 4：1995~1999 年
资料来源：延冈健太郎和藤本隆宏（2004）

　　将调研期 1（1980~1984 年）和调研期 4（1995~1999 年）的数据进行比较，由图 3-22 可见，虽然并未将新产品开发的整个开发周期缩短至 40 多个月内，但日企明显的变化在于生产技术开发开始期自调研期 1 的 27 个月以前推迟至调研期 4 的 21 个月以前，由此可见，1995~1999 年日本的生产技术开发开始期较 1980~1984 年明显缩短了不少。究其原因，主要是日企设计决策的刻意推迟，是自 20 世纪 90 年代开始，日企开始着手缩短从产品的设计决策至产品的市场导入为止的期间内，日企增强其竞争能力所取得的结果。

　　事实证明，推迟产品设计决策的时间能给设计阶段预留更多的决策时间。而缩短产品的设计决策至产品的市场导入为止的周期必须以缩短模具的设计和制造周期为前提。Clark 和 Fujimoto（1991）研究发现，模具从制造到投产之间的短周期恰恰是日企的竞争优势。而 1980~1984 年和 1985~1989 年，日企的产品技术开发开始期和生产技术开发开始期几乎是同时进行的，是典型的平行开发的橄榄球式新产品开发模式，这也是日企开发周期短的主要原因。

3. TPQ 比较分析

不过，从 TPQ 来看，日企在这一指标方面和上述两个指标得出的结论有所不同。顾客满意度调查结果显示，欧洲高档车的 TPQ 指标得分很高，具有明显的优势，但在量产汽车开发方面，日本汽车企业开发的汽车质量，比起欧洲、美国企业来说，所占优势不大。而日企的汽车品牌，TPQ 指数最低的仅为 23，最高的却达到 100，说明日本汽车品牌之间的差距明显，反映了管理体制和组织能力上的差异。从汽车的舒适度和设计质量两个指标的用户评价来看，如果制造出来的产品跟当初设计的完全相同的话，那设计质量和 TPQ 也相同。另外，舒适度方面日企得分最高，设计质量方面欧洲企业得分最高。但是从高档车来看，欧洲汽车品牌无论是舒适度还是设计质量都得分最高。部分欧洲高档车和部分欧洲量产车的设计品质和舒适度得分都很高，所以 TPQ 指数也很高。而日本和美国量产车品牌的设计质量较弱。这一调研结果与20世纪80年代以来在市场上取得良好销售业绩的企业的结果相符，即 TPQ 所有标准都高的汽车品牌的企业，其市场竞争力也大。

3.8.3　新产品开发的项目组织与管理

很多企业在产品开发时采用矩阵式的项目组织结构，但这并不能保证产品开发的效率，由于矩阵型组织双重领导的存在，项目开发组织的权力往往极为有限，决策速度也不够快。开发效率高的日企的新产品开发项目组织通常不会采取这种形式，而是会确保项目组织具有较高的资源调配权和决策权。藤本隆宏和 Clark（2009）指出，高效的产品开发项目组织需具备以下三个条件。

第一，分工明确，即专业化程度高。组织内部为保证各个任务能迅速且高效地被执行，注重各个零部件、各个作业阶段的技术方面的隐性知识的积累和保存。

第二，内部整合（internal integration）程度高，即项目组织成员之间的有效合作程度高。组织内部存在频繁且高效的知识信息分享与合作，使组织内部员工能实现高效的任务协调，迅速地开发产品。

第三，外部整合（external integration）程度高，即实际产品与顾客期待的匹配程度高。组织和相关合作者之间存在频繁且高效的知识信息分享与合作，且产品的概念、设计与用户的期待相吻合。

新产品开发项目组织有以下四种类型：职能型项目组织、轻量级项目经理型项目组织、重量级项目经理型项目组织和项目委员会型项目组织。如图 3-23 所示，职能型项目组织整合程度最弱，**重量级项目经理型和项目委员会型项目组织的效率较高**，能够确保高效的内部整合度和外部整合度。

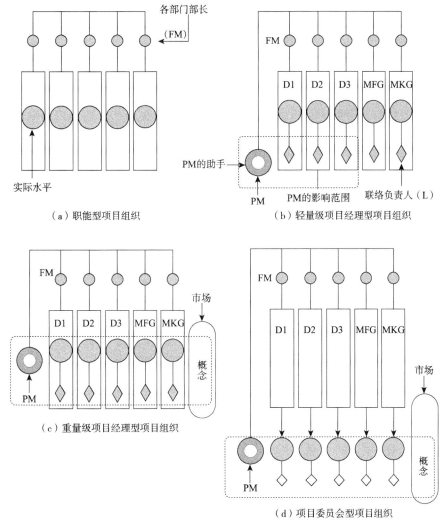

图 3-23　新产品开发项目组织的四种类型

D1、D2、D3 表示参与新产品开发的各个部门；MFG 表示制造部；MKG 表示市场部；
FM 指部门经理；PM 指产品经理；L 指联络负责人
资料来源：藤本隆宏和 Clark（2009）

　　图 3-23 中竖向长方形表示各职能部门的下属组织，横向（水平向）表示与特定项目有关的调节关系。各部门内下属组织（如开发部、市场部、制造部）由各部门的部门经理负责管理。负责应用方面的工程师（或其他职员）中从事特定项

目的工程师在图中用灰色圆形表示，担当联络职责的联络负责人分别代表各职能部门的联络责任人。特定项目的产品经理对负责应用的工程师直接或通过联络责任人间接行使协调管理作用，通常一个产品经理会配备数个助手。在轻量级项目经理型项目组织、重量级项目经理型项目组织和项目委员会型项目组织图中，用虚线框住的部分表示各类型产品开发方式中的产品经理在新产品开发过程中发挥重要作用的领域，即产品经理的影响力所及的范围。由图 3-23 可见，在各类型的新产品开发方式中，产品经理所起的作用和影响力有大有小，影响力大的甚至会波及产品开发后的市场开拓。需要特别注意的是，当产品经理的影响力延伸至市场开拓时，产品经理甚至具有产品概念产出的权限，能与产品的潜在消费者保持直接交流。

如图 3-23 所示，重量级项目经理型项目组织的产品经理责任重大、影响力大、地位高，与部门最高负责人同级甚至级别更高。产品经理有时通过联络负责人传达信息，必要时也会直接跟各技术人员（概念提出和产品设计者）交流，因此，即使产品经理没有正式的权限，也会对他们造成较大的间接影响。这种项目组织跟职能型项目组织看上去相似，但是产品经理的权力相对而言较大，而且非常重视产品开发质量和开发效率（藤本隆宏和 Clark，2009）。

项目委员会型项目组织比重量级项目经理型项目组织更为注重贯彻执行产品本身的理念。产品经理和属于各个项目的专业工程人员组成的项目组织一起工作。这种类型跟职能型项目组织相比，各个工程技术人员的分工程度低，界限模糊，他们既负责部门内的任务，同时也负责整个项目组织的任务。因此项目委员会型项目组织的产品经理的作用相对于重量级项目经理型项目组织来说比较小。

藤本隆宏和 Clark（2009）研究认为，新产品开发的综合实力和竞争力与企业的战略选择及产品开发的项目组织和管理体制存在一定的关联性，特别是项目组织和管理体制对新产品开发的影响相对较大。而一个企业如何构建产品的项目组织体制，如何进行分工协调作业，决定了开发过程是否具有竞争力。

关于产品开发的项目组织结构的形式，有两个关键的决定因素：一个是分工形式；另一个是部门间的合作（藤本隆宏和 Clark，2009）。

日本主要汽车企业均在各部门经理领导下设置计划和开发的专职人员，且每一个产品开发项目都会单独被构建成一个新的部门，部门下设车身外观设计部、底盘设计部、动力设计部、生产技术部、产品设计部、试验开发部等，各个部门及部门下属的组织通过收集相关部门的信息资源进行创造性活动。

欧洲汽车企业通常重视参与开发的工程技术人员的专业性，并且组织结构层级较高，信息传递是纵向的。美国汽车企业的项目组织每个区域的下属组织较多，组织结构呈金字塔形。而日企的组织结构相对于欧洲、美国而言比较简单，呈扁平型。并且日企重视各个层级、各个部门之间的信息交流与合作。

　　在欧洲，产品经理在各个开发阶段中仅充当协调者，主要解决各种纠纷。而在日本，产品经理堪比首席工程师的地位，即使是在非正式场合，也具有很强的领导力和权限，在制造到销售等整个产品开发过程中起协调和管理作用。必要时，产品经理还可以下命令给现场的工程管理人员，同时还拥有产品概念和计划方面的决策权。有时，产品经理还会跟现场的技术人员、设计师、制造工厂的监督管理者进行交流。他们不是单纯的协调者，而是整个产品开发过程的最高责任人，全权负责所有事项，具有很高的权限。在一些日企中，新产品开发项目的产品经理的地位甚至高于部门总监，仅次于 CEO，或相当于副总级别。

　　在产品之间及部门（产品设计、生产技术、试验、采购、市场等）之间的协调过程中，产品经理的领导力是最为关键的因素，根据地位与发言权、职责权限的广度和深度、工作方式、部门之间的协调能力等标准，产品经理可以分为轻量级、中量级、重量级产品经理（heavy weight project manager）。分析发现产品开发项目组织中设置重量级产品经理的项目组织开发生产性明显更高。图 3-24 表明，从 20 世纪 80 年代开始，日企在新产品开发中采用重量级产品经理的项目就已经很常见，这一管理模式直到 21 世纪都未有大的变化，但是在欧洲、美国企业的新产品开发中，自 20 世纪 80 年代开始之后的 20 年，产品经理经历了职责权限的重大变化，对图 3-24 分析可见，欧洲、美国企业在 20 世纪 80 年代的新产品开发中以轻量级产品经理模式为主，90 年代以中量级产品经理为主，而 21 世纪则与日企一样，产品经理均为重量级。真正的重量级产品经理是在内部整合和外部整合都能发挥重要领导力的管理者。

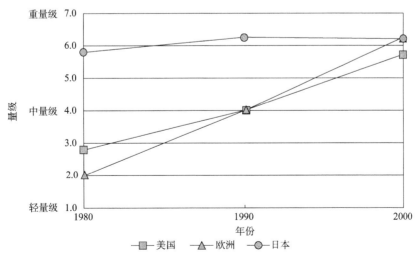

图 3-24　欧洲、美国、日本汽车企业的产品经理重量度推移情况
资料来源：延冈健太郎和藤本隆宏（2004）

　　另外，对图 3-25 的分析发现，日企的产品经理除了在细节设计（detail drawings）

和供应商选择（supplier selection）这两个环节的影响力较小以外，在产品开发的其他所有环节，如概念车设计、市场策划（marketing plan）、绩效目标（performance target）制定、零部件选择（component selection）、开发成本（development cost）核算、制造成本（manufacturing cost）核算，以及作为跨部门协调者和整车设计工程师（vehicle layout engineers）等方面，均发挥着重要的作用，是不可多得的复合型、全能型的人才，也是日企汽车新产品开发实力较强的管理体制特征的独特性之所在。

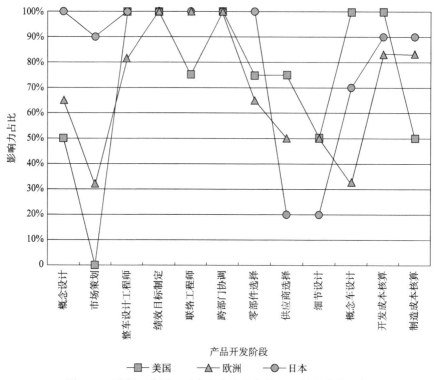

图 3-25　欧洲、美国、日本汽车企业产品经理的影响力比较

资料来源：延冈健太郎和藤本隆宏（2004）

3.8.4　企业网络与新产品开发：以丰田为例

以丰田集团为例（图 3-26），丰田所有的零部件供应商被组织成两个不同的协会：成立于 1943 年的巨步会（The Kyohokai），有 238 家汽车零部件供应商加入；成立于 1983 年的锐步会（The Eihokai），由 77 家负责模具、计量表规、工夹具等及其工厂的承包商组成。丰田金字塔形系列管理及其供应链结构中，一级供应商下面有二级、三级、四级供应商，分别为 2 500 家、7 000~10 000 家、25 000 家以

上，其组成的庞大网络共同支撑着一级供应商，共计有 3.6 万~4.7 万家供应商和分包商，数量十分惊人。一级供应商地理上与丰田总部距离在 50 千米以内，以利于频繁接触，其他大多数供应商也都在丰田周围一个较近的区域内，这有利于与供应商建立亲密关系。并且，级别高的供应商，丰田会与其相互持股，以构建较稳固的利益关系。但级别越往下，关系变数越大。丰田和一级供应商之间每个月召开例会，丰田的经理和工程师的主要工作即同供应商的总裁或工程师每天都通过会议探讨有关零部件开发与设计课题。自开发初期开始丰田即邀请供应商参与合作开发、合作设计，并且合作一直持续到该零部件开发结束后的生产完成阶段。黑匣子设计指的是完全由供应商开发设计的零部件，即承认图方式设计的产品。丰田一般会把设计任务同时交给几家供应商，让其就开发速度和开发质量展开竞争，与欧洲、美国汽车厂商展开的供应商之间的竞价方式不同，丰田的供应商之间不展开价格竞争。最快开发出最好初样的供应商将获得订单（哈里森，2004）。

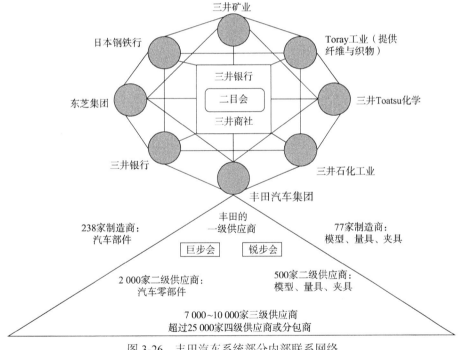

图 3-26　丰田汽车系统部分内部联系网络

资料来源：Harryson（1998）

日企这种与企业网络间开展的设计合作的模式与欧洲、美国汽车企业相比存在很大不同。欧洲、美国汽车企业与供应商之间为类似于奥运五环的合作模式，属于随时充满变数的不稳定的交易关系。欧洲汽车制造商和零部件供应商之间没有稳固的网络体系，利益羁绊较少，一个供应商可同时与多个汽车厂商交易，但日本的供应商必须长期忠诚于固定的品牌商。

汽车制造是多种技术集成综合的产品，丰田以外的其他日企均存在与丰田同样的供应商网络伞合作方式，但汽车产业的特征更为明显。日企与稳固关系的供应商之间开展新产品开发竞争，有利于其以 QCDF 为特征的组织能力的构建。符合汽车产品以集成型产品架构设计为特征的组织管理模式，具有半封闭式、半开放的开发方式的共性特征。

3.9　开放式新产品研发：典型日企案例

3.8 节以汽车产业为例，综合分析了日本汽车企业与欧洲、美国汽车企业相比在汽车新产品开发创新方面的竞争力及其背后的管理机制。其中，日企常常通过研发和生产人员的紧密合作，以及研发人员驻扎工厂进行开发的方式，缩短迭代产品或新产品的研发时间，促进研发进程，因而能快速开发出符合顾客需要的产品创新。Harryson（1992，1994，1998）通过观察发现，这一类型的技术开发和管理在其他日企，如电子、计算机和精密仪器制造公司也是普遍存在的现象。例如，Harryson（1998）发现东芝 10%的研发人员及开发工程师为了开发新产品，短期内在位于川崎的东芝研究中心或另外五家公司研究部门内工作，但大部分研发人员都在部门研发中心工作，而部门研发中心设在生产工厂里。90%从事研发工作的东芝工程师均在生产工厂的开发部，或直接在生产线上协同生产管理人员一起工作（Harryson，1998）。但汽车企业还通过关联网络构建强大而稳固的日式系列关系，属于半封闭式、半开放的合作模式。封闭式创新认为成功的创新需要强有力的控制。采取半封闭式的新开发方式的企业必须有自己的创意及强有力的控制能力，为供应商提供资金及技术支持，并且需具备应对市场变化和企业转型的能力。但市场变化加剧，技术及商业模式的改变要求企业用更新或更灵活的方式应对。

知识、信息与技术飞速发展的时代，企业将知识转化为产品的模式正在发生巨大的改变。快速的技术和市场变化使得产品的寿命变短，而研发则变得越来越频繁。研发过程复杂而昂贵，如果公司把精力和资源过度集中于依靠自身去进行原创技术的开发，就很可能会在市场上作茧自缚。Harryson（1998）研究发现，佳能、索尼和丰田早在 20 世纪八九十年代开始向企业外部技术源寻求新发明，企业内部则集中精力开发能使生产过程更有效率的具体技术。因此，三家企业都构建了自己独特的内外部开发网络。

本节将基于更广泛的企业内部、外部网络构建视角，以在开发方面均具个性特色的佳能、索尼和丰田为例，探讨它们在研发过程中的合作方式的具体细节及特征。

由表 3-8 可知，从"与集团外部技术源的合作"来看，三家企业都与外部技术源保持着强联系，但三家企业中，索尼的外部技术源最为丰富，调研时已核实的机构达 30 家，即索尼与外部技术源的联系程度最高。但佳能与海外顶级大学附属机构的最尖端研究开发实验室合作最为紧密，拥有最精致完备的海外顶级科研机构合作网络。与索尼相比，佳能和丰田构建了更强程度的外部"企业集团"网络，三家企业中丰田有着最广泛的企业系列网络。佳能从母公司分离出来的实验室是集团重要的研发主体，这方面比索尼和丰田更显突出。索尼和丰田的共同点在于与"国内大学""国外大学"都有强有力的联系。而佳能在技术上采取孤立战略——只专注于独特的技术研发，使得它对与日本政府机构通产省的联系合作及战略结盟较少感兴趣。相反地，佳能有同海外研究开发实验室最丰富、最紧密的网络（如斯坦福大学等），但索尼雇用外国研究人员的人数在日本是最多的。丰田在日本不雇用任何外国研究人员，主要采取将研发人员派往国内如东京大学、国外如斯坦福大学等研发机构学习的方式。但是三家企业均力求在研究活动中增加外国人的数量（Harryson，1992，1994）。

表 3-8 索尼、佳能和丰田的研发网络

合作层面	合作方式	合作部门/机构/关系	佳能	索尼	丰田
集团外部层面	与集团外部技术源的合作	（1）金融财团	**	(*)	**
		（2）企业集团	**	**	***
		（3）子公司	**	***	***
		（4）通产省	***	***	***
		（5）国内大学	**	**	***
		（6）国外大学	**	***	***
		（7）国外科研附属机构	***	**	**
		（8）国外研究人员	*	***	—
		（9）战略合作伙伴	**	***	**
		已构建合作联系的机构合计	已核实 12 家	已核实 30 家	已核实 10 家
集团内部层面	为技术融合的合作	（10）业务部/组之间	*	***	*
		（11）研究中心同业务部/组之间	*	***	*
		（12）研究中心之间	***	**	**
		（13）多功能特别任务小组之间	***	**	***

合作层面	合作方式	合作部门/机构/关系	佳能	索尼	丰田
集团内部层面	研发与市场界面的合作	（14）针对研究人员的销售技能培训	3 个月	3 个月	—
		（15）针对开发工程师的销售技能培训	3 个月	3 个月	3 个月
		（16）研究中心与市场的合作	*	***	*
		（17）业务部/组与市场的合作	**	***	**
		（18）作为宣传交流工具的原型样品	**	***	***
		（19）来自高层对研发的资助反映市场需求	***	***	**
	研发与生产的合作	（20）研究人员接受生产培训	2 个月	1 个月	—
		（21）开发工程师接受生产培训	2 个月	1 个月	3 个月
		（22）将研究人员输送到开发部门	***	***	*
		（23）将开发工程师输送到生产部门	***	**	*
		（24）将生产工程师引进到研发中	*	**	***
		（25）在研究阶段重视样品	***	***	*
		（26）在开发阶段重视样品	***	***	**
项目层面	技术与创新项目联系强度与机制	（27）融合竞争性特别任务课题组	**	**	供应商竞争
		（28）高级管理层的直接介入	**	***	***
		（29）展示样品（样机）	***	***	***
		（30）指导委员会	未观察到	***	***
		（31）协调总体规划	**	未观察到	**

***表示强联系，**表示中等程度联系，*表示弱联系，（*）表示间接联系，—表示无联系

资料来源：基于 Harryson（1998）中表 7-1 至表 7-5 整理

在集团内部层面，关于"为技术融合的合作"从与企业内部技术研发网络的联系看，索尼内部不同的业务部/组之间及研究中心同业务部/组之间，都有最强的合作关系。佳能因为定位为技术驱动型的新产品研发，采用的是各业务组目前都不具备的全新技术，丰田强调的则是独立自主开发活动的协调，而非技术的协调，因此这两家企业的业务部/组之间和研究中心同业务部/组之间的联系程度为弱联系。在研究中心之间或多功能特别任务小组之间的内部联系方面，索尼的联系程度均为中等程度联系，丰田的联系程度分别为中等程度联系和强联系级别，佳能的内部联系程度最强。或许因为企业内部多重联动无缝合作的结果，索尼没有相当于佳能在概念产生阶段的多功能课题组的组织，也没有丰田的概念产生小组。

从集团内部层面"研发与市场界面的合作"看，索尼在研究中心和市场之

间都建立了最强的联系，在研发与市场界面的合作全部六个方面均为最强。这
与索尼追求新潮时尚的产品外观的设计理念密切相关。这体现了索尼市场驱动
型研究导向的研发模式，索尼和佳能均采取这一导向（不过在顶尖技术的研发
方面，两家企业的定位不同）。三家企业最大的共同点是，它们都有对研发活动
高度市场化导向的资助和支持体制。丰田的研究中心同市场需求之间为弱联系，
但在新的产品概念形成过程中与市场保持强联系的级别。在来自高层对研发的
资助反映市场需求这方面，丰田为中等程度联系，佳能和索尼在这方面为强联
系（Harryson，1994）。

关于集团内部层面"研发与生产的合作"方面，研究表明，索尼、佳能和丰
田全都重视作为创造价值的生产现场与研发之间的联系，两部门间构建了强有力
的伙伴关系。这种日企独有的研发对生产尊重的前提下的研发方式有利于产品设
计和制造环节的无缝对接。在索尼和佳能，内部研究人员的调动频繁，佳能全体
研究人员和工程项目的上司都要通过在一个生产线工作三个月的初级训练计划，
同时也将研究人员强制派到开发中心去接受锻炼。在佳能，将工程师从开发部门
输送到生产部门已成为准制度化的培养方式，这也反映出佳能研发项目的技术驱
动性（Harryson，1998）。相反地，丰田通过在研发的不同阶段加强信息交流的方
式，大大减少了工程技术人员的调动，采取的是反向联系方式，即重视将生产工
程师引进到研发中来。

关于项目层面"技术与创新项目联系强度与机制"方面，佳能和索尼都有内
部竞争的课题组，而丰田则在供应商之间展开新产品开发速度、开发质量和投产
速度方面的竞争。三家企业的研发中，在高级管理层的直接介入方面，佳能的介
入程度较弱，丰田和索尼的高级管理层的直接介入程度均呈强联系级别。指导委
员会只在索尼和丰田中被观察到，且发挥了重要作用。索尼指导委员会的作用是
加速动用资源、促进授权，而丰田指导委员会除了授权以外，还要在设计、产品
工程和生产之间进行最精确的跨专业协调。佳能则强调尽快在吸收全球专门技术
诀窍的同时，把起关键作用且掌握多种技能的工程师派到生产现场，以便把应用
研究尽快转化为产品。设计不是重要问题，不同中心业务之间的协调也不重要，
加上佳能规模较小，因此，在佳能并不需要指导委员会。

通过以上分析可见，佳能、索尼和丰田都非常重视寻求外部合作者，同时重
视与集团内部网络间、部门间的合作，但从表 3-8 可以看出，三家企业的网络结构
和管理方式存在较大的差异，原因在于三家公司在研究开发方面的定位各有特色。

Harryson（1998）研究发现，佳能在研发技术方面，追求卓越，具有研发领域
的远景计划，是将独创技术商业化的世界冠军。Harryson（1996）研究认为，佳能
属于高度技术取向型的企业，当掌握全球顶尖的技术诀窍后，佳能立即通过频繁
地调动研究人员和开发工程师到生产线，集中发展少数独特的技术，并用于商业

化生产。因此，佳能在技术上与外部资源的合作联系和知识分享程度最强，但只集中于少数精准定位的技术，力求在一个或几个高级专门技术领域中树立自己的独特地位（Harryson，1996）。

索尼是通过公司内部协作实现产品创新的世界冠军（Harryson，1998）。从对研发技术的追求层面看，总体而言，索尼属于重视多样化概念型产品产出的创新取向型企业。索尼培育出一个能产生出大量高度创新型概念产品的环境。为了给所有概念提供必要的技术，与佳能相反，索尼重视提出新概念，进而开发出新产品。但索尼产品的独特性极少建立在专业新技术的基础之上，而是将已有的多项技术综合从而开创出创新潮流的产品。索尼研发的重点不是新技术而是在多样化潮流产品竞争领域成为佼佼者，所以索尼与市场的联系最强。

丰田是复杂和超大产品开发项目管理的世界冠军（Harryson，1998）。丰田是效率型取向的企业，并且拥有高技术和高质量的产品。丰田与集团外部的合作主要是为新产品概念的诞生而引入需要的设计，再通过企业内部扎实的技术进行产品开发。由于汽车生产过程十分复杂，所以丰田具有较高技艺型产品的研发能力，这种能力建立在与庞大的供应商网络间的强联系和频繁协调之上。这种稳定的网络结构为丰田的复杂性管理提供了巨大的支持，因此丰田十分重视与供应商之间的联系。

3.10　日企技术创新特色总结

本章归纳分析了日本在20世纪80年代构建的以新技术经济变革模式为特征的国家创新系统及其内涵，并对以QCDF为竞争能力的日本生产方式进行了解读。同时，基于翔实的跨年代数据，对日本的国家和企业整体创新投入和创新实力进行了客观评价。研究发现，日本在研发投入强度、研发人员占比、技术贸易方面具有较强的特色和竞争实力。在全球创新企业百强的评选中得出日本的创新综合实力仅次于美国的结论。

接下来介绍了日企新产品开发的五种基本方式。这几种方式构成了日企创新的基础类型。根据Clark和Fujimoto（1991）、藤本隆宏和Clark（2009）、延冈健太郎和藤本隆宏（2004）等的发现，汽车行业的日企在新产品开发方面的竞争力体现在较短的开发周期、较高的开发生产性和性价比高的质量方面。零部件内部设计比例较低、平行开发方式和模具投产周期短等生产和设计方面的优势是日本汽车品牌开发周期短的主要原因。而具有多样化专业能力、高度资源调配权限、内外部融合能力和强领导力的重量级产品经理的项目组织在产品开发方面更具竞争优势。

　　以上分析发现，为应对不确定性和快速的市场变化，部分优秀的日企早已积极地实践了一种新的创新方式——开放式创新，并逐步取代了旧的创新模式——封闭式创新的位置。

　　丰田具有较高技艺型产品的创新能力，因而与其庞大的供应商网络构建了稳定强联系的合作模式。索尼属于重视多样化概念型产品产出的创新取向型企业，因而索尼的研发部门与市场的联系网络最强。佳能属于将独创技术精准商业化的追求者，因而重视掌握顶尖技术，重视与外部技术源的合作，同时为了将少数独特技术尽快用于商业化生产，重视技术部门和生产部门的紧密合作。这三家企业的研发方式均具有开放式创新的特征，但佳能的开放程度最高，实力最强。

第4章 日式管理创新模式形成过程理论

4.1 管理创新的重要作用

如第 2 章所述，管理创新主要指组织结构和管理过程方面的创新，是构建企业竞争能力的所有非技术创新的集合。Gopalakrishman 和 Damanpour（1997）将管理创新视为对组织结构、管理过程和人力资源管理的变革。Khandwalla（2003）研究认为，管理创新是指那些相对新颖的问题解决方式、决策或完成一项或更多功能的执行过程，如更好地执行控制力、更优秀的协调、对环境更强的应变能力、员工更好的能动性和更强的责任性等。

Hamel（2006）特别强调管理创新的重要作用，并认为管理创新能带来相当丰厚的回报。他认为技术创新往往只能带来比较小的、单一的优势，而管理上的突破则会给创新公司带来强有力的竞争优势，并在行业领导中产生巨大的转变。Tidd 等（2001）研究认为，只有关注并重视管理创新的组织才是有战略目光的组织（Currie，1999）。

管理模式的创新通常包括管理理念、方法、流程等的创新，其具体的创新内容与上述管理创新的定义一样，包括非技术创新领域的方方面面。而日式管理创新之集大成者非质量管理小组莫属。明石芳彦（2002）、Aoki（2001）、Aoki 和 Dore（1996）、Cole（1994）、Kenny 和 Florida（1993）、藤本隆宏（1997）、野中郁次郎（野中郁次郎和米倉誠一郎，1984；野中郁次郎，1988，1990）、Sasaki 和 Hutchins（1984）、加護野忠男等（1983）、Ouchi（1981）、赤岡功（1983a，1983b，1989）等皆对此展开过多种视角的解读，对其意义进行过多方位的探讨。

4.2　质量管理小组与创新

　　Z 组织理论提出者 Ouchi（1981）认为，质量管理小组[1]是最令人感兴趣的日本管理艺术，也是在精神和理念上最接近 Z 理论的管理手法之一。日式质量管理小组正是浓缩了 Z 组织管理特征的管理手法，也是构建 Z 组织的实现形式。事实上，它曾是 20 世纪七八十年代及其后相当一段时期欧美各国争相学习的管理时尚[2]。

　　虽然被冠以"质量"之名，但质量管理小组的活动范围及其对管理的意义远远超越了"质量"领域，贯穿了日企渐进式创新管理的方方面面（明石芳彦，2002；根本正夫，1995；远藤英树，1994a，1994b，1999）。成功的质量管理小组活动具有提高质量、缩减成本、提升士气、活跃氛围、加强合作交流、营造创新文化、提高技术及管理创新绩效等诸多作用，具有其他管理方式难以替代的复合功能，是在各个层面使组织焕然一新的实现途径，且付出的成本相对较小（张彩虹，2009；Ouchi，1981；杉浦忠，2000a，2000b）。日本生产力中心华盛顿办事处主任 Joji Arai认为，日本质量管理小组每年被采纳的有关技术或管理的建议、创意提案或解决方案年平均高达每个工人 50~60 条，某日本公司甚至创造了每个工人在一年内被采纳的创新建议高达 99 条的纪录（大内，1984）。无论是日本国内或国外的 QC小组，其成果中不乏结合专利管理模式产生的各类发明、专利等技术创新成果[3]。

---

　　[1] 日本式英语 quality control circle 的简称，缩写为 QCC，欧美通常称之为 quality circle。根据其推进组织日本科学技术联盟（the Japanese Union Scientists and Engineers，JUSE）1996 年的新定义，质量管理小组是指在一线现场工作的员工持续地对产品、服务、工作内容等进行高品质的管理和改善的小团体。这种小团体基于自主原则，灵活运用日本式质量管理的理念和手法，激发每个个体的创造性，在自我启发和相互启发中开展创新活动。质量管理小组的名称多样，除 QC 活动、QCC 活动以外，还有 ZD（zero defect，零缺陷）活动、JK（日语"自主管理"的缩写）活动、TQC（total quality control，全面质量管理）活动、NHC。NHC 是 new Honda circle 的缩写，其中 N 又可理解为 now、next、new 的缩写，意为敏锐了解现况，寻找下一个挑战目标，持续创新新本田，本田将这类活动定义为一种自发的全员参与的、全方位的质量管理创新活动。活动的多种称呼，其外在表现形式较为相似，但活动范围及影响力和内化效果等方面却不尽相同。本书为了统一用语和内涵界定的需要，将日本企业实践了长达三四十年之久的，这类以质量、流程、成本、效率等几乎涵盖管理全过程的全方位的改善和创新为活动内容的，原则上以制造和服务类企业中的普通员工为主体的，全员长期参与的日本式小组活动在理念上统称为"创新小组活动"。

　　[2] 目前已推广至 70 多个国家，影响力长久而深远。

　　[3] 例如，借鉴日本式质量管理小组技术，中国中铁四局集团第七工程分公司青岛地铁项目截至 2015 年获得专利授权七项，《下穿文保建筑隧道爆破综合减震方法》获得国家知识产权局授权的专利共七项、发明专利六项、实用新型专利三项，其中不少是质量管理活动的成果。又如，贵州送变电工程公司员工创新质量管理活动成果获得行业奖项及专利多次，极大地节省了成本，提高了效率。

全员广泛参与质量管理活动，这会产生数以千计的、有助于改进工作的建议和想法，从而极大地促进日企的生产力。并且，这些成绩的取得可以说几乎无须成本[①]。

作为日企管理的核心理念和实践手法，质量管理小组是日企得以提升其整体创新能力不可或缺的管理方式，是日企组织创新管理的精髓所在。虽然该活动已被推广至70多个国家，但却是其他国家的企业至今难以完全模仿的管理创新方式，无论是在管理理念、管理制度还是管理方法上均有其独特创新性的管理手法（张彩虹，2009）。

质量管理小组原则上以小组为单位，以半年为周期解决一个课题或达成一个目标。按活动目标定位的不同，可分为问题解决型和项目创新型[②]。按选题性质的不同划分，可分为现场型、服务型、管理型、攻关型和创新型五类（邢文英，2005）。其中，现场型通常以改进生产质量、降低消耗、改善生产环境为课题范围，以时间较短、难度较小的问题为主；服务型通常以推动服务标准化、程序化、科学化，提高服务质量和效益为目的，课题难度不大，活动周期较短，投入不大；管理型通常以解决管理问题、提高管理水平为课题范围，课题有大有小，难度各不相同，效果也差别较大；攻关型通常以解决关键技术问题为目的，课题难度较大，活动周期较长，需投入较多资源，但经济效益显著；创新型是运用新的思维方式、创新的方法，开发新产品、新方法，以实现预期目标的课题为目的，成果产出难以预计，但其中不乏科技发明专利。

由此可见，质量管理小组的活动流程和开展方式完全遵循组织学习和知识创造的创新逻辑（野中郁次郎和米仓诚一郎，1984；Nonaka and Takeuchi，1995）。

4.3　质量管理小组与管理创新模式

大量的日本管理史研究表明，作为常态化的全员参与式管理的重要构成部分，质量管理小组是实践人性化劳动、发挥每个员工的创造力的管理方法，在引进美国质量管理大师约瑟夫·M. 朱兰（Joseph M. Juran）的"应制造质量而非检测质

---

① 有的企业象征性地支付一些加班费，有的企业将此活动完全定性为义务工作或自愿参加，因此不支付加班费。2002 年，丰田汽车公司爱知县工厂车体零部件品质运输科的班长内野健一因长期参加质量管理小组活动加班至深夜去世，年仅 30 岁，家属为此打官司数年，法院拒不判决其因工过劳死（抗争至 2007 年才出现转机），理由是公司将质量管理小组活动定位为自愿性质（内野健一去世前一个月实际加班长达 144 小时，但扣除 45 小时正式加班时间外，其余均为 QC 小组的改善活动时间，公司认为不算加班）。暧昧的活动性质定位是该活动在追求社会认同的日本社会能够持续下去的其中一个原因。

② 质量管理小组活动的产出包括技术类、管理类等有形、无形的成果，但其活动形式、活动群体与研发项目小组定位有所不同。

量"这一管理思想时，经过日本式改良和创新后形成。在包括改善工艺、流程、质量、服务、成本、设备、效益、成本、技术和管理等领域的创新方面，质量管理小组均有不同程度的贡献。也正是因为在全员参与的常态化的质量管理小组活动的推广过程中，日企构建了一种新型的不同于欧美企业的全员创新的管理体系（Cole，1994；張彩虹，2009；張彩虹和松田陽一，2006；上嶋正博，1988，2001；上田利男，1988；野中郁次郎和永田晃也，1995）。这一体系的理论框架表明，基层作业组织内部的权力配置由上层集中到下级授权，即从集权到民主的渐进式转变，是日本式管理范式成功构建的关键（張彩虹，2009；張彩虹和松田陽一，2006）。企业能否通过小组合作方式解决各类不设限的管理问题，让包括普通员工在内的全体员工真正参与管理和创造性的活动之中，直接关系着日本式管理范式是否成功构建及企业组织核心能力的高低。

日企质量管理小组普及率极高。但是，事实上，它们在日本本土的运作也并非千篇一律。通常意义上，质量管理小组被定位为"独立思考、自发行动的团队活动"（QC サークル本部，1996）。但事实上，"制度规定人人都有参加义务"的日企占比超过七成，无论从选出小组领导还是选定课题等指标来看，质量管理小组都无法摆脱职能部门的影响（雇用促進事業団雇用職業総合研究所，1986）[1]。事实上，质量管理小组一开始就具有模糊的属性，多数并非自发形成，而是由职能部门牵头，自上而下地组建起来的非正式组织（中村圭介，1996）。有学者更直接地认为，质量管理小组的所谓"自发性"名不副实（八幡成美，1986），初建时多带有一定的半强制性（赤岡功，1983a），属于"职场命运共同体式的强制"（仁田道夫，1978）或屈服于"集体压力"（peer pressure）（竹川宏子，2000）的结果。认同度较高的观点则认为，质量管理小组是上层推进和基层自发组织合力而成的产物，是一种恰到好处的管理艺术（Ouchi，1981；加護野忠男他，1983；仁田道夫，1978；史世民，1992）。换言之，这一活动是在适度保护员工的自发性、自主性的前提下，由既有金字塔形组织下设推进组织的推动而得以普及，又导致管理范式的转变的。

通过对劳动经济学、社会科学、人力资源管理学、知识管理学等各领域众多知名专家对质量管理小组的研究，笔者认为，质量管理小组在日企的深入普及实际上意味着一种新型的组织内部管理范式的构建过程（張彩虹，2009）。这一管理手法不是独立于既有体系之外的单一个体，它和企业的人才开发和技能培养模式密不可分，与组织内部权力和责任的配置问题，或者 Burns 和 Stalker（1961）提出的组织结构是机械型还是有机型等密切相关。并且与日企能否通过小组合作方式解决各类不设限的技术和管理问题，让包括普通员工在内的全体员工真正参与

---

① 虽然日本雇佣职业综合研究所的调查数据时代较久，但活动性质在调研实施时期已经定型，基本未发生大的改变。

管理和创造性的活动之中直接相关（原辉史，1990）。

　　质量管理小组这一独特的管理模式的推进过程，与日企的全员质量管理、人才开发系统及组织结构体制创新等要素构成的管理体制的形成是同步演化的[①]。基于相关权威研究文献的综合分析，本书发现，全员参与的质量管理小组得以持续开展需要构建四方面的关联机制。基于此，本书构建了基于质量管理小组的团队创新活动与其他诸如组织结构、人才开发系统等共同演进的理论模型和管理创新的范式。具体包括 15 个细分要素（表 4-1）。同时，这些因素的综合作用最终促成了日企组织的全面转型和创新性管理模式的形成。

表 4-1　全员参与型质量管理小组关键影响因素

关键因素		观点来源
推进体制	（1）明确的理念	野中郁次郎和米倉誠一郎（1984）
	（2）全面推进组织（层级角色分工与管理者指导）	野中郁次郎和米倉誠一郎（1984）、仁田道夫（1978）、奥林康司（1990）、加護野忠男等（1983）、赤岡功（1983a，1983b，1984）
	（3）对全员进行 IE、SQC 等管理技术培训	小池和男（1982）、赤岡功（1983a，1983b）、野中郁次郎和米倉誠一郎（1984）、宇田川勝等（1995）、中村圭介（1987a，1987b，1987c，1996）、遠藤英樹（1994a，1994b）
激励机制	（4）平衡组织化与自主性的关系	仁田道夫（1978）、加護野忠男等（1983）、赤岡功（1983a，1983b）、野中郁次郎和米倉誠一郎（1984）、中村圭介（1996）、奥林康司（1990）、宇田川勝等（1995）、史世民（1992）、张彩虹（2009）
	（5）职能部门鼎力支持	小池和男（1982）、赤岡功（1983a，1983b，1984）、野中郁次郎和米倉誠一郎（1984）、宇田川勝等（1995）、遠藤英樹（1994a，1994b）、张彩虹（2009）
	（6）交流机会的覆盖程度	赤岡功（1983a，1983b）、野中郁次郎和米倉誠一郎（1984）、雇用促進事業団雇用職業総合研究所（1986）、Nonaka（1995）、遠藤英樹（1994a，1994b）、张彩虹（2009）、今井正明（1988）
	（7）活动评价反馈机制	野中郁次郎和米倉誠一郎（1984）、Nonaka（1995）、张彩虹（2009）
	（8）活动成果的组织化、对本职岗位工作的应用转化	野中郁次郎和米倉誠一郎（1984）、奥林康司（1990）、Nonaka（1995）、遠藤英樹（1994a，1994b）、张彩虹（2009）
生产系统、基层作业组织权责配置	（9）权力下放、基层员工承担参与型管理业务	仁田道夫（1977）、小池和男（1982）、赤岡功（1984）、野中郁次郎和米倉誠一郎（1984）、Nonaka（1995）、奥林康司（1990）、中村圭介（1987a，1987b，1987c，1996）、遠藤英樹（1994a，1994b）、明石芳彦（2002）、张彩虹（2009）
	（10）平等的岗位轮换	小池和男（1982）、赤岡功（1984）、中村圭介（1996）、遠藤英樹（1994a，1994b）、张彩虹（张彩虹，2007，2008；张彩虹，2009）
	（11）跨部门沟通和信息交流	仁田道夫（1977，1978）、野中郁次郎和米倉誠一郎（1984）、宇田川勝等（1995）、中村圭介（1996）、张彩虹（张彩虹，2007，2008；张彩虹，2009）

　　[①] 质量管理小组得到了人们的普遍接受，大有取代零预算、目标管理等此前风靡一时的管理方式的趋势，成为 20 世纪 80 年代的管理时尚。面向 21 世纪，2000 年日本又推出了 e-QCC（evolution-QCC），意为进化型质量管理小组活动。

续表

关键因素		观点来源
人才开发系统	（12）长期雇佣关系（稳定雇佣关系）	小池和男（1977，1982）、赤冈功（1983a，1983b，1984）、Aoki 和 Dore（1996）、伊礼恒孝（1987）
	（13）年功制薪酬	小池和男（1982）、赤冈功（1983a，1983b，1984）、Aoki 和 Dore（1996）、张彩虹（张彩虹，2007，2008；张彩虹，2009）
	（14）人才内部培养、内部晋升	仁田道夫（1977）、小池和男（1977，1981，1982）、赤冈功（1984）、中村圭介（1996）、远藤英树（1994a，1994b）、木元进一郎（1998）、张彩虹（张彩虹，2007，2008；张彩虹，2009）
	（15）基层申诉机会（工会组织）	仁田道夫（1977）、小池和男（1982）、赤冈功（1983a，1983b，1984）

资料来源：根据張彩虹（2009）修改整理

本书还发现，表 4-1 的"推进体制"的"明确的理念""全面推进组织"这两个要素主要构建于质量管理小组的推进阶段，而"对全员进行 IE、SQC 等管理技术[①]培训"（称为"管理技术培训"）则形成于正式推进之前的准备阶段，此外，"激励机制"应构建于推进工作完成之后，进入活跃期之前。除此之外，"人才开发系统"和"生产系统、基层作业组织权责配置"等两个方面的机制与质量管理小组的推介过程关系密切。

同时，在日本本土成功推广了全员参与型质量管理小组的日企，其基层作业组织也经历了一个同步演进的过程（中村圭介，1996）。为了构建模型的方便，本书将这一过程的阶段性进化分别称为"机械组织"、"信息共享型组织"和"有机组织"，这几个阶段分别对应推进前、推进中、推进后的基层组织结构。同理，表 4-1 中"人才开发系统"为质量管理小组参与率趋于稳定时的状态。实际上它同样经历了从不成熟到成熟的动态演化，我们将其定义为"人才开发系统雏型"、"人才开发系统成长型"和"人才开发系统成熟型"。

4.4　日企管理创新形成模型构建与命题提出

综合上述文献研究，本书开发了一个日式管理创新模式构建过程的理论模型。具体如图 4-1 所示。

根据 Kimberly 和 Evanisko（1981）的观点，管理创新是指那些会改变组织的结构或者组织的管理程序的创新。这些创新与组织的基础工作活动有着直接联系，而且会立即关联到组织的管理。Evan（1966）认为管理创新意味着将一个新政策的构想付诸实施，这些政策与员工招聘、资源分配及任务、权利和奖励结构有关，

---

① 管理技术是一个与固有技术不同的新概念。

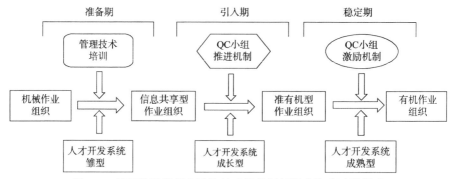

图 4-1　基于质量管理小组的日式管理创新模式构建过程模型

而这些概念又与 Knight 的"组织结构创新"和"人的创新"相似。基于此，本书认为，图 4-1 同时也是日企管理创新模式形成过程的理论模型。

该模型（图 4-1）以基层作业组织为主轴，表明伴随质量管理小组准备期、引入期和稳定期的推进，作业组织和人才开发机制也必然同时进化。也就是说，质量管理小组在工作时间内外的活动必然伴随着常规工作方式的改革，两者达到有机统一才具备活动长期持续开展下去的条件。而质量管理小组活动稳定渗透的过程同时也是组织结构演进和人才开发系统趋于成熟的过程，同时也是全员参与及推动的管理创新模式的形成过程。

关于作业组织结构的几个阶段，我们借用了 Burns 和 Stalker（1961）等的权威指标，经过张彩虹（2009）等的修改，其类型与概念界定如表 4-2 所示。作业组织的四个阶段的演进过程实为员工参与程度深入化及层级关系模糊化的过程。同时更是员工业务内容丰富化、员工技能多样化、内部信息分享频繁化、合作学习日常化与知识创造组织化的过程。

表 4-2　作业组织结构的类型与概念界定

衡量指标	机械作业组织	信息共享型作业组织	准有机型作业组织	有机作业组织
职务分配	标准化、单调	标准化	标准化+部分自主	改善型业务增加
职责范围	明确化、细分化	明确化、细分化	逐步增加计划性、管理性业务	普遍参与计划业务
权力关系	上层集中	上层集中	部分权力逐步下放	权力下放至各岗位
信息传递	垂直型、缓慢型	垂直型+部分水平型	垂直型+部分水平型	迅速；垂直型与水平型同时推进
员工技能	重复劳动、单一技能	局部多能工化	逐步多能工化	多数多能工化

资料来源：基于张彩虹（2009）修改整理

根据原辉史（1990）、宇田川胜等（1995）及中村圭介（1996）的定义，管理技术指的是实施新科学管理法所必需的技术管理手法。"管理技术培训"具体包括：

SQC[①]、产业培训（TWI）[②]、IE（包括时间研究、动作研究等）、生产研究（operation research，OR）、QC 七工具[③]、新 QC 七工具[④]等。考察要点：广大基层员工是否被纳入培训对象、培训内容和培训范围的广度和深度、培训主体是否为以管理者为主的内部讲师等几个构念。

"激励机制"包括：质量管理小组是否具备一定的自主权，职能部门的支持力度，有无自制活动手册、激发全员参与的评价标准，奖金覆盖面是否广泛，等等。考察要点：覆盖面是否广泛、一定的自主权能否保持、激励力度是否适中等几个方面的构念。

"人才开发系统"包括：雇佣关系是否稳定、有无工资随工龄和技能而提升的薪酬设计、是否实施全员内部培训、是否提供平等晋升机会等几个组成部分。

该理论框架所包含的内涵可概括为以下几个理论命题。

命题 4-1：质量管理小组诞生之前，基层作业组织为机械型，起初的企业组织尚未建立起成熟的人才开发系统，在这个阶段对包括广大基层员工在内的全体员工实施管理技术培训，是下一步骤顺利实施的前提条件。

命题 4-2：当管理技术培训广泛实施，作业组织内部的信息共享得以稳步推进，人才能力开发机制逐步构建时，质量管理小组便具备引入的条件，此时全员推进组织的构建显得十分重要。

命题 4-3：质量管理小组持续开展的关键在于一方面构建促进全员参与的激励机制，另一方面在常规工作中稳步推进作业组织的准有机化。同时，人才开发系统这时呈现出具备多技能工、提供平等的内部晋升机会的成熟特征。

命题 4-4：作业组织构造的进化过程与质量管理小组活动的全员参与过程不是一方决定另一方的因果关系，两者关系实为相互依存、相互影响、互为因果、同时进化。例如，管理技术培训和激励机制的实施效果，一方面阻碍或促进作业组织构造进化，另一方面作业组织的进化与否也对它们产生影响。同样，人才开发系统与作业组织的关系同样如此。

命题 4-5：推广质量管理小组不成功的企业采取了与本理论模型不同的推介方式。

命题 4-6：推广质量管理小组成功的企业实施了与本理论模型一致的演进方式。

---

① 包括经由戴明（Deming E W）引入日本，由美国贝尔实验室休哈特（Shewhart W A）博士于 1924 年开发的管控图，以及其同事道奇（Dodge H F）和哈里（Harry G R）开发的抽样检查等。

② TWI 包括工作教育法（job instruction，JI）、工作关系（job relations，JR）、工作改善法（job methods，JM）和工作安全法（job safety，JS）等，详见原辉史（1990）。

③ 包括层别法、检查法、柏拉图、因果图、管制图、散布图和直方图。

④ 包括亲和图法、关联图、系统图、过程决策程序图（process decision program chart，PDPC）法、矩阵图、箭线图和矩阵数据解析图。

4.5　研究设计

4.5.1　案例研究与理论验证

定量研究和案例研究是管理学研究中两种主流的研究方法。定量研究成熟规范，使用最广泛，认可度也很高；案例研究属于质性研究，在构建和发展理论方面具有独特的作用。

作为一种实证研究，案例研究是一种解释主义和批判主义的研究方法。常用于管理理论的揭示和创建。目前组织理论的研究学者们已经在案例研究法的一整套原则、步骤和方法方面取得了共识（Yin，1994a；周长辉，2005）。

案例研究既不是资料收集技术，也不是仅限于设计研究方案本身，而是一种全面的、综合性的研究思路。自20世纪80年代以来，不少管理大师通过案例研究法总结出许多著名的现代管理理论。在日本，以东京大学、一桥大学和神户大学为首的日本管理学界研究者长期从事并且极为重视管理案例的研究。英国和其他欧洲学界也认为案例研究与其他实证研究具有同等的地位和价值，且更具特色。由此可见，案例研究法是一种科学有效、广泛使用并善于构建新理论的研究方法（苏敬勤和李召敏，2011）。

案例研究的权威代表Yin（1994a）、Stake（1995）等研究认为，案例研究的目的在于回答"为什么"（why）和"怎么样"（how）的问题。在被研究的现象本身难以从其背景中抽取、分离出来的情境中，特别是当需要解释某一方案的实施过程与实施效果间的关系时，案例研究是一种行之有效的研究方法（殷，2009）。案例研究往往可获取其他研究手段所难以获取的数据、信息和经验，以用于解释各种因素之间存在的、非常复杂以至于用实验或调查法都无法解释的构念之间的逻辑关系，并以此为基础，进而检验和发展已有的理论体系。同时，该方法还可用于开创性的研究，尤其是以构建新理论或精炼已有理论中的特定概念为目的的研究（余菁，2004）。

案例研究对整体性的要求很高，常通过对整体全面的，并且是长期过程导向的案例进行研究以创造构念和构建假设，并对它赖以产生的理论进行阐述（Stake，1995）。该方法将案例研究所强调的整体全面地了解真实企业实践的动态情境与包括从数据中识别规律在内的归纳式思考过程融为一体。当采用整体全面和长期过程导向的研究视角时，案例研究十分有效，且其效果常常出乎意料却真实可信（Eisenhardt，1989）。

　　当出现一个或多个以下情形时通常适合采用案例研究。第一，当研究一个复杂的随着时间迁移而发生变化的纵向过程时，如研究组织轨迹的变迁过程；第二，当面对的是一个极端特殊的案例时，如小事件引发大的组织变革（Plowman et al.，2007）；第三，当出现难以测量的概念时，如 Powell 和 Baker 关于身份（identity）认知的研究；第四，当研究一个没有现存理论可以解释的现象，或者已有理论不能解释的现象时，如新创企业如何从无到有的情形研究（Baker and Nelson，2005）。

　　案例研究作为一种研究方法，具有其他方法所无法替代的价值和效用。例如，能丰富细致地描述情境，展示细节和变化，因此其研究结论更具直观感和现实感，也更能被读者所接受（张梦中和霍哲，2002）。另外，案例研究是处理复杂问题的有力工具，能够挖掘复杂过程或者深层机制，进而抽象出一些有价值的、具有更深理论意义的命题（风笑天，2005）。案例研究同时还能避免单纯依靠统计数据进行决策的危险，弥补统计方法的不足，或发现被统计方法忽视的特殊现象（成思危，2001）。总之，案例研究法具有方法论上的独特性、研究问题的现实性和复杂性、资料收集的多元性、适用范围的针对性和因果解释的不可替代性等特点（阮思余和王金红，2011）。

　　和单案例研究相比，双案例研究能更好地通过案例之间的对比分析找出其中的差异，进而确定合适的维度，构建科学的、完善的理论体系。双案例研究能实现单个案例之间的复制和扩展，是建立理论的一个非常有效的方法。具体而言，复制指的是单个案例可以用来对具体命题进行独立的印证。通过相互印证，研究者更易于发现共存于多个案例之间的模式，并消除随机性的关联。扩展指的是可通过双案例研究建立更为完善和精确的理论。由于不同的案例往往强调某一现象互补的方面，把单个案例呈现出来的模式融合在一起，那么研究者就能刻画出更为完整的理论图画（Eisenhardt，1989）。

4.5.2　案例选择

　　案例研究对象筛选的首要标准是选择"典型"案例。Yin（1994a）研究认为，案例研究不是统计性归纳，因此并不严格要求其符合计量研究中的统计意义标准。本书选取理论抽样的方法选取案例。比较案例的选择基于理论原因，如可重复性、理论拓展、对立重复及排除其他可能的解释（Yin，1994a）。Eisenhardt 和 Graebner（2007）研究认为，案例研究的目的是发展理论而不是检验理论，因此案例研究采取的是理论抽样而不是随机抽样或分层抽样。理论抽样意味着选择一个案例是因为它适合说明和扩展不同构念间的相互关系和逻辑，如揭示一个不寻常的现象、重复验证其他案例的发现、对立重复、排除其他可能的解释、阐释新理论等。另外，Eisenhardt 和 Graebner（2007）建议在理论抽样时，偏向于选择偶数个案例，这样可以通过一定的标准将两个相互对立的案例分为一组进行充分对比，以便创建全新理论或改进原有理论。

本书选取传统的彩色显像管制造和汽车制造型企业作为在华日资企业的典型个案进行多角度定性和定量比较。笔者对北京和广州的两家日资企业进行了多人次、宽范围的深度访谈、直接观察等定性调研，通过对比其异同来试图寻求可借鉴之处，基于调研资料及相关数据进行质性研究和定量研究，以探索在华日资企业管理创新的模式及其特征，并对此进行理论分析。之所以选择这两家企业为案例研究对象，主要是基于以下几点考虑：首先，两家企业均属于在华日资企业，自成立之初几乎试图照搬比当时的中国管理模式更为有效的日本经营管理模式，管理层的构成也充分考虑了全盘借鉴日本式管理的合资意向。这种相似的背景便于笔者进行对比分析，找出异同。其次，两家企业都开展了质量管理小组活动，但是其效果却大相径庭，有利于从该视角出发来探讨其创新管理模式，也有助于检验第 4 章理论模型的普适性。再次，两家企业在行业和地理位置上均不同，可以增强案例的代表性。最后，笔者一直与这两家企业管理人员保持密切的联系，多年的合作使得获取这两家公司的相关资料与信息相对方便和真实，这为本书研究数据来源的多样性和真实性提供了保障。

4.5.3　数据收集

本书采纳 Eisenhardt（1989）的建议，从多种渠道搜集数据资料，以增强其真实性和可靠性。笔者主要通过以下几种方式获取数据资料。

1. 现场观察

笔者以嘉宾身份多次到访日本松下大阪总部及大阪的工厂、旭硝子公司横滨研修中心、北京·松下彩色显像管有限公司、广汽本田，通过深入企业的行政部门、总务部门、技术部门、质量管理部门、工厂一线、食堂、厂车、质量管理小组成果汇报会、技术部门研讨会等工作和生活的具体场景中进行实地观察，把握这些企业内部员工的工作面貌，与技术人员深入交谈，观察企业的文化氛围、管理氛围、上下级关系和员工的行为表现等。并将观察到的现象和体会记录下来，以便进行定性分析和解读。

2. 深度访谈

笔者通过与各在华日资企业中日方派遣的中高层技术人员、质量管理人员、

质量推进委员会工作人员和工程技术人员等进行多次、多地点（日本总部、日本
关联公司、在华日资企业、东京大学等地）及多种形式的深度访谈（访谈以结构
化和半结构化相结合的方式进行），从而多层面多视角地了解这些企业的发展历
史、企业文化、工作氛围、管理模式、管理技术培训的普及方式及普及程度、培
训制度、薪酬考核制度、生产组织等方面的特征。表 4-3 展示了访谈的企业、时间、
地点、对象及其部门和职位（访谈时）。笔者的访谈涵盖 BMCC、广汽本田两家中
日合资企业及其日本总部与母工厂和其他关联企业，除广汽本田外，还包括本田
技研工业株式会社、东风本田发动机有限公司、本田生产技术（中国）有限公司
等。与 BMCC 相关的还包括松下总部、松下电工株式会社（大阪）等关联公司，
访谈接触的层级广泛，从总经理、部门经理（部长）至普通员工各个阶层均有，
接受访谈人员所属部门包括总经理办公室、制造部、品管部、人事部、企划部等，
事后还通过电子邮件等方式进行了补充调研，收集了大量的一手资料，为本书的
深度案例研究提供了较好的基础和准备。

表 4-3 访谈概要

访谈公司	访谈日期	访谈地点	访谈对象
BMCC 及其关联企业	2002 年 5 月 9 日 2002 年 7 月 3 日 2003 年 7 月 16~17 日 2003 年 10 月 31 日（电子邮件） 2006 年 9 月 2009 年 7 月 22 日 2009 年 9 月 22 日（电子邮件） 2014 年 6 月 23 日（电子邮件）	北京市朝阳区	总经理 Y 先生，总经理办公室 L 女士（中） 总经理室 C 先生（中）、原总经办 M 女士（中） 制造部部长 N 先生（日） 制造部科长 M 先生（中）、品管部 Z 先生 制造部科长 H 先生（中） 制造部生产线科长 G 先生（中） 制造部显示器科长 W 先生（中） 制造部生产线系长 M 先生（中） 人力资源部部长 Z 先生（中） 人力资源部研修企划科科长 S 先生（中） 人力资源部研修企划科副科长 Q 先生（中） 人力资源部研修企划科 QC 推广专员 M 先生（中） 第一任市场经营部部长 L 先生（中） 制造部生产线普通员工 L 先生（中） 制造部 QC 小组活动成员 W 先生 农民工 W 先生（中） 总经理办公室 C 先生
	2002 年 8~9 月（电话） 2003 年 3 月 22 日 2003 年 9 月 2 日 2009 年 5 月 19 日	大阪	母公司中国顾问 A 先生（日） 母公司品质保证总部副参事 H 先生（日） 日本母工厂人事部 K 先生（日） 日本国内关联事业部品质保证部部长 O 先生（日） 品质保证部 K 先生（日）、制造部课长 M 先生（日） 大阪关联公司 N 先生（日）

访谈公司	访谈日期	访谈地点	访谈对象
广汽本田及其关联企业	2002 年 5 月 23 日 2003 年 7 月 13 日 2003 年 7 月 22~24 日 2003 年 11 月 30 日 2009 年 7 月 22 日 2010 年 11 月 24 日 2011 年 3 月 21 日 2013 年 11 月 12 日（电子邮件） 2014 年 12 月 31 日（电子邮件）	广州市黄埔区（总部、增城工厂、发动机公司、模具公司）	制造部部长 N 先生（日） 生产部室长 Z 先生（中） QCC 推进事务局，企划管理科系长 D 先生（中） QCC 推进事务局，企划管理科系长 Z 先生（中） 人事部培训专员 L 先生（中） 人事部培训专员 T 先生（中） 人事部部长 L 先生（中） 人事科专员 W 先生（中） 入职教育质量管理的负责讲师（系长）D 先生（中） 入职教育质量管理的负责讲师（系长）X 先生（中） 生产现场负责人 X 先生(中)、某现场员工 S 先生（中） NGH 小组组长 Z 先生（中） NGH 小组活动成员 Z 先生（中） 本田生产技术(中国)有限公司原总经理 S 先生（日） 班长 L 先生（中）

注：NGH: New Guangqi Honda, 新广汽本田；表中呈现的访谈对象职务为调研时职务，人名后的括号内"中"指"中国人"，"日"指"日本人"

此外，本书还对纳入的企业，如精工爱普生株式会社、爱普生技术（深圳）有限公司、天津一汽夏利汽车股份有限公司等同样进行了深入详细的时序跨度近10 年的访谈和调研，此外还有位于东京的旭硝子公司、佳能的企业中层管理者。从这些企业获取的数据和信息、资料为本书研究的两个案例的解读提供了丰富的间接支持。

3. 问卷调查

笔者根据不同访问对象和类型，设计了针对企业内部员工的问卷调查，以及针对在华日资企业日方派遣人员的问卷调查，通过走访相关部门自行发放问卷及通过部门主管发放问卷的调查方式对三家①企业进行了问卷调查，共回收有效问卷254 份，其中与本书研究有关的问卷合计为 164 份，并用 SPSS 统计软件对问卷结果进行了数据分析，并从中挖掘和获取有用的相关信息。在回收的有效样本中，BMCC 的样本量略多于广汽本田。从性别构成来看，两家公司均以男性员工居多；从年龄构成来看，BMCC 主要集中在 25~34 岁，广汽本田主要集中在 20~29 岁；从学历构成来看，BMCC 员工的学历大多为职高和大专，广汽本田员工的学历大多为职高和中专；从户籍构成来看，BMCC 的员工很大一部分来自北京，一小部

---

① 除 BMCC 和广汽本田外，另一家为爱普生技术（深圳）有限公司。

分来自其他省份，广汽本田的员工全部来自广东；从所属构成来看，BMCC 的员工样本主要来自 QHC①科、SCREEN 科（屏幕科）、PRESS 科（锻压科），广汽本田的员工所属主要是 PRESS 科和制造科；从当时的职位构成来看，BMCC 的员工当时的职位主要为普通员工、技工、组长级、班长级，广汽本田的员工当时的职位主要是普通员工；从进入公司时的职位构成来看，BMCC 的员工的职位全部是普通员工，广汽本田的员工的职位很大一部分也是普通员工；从进入公司的时间来看，BMCC 的员工集中在四年以上的阶段，广汽本田的员工集中在三年以上未满四年的阶段；从雇用形态构成来看，BMCC 的员工雇用形态主要是长期契约，广汽本田的员工雇用形态主要是一年契约；从换工作次数构成来看，BMCC 和广汽本田的员工很大一部分都没有换过工作。表 4-4 是笔者问卷调查的实施情况。

表 4-4　问卷调查提要

调查公司	发放对象	发放份数/份	有效回收数/份	有效回收率
BMCC	制造部 QHC 科、SCREEN 科、MASK 科生产操作及监督管理人员	100	93	93%
广汽本田	生产部 PRESS 科普通员工及监督者，生产部制造科普通员工及监督者	105	71	67.62%

4. 档案数据

除了通过现场观察、深度访谈和问卷调查获取案例企业相关数据和资料外，笔者还对案例企业十多年的会议记录、培训记录、人事记录、内部报告、公司社志、内部刊物等各种内部书面材料，以及新闻报道、媒体采访、领导讲话、企业网站、硕博士论文、学术专著、期刊论文等综合资料进行了归纳和总结，从而搜集到本书研究需要的各种资料和数据。

4.5.4　数据分析

本书主要采用数据编码和归类的方法对搜集到的资料进行分析和整理，通过从大量定性资料中提炼主题来对理论模型中提出的命题进行验证。本书通过现场观察、问卷调查、深度访谈及档案数据等多种途径搜集了大量的一手和二手资料，因此本书根据数据来源进行了编码。对于一手资料，本书对观察对象、访谈对象和调查对象进行了编码，而对于二手资料，因资料收集方式的多样化，数据的整理相对比较复杂，经过统一编码之后，以渐进的方式对资料进行整理分析。根据第 4 章提出的理论模型，本书对两家企业质量管理小组推进过程中的管理技术培

---

① 为制造显示屏的其中一个科。

训、人才开发系统、组织结构等事例进行了数据编码，把所提及的各项事例的关键词编码成相应的条目，并按照质量管理小组推进的准备期、引入期、引入期后三个阶段进行了分类。笔者通过资料搜集与理论回顾，采用开放式编码的方式从搜集到的资料中寻找与理论模型相关的关键词，并将含有这些关键词的句子或段落进行编码，将编码按照理论构架分别归类到三个不同的阶段中，形成隶属于本书理论模型的二阶概念。为了保证编码过程的客观性和可重复性，此次案例研究的每一轮编码都由两名硕士研究生分别进行，将两人的编码结果进行相互比较，编码一致的部分加以保留，有争议的地方通过讨论达成一致意见，而无法达成共识的部分，则通过二次访谈以达成一致意见。

4.5.5　信度与效度

本书试图从信度与效度两个方面对案例进行全面具体的控制和检验，以保证案例研究结果的真实性和可信性，如表 4-5 所示。

表 4-5　测评指标与案例研究策略

测评指标	案例研究策略
构念效度：证据支持研究结论	多元证据来源：现场观察，问卷调查，深度访谈，企业内部资料、新闻媒体采访、文献研究等二手资料
	形成证据链：原始数据—语句鉴别—专业术语—理论要素—理论模型
	证据提供者对案例报告草案核实：成果返回后企业进行核实和认可
内在效度：构造有效的测量工具	使用逻辑模型：构建了基于质量管理小组的日式管理创新模式过程模型
	模式匹配：理论模型和研究结果相匹配，基本相符
	时间序列分析：2002~2014 年长时间的跟踪调研
	构建解释：通过案例所呈现的数据逐个检验、完善、发展模型，逐步将研究引向深入
外在效度：结论普适性	用理论指导案例研究：在文献回顾基础上建立了新的理论分析模型
	通过复制方法进行双案例研究：进行两家案例企业的对比研究
信度：研究可复制性	采用案例研究草案：事先制订了详细的研究计划书
	对于收集到的资料进行全记录：在访谈过程中进行了详细的记录，并录音
	建立案例研究资料库：建立了包括访谈录音、访谈文本、问卷调查资料、企业内部资料、期刊著作等在内的数据资料库

1. 信度

信度是指案例研究的每一步骤都具有可重复性，并且如果重复这一研究，就能得到相同的结果（Yin，1994a）。本书主要通过三种方法确保研究的信度：第一，制订了详细的案例研究计划书，主要内容包括案例研究概述、数据收集计划、实地访谈、建立资料数据库、数据分析、撰写案例研究报告、案例研究评估等。第二，对于收集到的资料进行全记录，尤其是访谈内容，在访谈过程中笔者进行了详细的记录并录音，对于遗漏的信息在访谈结束后通过听取录音进行补充。第三，建立案例研究资料库。所建立的案例研究资料库包括访谈录音、访谈文本、问卷调查资料、企业内部资料、期刊著作等，以便进行后续研究。

2. 效度

在效度方面，本书研究分别从构念效度、内在效度、外在效度三个方面对案例进行控制（表 4-5）。

构念效度是指对所要研究的概念形成一套正确的、具有可操作性的且成体系的研究（Yin，1994a）。本书使用了广受推崇的三角测量方式，采用多源证据资料进行三角验证。三角验证强调对同一现象运用多种方法进行研究，通过多源数据的交叉检验确认新发现，从而尽可能避免主观臆断（Eisenhardt，1989）。本书通过现场观察、深度访谈、问卷调查、文献研究等多种方式来获取信息。并且在形成案例报告草案后，返回企业得到了证据提供者的核实和认可，并与审核或受访者保持沟通，随时接受反馈，确保研究的效度。

内在效度是指从各种纷乱的假象中找出因果联系，即证明某一特定的条件将引起另一特定的结果（Yin，1994a，2003），用于解释性或因果性案例研究。本书主要通过四种方法来保证内在效度：第一，逻辑模型。将理论研究得出的理论模型分别运用到 BMCC 和广汽本田案例研究中，以逐个案例研究结论检验、完善、发展该理论模型，推进案例研究循序渐进地展开。第二，模式匹配。理论模型和研究结果相匹配，基本相符。第三，时间序列分析。本书研究所采用的数据虽然始于 2002 年，但笔者至今仍在持续关注这两家企业（尽管 BMCC 已经破产）的后续消息及发展状况，2014 年仍进行了电子邮件访谈调研，并与这两家企业管理人员保持密切的联系。第四，构念解释。本书通过案例所呈现的数据逐个检验、完善、发展模型，逐步将研究引向深入，提高研究的内在效度。

外在效度主要是指结论具有普适性。本书主要通过两种方法来保证外在效度：第一，用理论指导案例研究。在文献回顾基础上，建立了一个新的理论分析模型。第二，通过对 BMCC 和广汽本田两个案例进行比较研究，推进案例研究深入发展，并将其结果与理论研究结论进行适时比较，通过检验、验证、完善和发展理论的方法保证外在效度。

4.6　本章小结

　　本章基于文献研究构建了由多个构念组成的日企管理创新模式形成过程的理论模型。它代表了成功日企的管理创新方式。

　　本书在接下来的第 5 章和第 6 章中将以两家在华中日合资企业为例，以质量管理小组活动在两家企业中的产生、发展和推广的演化过程为切入点，探讨质量管理小组的引入及其与人才潜能开发机制和组织结构等要素的协同进化情况。

第5章 BMCC管理创新形成过程

5.1 企业概况

改革开放初期，在邓小平参观位于茨木的松下电视机事业部期间，以及松下幸之助总裁应中日友好协会的邀请来北京访问期间，为了扩大松下在全球范围内的市场份额，松下幸之助表达了与我国企业合作的强烈愿望。在"六五"期间，我国从国外引进了100多条彩电生产线，整机装机能力达每年1000多万台。因此，每年至少需要1000多万只彩管与之配套。而当时国内只有咸阳彩虹集团公司一家彩管企业，年产彩管100多万只。为此，国家计划委员会（现为国家发展和改革委员会）决定再建四家彩管公司。在全国新建彩管项目的招标中，北京市中标。为振兴北京市的电子工业，全面学习国外的先进管理经验，北京市非常愿意同松下合作。自此，中日双方不仅有了合作愿望，也有了合作的具体项目，并于1982年就这一项目开始谈判。

在互利互惠的基础上，松下在我国（不包括台湾地区）的第一家合资企业北京松下·彩色显像管有限公司①于1987年9月8日正式成立。日方松下电器产业株式会社和松下电子工业株式会社主要以设备、技术和管理入股；中方股东有北京电子管厂、北京显像管厂、中国工商银行北京信托投资公司（以下简称工行）、中国电子进出口公司北京分公司（以下简称中电）等四家企业，以土地、厂房入股。中日双方各占50%股份，双方合作的合同期为20年。为使公司能很好地在北京发展，把握公司发展方向，董事长由北京方面委派（董事会由中国、日本各派6人组成）；为引进松下的管理，总经理由松下方面委派；中方

---

① 为了表示中日双方同等地位，在公司名称中，"北京"和"松下"之间，特地加入标志性的"·"。本着"发展技术合作、增进中日友好"的愿望，BMCC由日本松下电器产业株式会社和北京市四家公司［后变更为三家，分别为京东方科技集团股份有限公司（以下简称京东方）、中国电子进出口北京公司、中国工商银行股份有限公司北京亚运村支行］于1987年9月8日在北京朝阳区共同投资创立。BMCC是日本松下进入我国（不包括台湾地区）投资的第一家中日合资企业，注册资本284亿日元，中日双方各出资50%。因显像管业务急剧萎缩，2009年12月3日京东方以100美元的象征性价格购买BMCC 50%的股权。松下退出，京东方成为最大股东，占比80%。京东方现已更名为恒通国际创业园。本案例的研究以中日合资年代为限。

党委书记兼任副总经理，协助总经理工作。在总经理办公室以下设人力资源部、制造部、生产技术部、商品事业化推进部、营业部、财务部、采购部、品质技术部等八个部门，部门以下分别设科、系、班三级单位。为了全面向松下学习，在 BMCC 创业初期，北京市政府明确提出了"全面引进设备，全面引进技术，全面引进管理"的要求。但作为一家中日合资企业，BMCC 为了提高公司整体的竞争力，在成长过程中不仅向松下学习，还在双方同意的基础上进行了一系列的改革尝试。

BMCC 是我国较早的中日合资企业之一，也一直是松下电器在我国投资规模最大的合资企业，主要从事电视机显像管的生产，曾是全球彩色显像管制造业中单个工厂生产品种最全、自主开发及竞争能力最强的企业，且长期被评为合资企业中的模范企业。自 1989 年 7 月第一条生产线投产开始，分三期工程，最终于 2002 年建成了六条彩色显像管生产线和一条投影管生产线，生产能力达到年产 14~34 英寸（1 英寸≈0.025 4 米）的各种彩色显像管 600 多万只和 7 英寸的投影管 100 多万套。

BMCC 发展经历了几个明显不同的阶段，即成长期（1987~1995 年）、生存竞争期（1996~2004 年）、衰退期（2005~2009 年）。在成长期阶段，前期工作人员需要一定的适应期，因此，工作人员的生产率会有所下降；完全适应之后，工作人员的技能有所提高，从而促进生产率的提升。此外，借助松下先进的技术、管理理念以及卖方市场的优势，BMCC 的发展一直顺风顺水，并于 1995 年利润达到历史最高值，年销售额高达 5 亿元人民币。在生存竞争期阶段，行业竞争压力加大，此阶段 BMCC 采用了大量劳务工，对城镇工和农民工实施双轨制工资制，同时采用绩效评价法，从而使生产效率逐步提升。同时，由于彩管供大于求，价格均有所下降，这吞噬了企业的利润空间，彩管产业的利润空间也不断被蚕食；而彩管行业由于显像管利润可观，各地又引进很多显像管生产线，各家企业面对这种局面，也不约而同地采取了同一对策，即扩大生产，以低价获取更大的市场份额，以期达到规模经济的效应。最后的结果是，当初国家在新建四家彩管厂时我国年产 1 000 万只彩管的计划产量翻了两番，在 2002 年达到了 4 810 万只，彩管生产供大于求的矛盾日益突出。同时，21 世纪离子电视已经开始在消费市场批量销售，开始向彩管电视市场发出挑战，这无异使已经竞争白热化的彩管市场雪上加霜。此外，BMCC 生产规模的扩大还受到北京市水资源的供给限制，这又成为 BMCC 发展的一大瓶颈。这个阶段，公司生产率虽不断提高，彩管市场也越做越大，但人均销售额和人均利润率却无法增长。2001 年初，由于全球显像管市场低迷，各大整机厂调整产量，迫使彩管厂减产，彩灯销售价格甚至低于成本。BMCC 由于在六条生产线投入了大量资金，又引进了价格昂贵且不适应我国市场的 SST（smart and secure trade lines，智能保安贸易路线）技术设备，公司产生大量坏账损失，连续 13 个月亏损，这是公司成立以来首次出现亏损。所幸的是，从 2002 年下半年开始，得益于我国加入 WTO（World Trade Organization，世界贸易组织）的影响，我国彩电开始大批出口，当年公司经营实现了"V"字形反转。在生存竞争期，BMCC 通过总体成本领先战略和我国加入 WTO 的契机生存了下来，也取得了一定的发展。截至 2003 年 6 月，BMCC 拥有资产 200 亿日元及员工 5 000 多名，其彩管产量增长到 1 000 万只/年，年销售额突破 40 亿元，成为行业中的佼佼者。2004 年，BMCC 在设备、人员未增的情况下，连创月度新高，生产、销售同比增加 128%和 125%。在松下集团内部的八家彩管企业中，BMCC 的综合指标排名第一。在用户满意度方面，其中的一个管型的市场返品率更是达到 248ppm（parts per million，百万分比）（通常为 1 500~4 500ppm），创造了显像管行业的奇迹。在衰退期阶段，BMCC 经历了三年的内部挖潜之后，刚刚有些转机，但 2005 年又遭遇了平板电视对显像管彩电市场的蚕食带来的困境。2006 年，BMCC 曾实现出口销售彩管 260 万只，占当年销售总量的 26%。当时虽然还有墨西哥、伊朗、南非等地的出口任务，但订单已经减少了很多。时任 BMCC 董事长兼中国彩管协会会长的范文强坚信松下彩管的命运将有所不同，他曾多次在公开场合高调地指出："显像管即便再有 20 年也退不了市。"然而意想不到的是，2007 年以后，由于显示器技术的更新换代，平板电视异军突起，开始迅速蚕食传统显像管彩电的市场份额，BMCC 的经营情况也开始持续恶化，出现连续亏损和现金流量为负值的现象。曾经繁忙的生产线渐渐沉寂，过去常见的加班少了，六条生产线压缩一半，减到三条。2008 年年底，经过清算工作组多次测算，发现员工住房、供应商及税务事项等问题解决难度大，花费时间长（至少 2~3 年），如不尽快控制现金流，清算最终将有可能资不抵债，并会在社会上造成重大影响。各方股东一致决议，一方面对 BMCC 实施经营构造改革，精简人员，紧缩生产线，另一方面继续探讨股权重组实施方案。2008 年，BMCC 共生产 680 万只彩管，2009 年前五个月，彩管生产减少至 500 多万只，只有鼎盛时期的一半，亏损的局面已经无法挽回。这个曾在我国乃至世界显像管行业独领风骚二十多年的企业"走到了最艰难的时刻"，原来的 BMCC 已经面目全非，日方决定撤资，以 100 美元的象征性价格将 50%的股份转让给京东方（转让后京东方持股变为 80%，日方撤资后，工行和中电也以股权回购方式退出），京东方接手后，原来的 BMCC 更名为北京东方彩虹有限公司，其中"彩虹"二字特为纪念 BMCC 而设。原来的生产线，除了一些单体的自动设备还有一些价值外，其他的设备基本上是以废铁的价格处理；原来的厂房已经找不出显像管的痕迹；原来的单身宿舍改造成旅馆，由于出租率较低，目前处于惨淡经营的状况。

5.2　BMCC 管理创新形成过程

如前所述，成功的质量管理小组活动的意义远远超越质量本身。随着质量管理小组活动向全员参与的方向推进，企业组织必然伴随着常规工作方式的改革，组织结构和人才开发机制也必然同时进化。唯有如此，成功意义上的质量管理小组推进工作才能顺利进行。因此本章以 BMCC 的质量管理小组活动（该活动在该公司被称为"QC 小组"，以下采用这一名称）推进进程为切入点，探讨 BMCC 的人才开发机制和组织结构等管理创新模式在 QC 小组活动推进的不同阶段中的演化过程。经笔者调研发现，BMCC 的 QC 小组活动推进进程可以其在 1997 年正式引入 QC 小组活动和 1999 年第一次全公司 QC 大会召开为界限，1987~1996 年为准备期，1997~1999 年为引入期，1999 年之后为停滞期。

5.2.1　准备期管理创新过程

调研发现，在 1997 年 QC 小组活动正式引入之前，BMCC 曾出现过多次错误试行。1990 年，BMCC 计划引入 QC 小组活动，但这一计划却无疾而终。1992 年出现生产线员工罢工和员工大规模离职情况，于是 BMCC 于 1993 年成立了由管理层组成的劳动工会，调整了工资体制。1994 年 BMCC 开始着手对人事制度进行全面调整，并开始推行 6S（seiri、seiton、seiso、seiketsu、shitsuke、safety，整理、整顿、清扫、清洁、素养、安全）运动和提案制度，最终劳动关系得以缓和。1996 年，BMCC 在 ITC（integrated tube and components，集成管及元件）科首次召开了 QC 小组活动发布会（但该 QC 小组活动为由科长、系长及班长组成的小组活动，而非普通员工的活动）。而 BMCC 在管理技术培训、人才开发系统、组织构成等管理创新方面也以 1992 年的罢工事件为界呈现出不同的特点，以下将具体介绍。

1. 管理技术培训

内部资料显示，为了让实习生尽快投入生产、培养基层干部及从日本松下学习知识和技术，BMCC 在生产开始前一年面向北京招募了 250 名初期从业人员，将他们派往日本进行为期半年的实习和研修。实习生按照不同职能划分研修时间，将来从事部长、科长工作的备用人才研修 10 个月，技术人员为 8 个月，生产线上的操作工人为 3 个月。为此，笔者通过对非常熟悉此次日本研修的 BMCC

第一任市场经营部部长的访谈①及公司历史资料，了解到日本实习生主要包括以下培训内容：对全体实习生进行安全管理、设备管理、技术指南及在工程质量保证方面的管理思想等培训；对将来的技术人员及进入管理层的人员进行 PDCA（plan，do，check，actions，计划、实施、检查、处理）管控图、试点检查、QC 七工具、时间管理、工程管理、目标管理、事业计划管理等理论和实践知识的培训，并开展了使用 QC 方法的 TQC 小组活动；展开了以技术发展合约为基础的技术关联培训。当确认学成归来的实习生终于能够独立地在生产线上开展工作后，BMCC 于 1989 年正式投入生产。这批当年的实习生，后来都成为 BMCC 各方面的骨干，两位副总经理都是当年的实习生。可以说，松下为 BMCC 培养的这批骨干奠定了公司竞争力的基础，也验证了松下幸之助"造物之前先造人"的管理理念（蒋勇，2003）。

因为期待日本实习产生更大的效果，第一任总经理为了提高品质，于 1990 年号召开展 QC 小组活动。但是，该活动尚未开展起来就失败了。引入 QC 小组活动失败后的第二年（1991 年），BMCC 尝试开展 6S 运动和提案活动，从而为推进 QC 小组活动做前期准备，不过也因没有可实施的具体计划及没有对提案建立相应的表彰制度，这两项活动仅仅成为一个口号，没有起到实际的作用。本书研究认为这个时期 BMCC 的产品一直处于卖方市场，利润、增产、增员方面一直很顺利，完成事业计划、保证品质、确保利益是公司最优先的任务，另外为了彻底进行标准化，BMCC 建立了严格的组织管理体制，从而导致 QC 小组、6S 运动、提案制度等活动不受重视，也没有顺利开展的条件，最终导致 QC 小组活动失败。这一设想也从该时期 BMCC 经营方针中得到了验证。公司内部资料显示：BMCC 1990 年度的经营方针是以保证品质为最优先的任务，竭尽全力彻底强化内部管理；1991 年度的经营方针为彻底贯彻品质第一，提高生产率，产品国有化和为达成第二期的扩大生产计划而开展从业人员培训。

不幸的是，由于制造现场实行 24 小时倒班生产，一线员工加班严重，加之生产部的部分岗位劳动负荷较重，到 1992 年 BMCC 出现罢工及大量员工离职现象，劳资关系紧张。为了应对此事，公司不得不对各方面的人事制度进行调整，管理技术培训在这个时期并未得到普及。笔者从人力资源部部长处了解到，为了应对劳资事件，缓和劳资双方的关系，公司主要采取了以下四个方面的措施：第一，对罢工的组织者和领导者予以降职处分。第二，在 1993 年 1 月及同年 4 月连续两次全公司大幅提高工资。内部数据显示，1993 年 4 月员工的平均工资比罢工前上涨了 80%。第三，在 1993 年 1 月 17 日正式成立劳动工会，以便听取员工们的意见，缓和紧张的劳动关系。第四，调整公司录用及雇佣制度，从 1993 年起，开始

---

① 第一任市场经营部部长当时教实习生日语。

以劳务派遣形式招收北京市周边的农民工（李越和，1995）。

经过一番人事制度和劳资关系改革，劳动关系变得稳定。在此基础上，1994年 BMCC 开始在制造现场推进 6S 运动，新一轮的 QC 技术培训开始。为此笔者从QHC 科查阅到 28 名员工在这一阶段的培训记录，所谓的 QC 培训和品质管理培训指的是对品质重要性及应如何遵守操作标准书和使用说明书等方面的培训，未涉及次品培训，培训内容深度不够；普通员工无缘接触管理图和 QC 技术等管理技术培训，仅对制造部门的少数管理者和基层管理者进行了 QC 技术培训，培训对象的广度不够；随着 QC 技术的不断普及，5S（seiri、seiton、seiso、seiketsu、shitsuke、整理、整顿、清扫、清洁、素养）（6S）培训和 QC 培训对象有了一定的扩大。表 5-1 呈现的是其中 5 名员工从入职至 1997 年 9 月 BMCC 正式引入 QC 小组活动之前的这一期间内所接受的培训记录。

表 5-1　5 名员工 1997 年 9 月以前的培训记录

员工	入职时间	入职时职位	调研时职位	培训时间	培训时长	培训内容
O 员工	1991 年 1 月 2 日	普通员工	普通员工	1990 年 12 月	48 小时	入职培训
Z 员工	1991 年 10 月 3 日	普通员工	班长	1991 年 10 月	48 小时	入职培训
				1994 年 4 月 11 日	2 小时	6S 视频欣赏
				1994 年 5 月 24 日	2 小时	QC 活动，关于凹痕不良的学习会
				1994 年 5 月 24 日	2 小时	QC 培训，操作标准书，安全培训
				1994 年 5 月 25 日	1 小时	操作条件培训，品质条件的管理
				1994 年 6 月 9 日	2 小时	品质管理
				1996 年 2 月 17 日	2 小时	6S 活动
N 员工	1992 年 4 月 5 日	普通员工	普通员工	1992 年 3 月	40 小时	入职培训
				1994 年 3 月 25 日	2 小时	在日本工厂学习 5S 活动
G 员工	1995 年 2 月 27 日	普通员工	普通员工	1995 年 3 月	48 小时	入职培训
				1997 年 3 月 6 日	4 小时	6S 培训
J 员工	1996 年 10 月 14 日	普通员工	保全工	1996 年 10 月	48 小时	入职培训
				1997 年 3 月 6 日	4 小时	6S 培训

但是，1996 年前后，虽然劳动关系重新稳定下来，但外部经营环境却急速恶化，BMCC 由卖方市场变为买方市场。为了降低成本和提高品质意识，BMCC 再次展开了管理技术培训。检查部门（即 ITC 科）的科长以参加在北京市外部机构举办的为期两周的 TQC、QC 小组活动的研修为契机，开始在所属科内和制造部其他科内逐渐半自发地开展 QC 培训和 QC 小组活动。但是，这一活动只限定在制造部的一部

分管理监督岗的员工，并未在全公司开展，和 6S 运动交互推进的管理技术培训也未顺利普及所有管理层级的人员，基层级别的员工接受的培训更少。

以上分析可见，BMCC 准备期的管理技术培训并未将普通员工考虑在内，甚至未在公司管理层得到普及，只局限于制造部的少数管理人员。在大部分员工并未通过这个时期的管理技术培训掌握全员参与式质量管理小组活动所需要的各种知识、技能和能力的情况下，BMCC 管理层于 1997 年正式引入 QC 小组活动。

2. 人才开发系统

1）录用及雇佣制度

BMCC 在进行 QC 小组推进的准备期，为了应对 1992 年出现的劳动异化事件而对录用及雇佣制度进行了重大改革，因此 BMCC 的录用及雇佣制度在 1993 年前后呈现出不同的特点。刚成立时的 BMCC，具有经济效益良好、工资待遇高（比北京市其他国营企业高出 1.5 倍左右）、工作环境干净等各方面的优势，在北京市有着很高的人气。公司成立至 1993 年录用及雇佣制度改革前的这段时间，BMCC 一直采用比较典型的日本式长期雇佣制，主要从知识、素质和能力等几个方面面向北京市公开招募有现场经验的非应届生，必要时招募高中毕业生（包含职高）。1992 年的罢工事件发生后，BMCC 招聘普通员工的方法和雇佣形态发生了转变。为稳定员工队伍，从 1993 年起在北京郊县、河南、山东、河北等地招用农民工从事一线生产工作，并对农民工实行短期雇佣制，而对城镇工和大学生仍然实行长期雇佣制。内部资料显示，BMCC 招聘的首批农民工共计 249 人，其中有初中文凭者约 178 人（占 71%），持高中文凭者 71 人（占 29%）。截至 1996 年，BMCC 拥有农民工 1 503 名，约占当年职工总人数的 31%（蒋勇，2003）。

2）工资制度

同样，准备期的工资制度也在 1993 年前后呈现出不同的特点。1993 年以前 BMCC 的工资制度由年龄工资、能力贡献工资、岗位级别工资和职务津贴这四部分构成，其中能力贡献部分参考了学历、资历等情况；而岗位级别部分主要参照工作岗位和级别；职务津贴则和责任权限有关。工资基本分八级，每级分八档，每人每年晋升一档，每年员工工资的平均涨幅要超过当年的物价指数的涨幅。可见，这个阶段的工资制度最为重视员工的资历，年龄工资和能力贡献工资中都包含年龄和工作年限等资历成分；职务工资也占有很大比例，岗位级别工资和职务津贴都和所担任的职务挂钩。

1993 年录用农民工以后，BMCC 引入奖励工资，将员工的奖金与个人业绩挂钩（李越和，1994）。借鉴松下的经验，全体员工的考核结果呈正态分布。5%的员工评价为 AA 级，奖金系数为 1.25；10%的员工评价为 A 级，奖金系数为 1.15；

70%的员工评价为 B 级，奖金系数为 1.00；10%的员工评价为 C 级，奖金系数为 0.85；其余 5%的员工评价为 D 级，奖金系数为 0.75（蒋勇，2003）。考虑到城乡消费水平的差异，对城镇工和农民工实行差别工资（内部资料显示，农民工的月薪比同期入职的城镇工低 20%）（蒋勇，2003）。和 1993 年以前相比不变的是每年 4 月全员定期加薪，但是由于人力资源部的考核标准不明确，缺乏公平性，很多员工对考核结果并不满意。

　　3）晋升制度

　　BMCC 成立之初，总经理、副总经理以下设部长、副部长、科长、系长、组长、班长等职位，而普通员工包括保全工、工程管理员、缺勤候补员、一般员工等几类岗位。不管是应届生还是非应届生，进入公司后都要从最基本的操作员做起，主要根据学历和工作年限对员工进行内部晋升，但是由于人力资源部考核标准不明确，尤其是在普通员工的晋升过程中，上司的主观性很强，缺乏公平性。1993 年录用的农民工不但工资比城镇工低，而且不属于晋升的对象。这些外地的农民工主要在生产一线从事倒班生产，而在各种管理岗位上工作的是北京市的城镇工。

　　4）人才培养

　　如前所述，BMCC 在成立初期将完成生产计划设为第一目标，并未在人才培养方面花费多少时间和精力。早期日本实习生和老员工会有非定期的跨职能、跨部门的理论和实践培训，但普通员工却很少有这样的机会。虽有针对普通员工的 Off-JT 培训，但其内容都是为了提升产品质量而进行的规范操作顺序、正确遵守使用说明书和贯彻操作标准书之类的内容。当农民工进入公司后，公司对城镇工开展了非定期的轮岗培训，帮助他们形成多样化的业务技能，以期在将来提升其为干部；而除了个别农民工外，占员工总数三分之一的农民工均无缘这样的能力开发。可见，BMCC 的人才培养制度并没有一个严密的计划，也缺乏公平性，不符合小池和男（1987）提出的大多数日企实施的"平准型人才开发"原则。

　　5）劳动工会

　　如前所述，1992 年因劳动强度过大而发生罢工事件后，为了缓和员工不满情绪，改善劳动关系，BMCC 于 1993 年 1 月 17 日正式成立了劳动工会。但是，实际上这是为管理者而建立的，工会领导没有一位普通员工。劳动工会的主要作用就是听取现场人员的不满，通过设立恳谈会以消除抱怨，并组织一些文体活动。一直以来，劳动工会委员长均由人力资源部部长出任，并允许其旁听经营管理层的会议，通过参与经营决策的方式保证员工的利益，维持员工和雇主关系的稳定。

　　QC 小组活动推进的准备期，BMCC 在人才开发系统方面的特征及典型证据事例如表 5-2 所示。

表 5-2　准备期的人才开发系统方面的特征及典型证据事例（BMCC）

范畴	维度	特征	典型证据事例
人才开发系统	招聘制度	面向本地公开招聘；基层操作工从河北、山东等地集体招聘农民工，管理人员多用应届大学毕业生	人力资源部部长 Z 先生："最初我们只招北京本地人，罢工事件后，我们开始从北京周边地区招收大量农民工来充当普通员工，我们跟他们签订的一般是 3~5 年的短期合同；另外，我们试着录用刚毕业的大学生来充实管理队伍。"
	雇佣方式	1993 年前北京户口员工全员长期雇用；罢工事件后改为大量短期雇用外省农民工，除少数优秀工外，3~5 年期满则辞退	人力资源部部长 Z 先生："最初我们实行的都是长期雇佣制，农民工进来后，跟他们签的是短期合同，不过对于城镇工和大学生，还是采取长期雇佣的形式。"
	薪酬制度	管理人员、城镇工实行年功制薪酬，有定期加薪；农民工与城镇工同工不同酬，实施差别工资	农民工 W 先生："他们（管理人员和城镇工）每年 4 月份都会定期涨工资，而且和我们一起进来的人（管理人员和城镇工）也比我们工资要高。"
			内部资料显示：1993 年以前 BMCC 的工资制度由年龄工资、能力贡献工资、岗位级别工资和职务津贴四部分构成
	内部晋升	基于学历和年功的内部晋升，农民工少有机会	人力资源部研修企划科科长 S 先生："我们每年晋升的都是一些学历比较高，或者工龄比较长的员工……农民工大多签的是短期合同，过几年就走了，没有太多晋升的必要。"
	人才开发	早年第一批老员工接受重点培养而成为管理者；罢工事件后实施非定期轮岗，但三分之一的农民工基本无缘能力开发	人力资源部部长 Z 先生："1993 年以后，对于那些有可能被提拔的城镇工，我们偶尔会对他们进行轮岗，来提升他们的业务技能，加深他们对各个岗位的了解……农民工都是固定在自己岗位上的，而且他们也待不了多久，没有轮岗的必要。"
	劳动工会	因劳动强度过大而发生罢工事件后成立了以中方派遣干部和管理者为领导的劳动工会	公司内部资料显示：BMCC 于 1993 年 1 月 17 日正式成立了劳动工会，其领导成员中无普通员工

3. 组织结构

同样地，因罢工事件的出现，BMCC 在 1994 年对人事制度进行了重大改革，组织结构也发生了相应的变化。BMCC 在准备期的组织结构方面的特征及典型证据事例如表 5-3 所示。

表 5-3　准备期的组织结构方面的特征及典型证据事例（BMCC）

范畴	维度	特征	典型证据事例
组织结构	职务分配	标准、重复、简单、固定	制造部生产线普通员工 L 先生："我感觉自己活得像部机器，有机会的话想换份工作。"
			现场观察发现：所有的 15 千克的半成品褐色管需要普通员工搬运，在一天的 8 小时中，这部分普通员工需要搬运约 1 000 个来回，也就是说，他们每天要从事总计超过 10 吨重的劳动，单调而紧凑的劳动使得他们疲惫不堪，劳动意愿低下
	职责范围	职责范围明确；严格按命令、规则执行	制造部生产线普通员工 L 先生："我们平时都是按照操作规范和领导的指示做事，弹性比较小……大家都在埋头做自己的事情，很少交流。"

范畴	维度	特征	典型证据事例
组织结构	权力关系	集中于上层，上下级权力差距大	制造部生产线普通员工 L 先生："领导安排什么我们就做什么，公司有规定，我们不能擅自做决定，必须上报领导。"
	信息传递	垂直型、缓慢型	制造部生产线普通员工 L 先生："平常我们都是自己做自己的事情，没什么交流，有什么消息都是从上级那儿听到的。"
	员工技能	单一技能	制造部生产线科长 G 先生："在我们的生产现场，每个员工有自己的任务，都是完全分开的，都有专门的管理人员监督他们。"

在 BMCC 设立初期，生产线的设备都是从日本买的二手生产线，设备老化严重，现场工作比较单调、重复且劳动强度较大。之后，为了使两条生产线都能够充分运行，BMCC 在 1991 年实施了三班倒的轮班机制，这使得普通员工无法确保充足的休息时间。而且 BMCC 生产线上每个人的任务完全独立，下级严格按照上级的命令和指示工作，没有弹性，也很少有反馈。可见 BMCC 设立之初，信息的传达完全是垂直的，责任和权限集中在管理监督者手中，组织结构机械化特征明显。而且，BMCC 在工资制度和操作体制上均倾向于鼓励员工专干一项工作，担心轮岗培训可能对员工产生不利影响，故而员工技能并未普遍多样化。

5.2.2　准备期管理创新过程小结

为了探索在我国环境下如何学习日本式管理的精华，并尽早独立自主地实现盈利，BMCC 自合资之日起即确立了自主经营的道路，并未得到日本合资方的充分援助和支持。因此，在 QC 小组活动的推进过程中，在管理技术培训、人才开发系统和组织结构等相关制度的建设上未能协调推进。BMCC 成立初期的经营重点在于优先达成生产计划，追求业绩，因此未能开展全公司规模的管理技术培训。从笔者获取的培训个人记录来看，虽然在 1994 年在班长这一层面进行了一些 QC 技术培训，1996 年也针对班长及少数熟练的城镇工开展了 QC 技术培训，但是 QC 技术培训远远没有达到普及的程度，普通员工更是无缘管理技术培训。可见，BMCC 是在 QC 技术还未渗透现场，绝大部分员工尚不具备创新知识储备及相关能力的情况下就正式引入了 QC 小组活动。此外，在后来进行人事制度调整后，大量农民工进入公司，虽然对他们实行的短期雇佣制度使得劳动关系变得更加灵活，但也使得更多员工无缘能力培训和职位晋升，甚至出现农民工和城镇工同工不同酬的情形。此阶段 BMCC 的人才培养模式仍然只是针对少数关键岗位员工，管理技术培训普及率仍然较低。BMCC 在机械化组织基础并没有改变的前提下，就正式引入 QC 小组活动，也正是 BMCC 准备期在管理技术培训、人力开发系统和组织结构等方面的这些不足，导致 BMCC 之后并未在管理创新上取得成功。

5.2.3　引入期管理创新过程

通过对 BMCC 准备期管理创新模式的描述，我们了解到该公司在管理技术培训、人力开发系统和组织结构等方面仍然存在较多地方与第 4 章的模型不一致，在并未形成良好的组织基础的前提下，就在 1997 年正式引入 QC 小组活动，且确立了 QC 小组活动奖励制度。1998 年，公司的 6S 运动讨论组也开始建立。接下来我们从 QC 小组推进体制、人才开发系统、组织结构三个方面考察在 QC 小组引入期 BMCC 的管理创新过程。

1. QC 小组推进体制

1）全公司性质的推进组织

1996 年，公司经营环境不断恶化，由此提高了对品质的认识程度。公司派遣了几位科长参加在松下中国总部召开的 TQC 讨论会，接受为期两周关于 TQC 和 QC 小组讨论的研修。研修结束后，ITC 科科长即开始对自己部门的员工培训 QC 小组活动的推进方法，并且选取科里当时最紧急的课题开始了 QC 小组活动（当时被称为 TQC 活动）。至 1996 年 12 月，ITC 科共组建了四个小组，科长们以 ITC 科为单位召开了 QC 小组活动成果汇报会，此时的小组活动是由科长领头开展的。在此之后，科长、系长作为负责人开始向制造部的其他科室推进 QC 小组活动。1997 年公司召开了制造部的部级成果汇报会，据采访得知，当时大约有 10 个 QC 小组汇报并展示了小组的成果。但是这一时期公司层面的推进小组并未成立，也未制定激励自愿开展小组活动的相关制度。1998 年，制造部科长 Z 先生向公司请示，请求在全公司建立 QC 小组活动。公司高层听取其意见后，在 1999 年便定下了每年召开两次公司 QC 成果发表会的制度，并且确立了奖励制度，即在大会上被选为前三名的小组可分别得到 3 000 元、2 000 元、1 000 元的奖励。这两项制度的确立也标志着 QC 小组活动引入期的结束。

虽然在 1997 年 BMCC 就已正式引入了 QC 小组活动，但直到 2000 年，活动还是仅仅局限在制造部内部开展，推进工作也由制造部的事务室负责，仍未成立全公司的推进组织。BMCC 不仅没有公司层面的 QC 小组活动组织，也没有隶属于总部（日本）推进组织的下属组织，通常子公司都要由一个专门的 QC 活动推进小组去参加总部的由品质保证部部长为委员长的 QC 推进组织团活动，所以 BMCC 的 QC 小组活动事实上没有全公司性质或跨公司性质的 QC 推进组织。通过 QC 小组引入的过程及引入后的开展情况来看，BMCC 的 QC 小组活动在引入期只是建立了部门级别的推进组织，全公司性质的推进组织未能构建。

2）活动开展时必要的技术训练

在引入期，因 QC 小组活动的开展仅限于制造部内部，推进事务局便设置在制造部的事务室。在推进事务局注册了 QC 小组之后，科长或系长就会对小组成员培训 QC 七工具的使用方法、QC 小组活动的推进方法。但是推进事务局并没有制订具体的培训计划，还处于无培训体制的阶段。因此，根据各科长的重视程度不同，科室之间的培训内容和效果差别也很大。表 5-4 为前文列出的五名员工和2001 年进入公司的 Z 员工 1997~2003 年所接受的 QC 培训记录。由此可见，一部分代表性的员工接受的培训为基本的质量、安全方面的培训。他们接受的培训比一般农民工要多且充实，但与第 4 章理论模型中要求的管理技术培训、推广普及QC 小组所需的培训存在一定的距离。

表 5-4　六名员工 1997~2003 年的培训记录

员工	入职时间	入职时职位	调研时职位	培训时间	培训时长	培训内容
O 员工	1991 年 1 月 2 日	普通员工	普通员工	1998 年 8 月 3 日	4 小时	强化 6S 活动及提高产品质量培训
				2000 年 5 月 25 日	1 小时	安全及 6S 相关知识培训
				2000 年 6 月 30 日	1 小时	QC 小组活动的注册培训
Z 员工	1991 年 10 月 3 日	普通员工	班长	1997 年 1 月 11 日	4 小时	QC 培训（视频）
				1997 年 3 月 6 日	4 小时	6S 知识培训
				1997 年 5 月 25 日	1 小时	6S 知识培训
				1997 年 7 月 11 日	4 小时	QC 学习会（视频）
				2000 年 6 月 30 日	1 小时	QC 小组活动的注册培训
				2001 年 7 月 26 日	1 小时	TQC 知识
				2002 年 5 月 6 日	1 小时	6S 知识
N 员工	1992 年 4 月 5 日	普通员工	普通员工	1997 年 7 月 15 日	4 小时	QC 培训（视频）
				1998 年 2 月 17 日	2 小时	强化 6S 活动及提高产品质量培训
				1997 年 5 月 25 日	1 小时	安全及 6S 知识培训
				2000 年 6 月 30 日	1 小时	QC 小组活动的注册培训
				2001 年 6 月 25 日	1 小时	6S 知识培训
				2001 年 7 月 26 日	1 小时	TQC 知识
				2002 年 5 月 6 日	1 小时	6S 知识
G 员工	1995 年 2 月 27 日	普通员工	普通员工	1997 年 7 月 11 日	4 小时	QC 学习会（视频）
				1998 年 2 月 17 日	2 小时	强化 6S 活动及提高产品质量培训
				2000 年 5 月 25 日	1 小时	安全及 6S 知识培训
				2000 年 6 月 30 日	1 小时	QC 小组活动的注册培训

续表

员工	入职时间	入职时职位	调研时职位	培训时间	培训时长	培训内容
J 员工	1996 年 10 月 14 日	普通员工	保全工	1997 年 7 月 11 日	4 小时	QC 学习会（视频）
				1998 年 2 月 17 日	2 小时	强化 6S 活动及提高产品质量培训
				2000 年 5 月 25 日	1 小时	安全及 6S 知识培训
				2000 年 6 月 30 日	1 小时	QC 小组活动的注册培训
				2002 年 5 月 6 日	1 小时	6S 知识
Z 员工	2001 年 2 月 3 日	普通员工	品质检查	2001 年 2 月	56 小时	入职培训
				2001 年 7 月 26 日	1 小时	TQC 知识
				2002 年 5 月 6 日	1 小时	6S 知识
				2002 年 8 月 12 日	1 小时	QC 活动

通过表 5-4 中的培训记录可了解到 BMCC 引入期的员工接受培训的状况，但员工并没有自己寻找目标，而是处于等待公司指示的状态。为了应对以后激烈的竞争，创造一个富有创造力的集团，时任 BMCC 的第三任总经理于 1998 年再次向全公司号召开展 6S 运动并带头设立了 6S 推进委员会，同时召开全体人员参加的 6S 运动动员大会，设立了 6S 推进工作室。但根据笔者的调查，在引入期注册的 QC 小组中，实际进行 6S 活动的小组很少。

根据以上的分析，在引入期，BMCC 并没有制订具体的培训计划，整体上处于无培训体制的状况，因此每个小组接受的培训内容和效果因为各科长的重视程度不同而有很大的差别。并且当时 BMCC 并不具备召开 QC 小组活动的基础，在注册的 QC 小组中真正开展活动的也不多，说明 QC 技术并没有渗透并扎根于生产现场。

3）全公司层面的推进和支持体制

在引入期，BMCC 并没有制定全公司的推进体制，且从经营者到部长阶层、活动推进者及直接指导者中都没有日本人，科长层成为小组活动的主要参与者和支持者。前文已提到，引入期的小组活动是在科长带领下开展的。因为在部门间并没有划分出明确的界限，所以部门之间、小组之间的信息交流也很少。综上所述，小组活动的推进体制及支持体制在本阶段并无实质性的进展。QC 小组活动推进的引入期，BMCC 在 QC 小组推进机制方面的特征及典型证据事例如表 5-5 所示。

表 5-5　引入期的 QC 小组推进机制方面的特征及典型证据事例（BMCC）

范畴	维度	特征	典型证据事例
推进体制	推进组织	建立了制造部级别的推进组织，但无公司级别的推进组织	制造部部长 N 先生："虽然 1997 年公司就引入了 QC 小组活动，但是直到 2000 年也只有我们部门在推进和开展，其他部门基本没有开展这一活动。"

续表

范畴	维度	特征	典型证据事例
推进体制	QC 技术培训	未普及生产线工人级别和操作现场	内部资料显示：1998 年，在所注册的 100 个 QC 小组中，注册了课题的仅有 12 个小组。另外，1999 年注册的 74 个 QC 小组中，实际选取课题进行活动的小组仅有 22 个
			总经理室 L 先生："当时 BMCC 很多人都处于等待指示的状态，感觉大家并没有自己寻找目标、行动并核查。整个管理圈（PDCA 圈）一直到各组织的基层，大家都没有浸透其中，没有活力……"
	管理者指导体制	高层、中层及间接生产部门对 QC 小组活动的重视不够	制造部科长 H 先生："因为没有全公司的推进组织，所以也并没有制定全公司的支持体制，部长和以上层级的领导和日本人很少参与，只是我们几个科长带领下属在开展活动。"

2. 人才开发系统

1）录用及雇佣制度

访谈调研得知，引入期的人事制度自 1994 年全面调整以来，并未出现本质上的变化，劳动关系稳定。但是，1996 年后，由于彩管市场经营环境日趋恶化，BMCC 实行了成本领先的战略，为降低人工成本，对职工总数进行了严格控制，对用工形式和比例进行了调整。1999 年底，BMCC 的员工已达 4 098 人，农民工为 682 人，仅占比约 17%，此时，最早招聘的一批农民工的合同已到期，因而这个时期农民工人数有所减少（蒋勇，2003）。BMCC 于是通过相邻省的劳动局进行员工招募，基于面试和笔试选拔招聘部分新的农民工（短期合同制）。

2）工资制度

BMCC 在进入生存竞争期后，采取了和其他彩管厂相同的经营战略，即扩大市场份额，取得规模效益的低成本战略。该战略的执行使得公司利润下降严重，代价沉重，公司也丧失了提升职工工资的能力。因此，自 1996 年起 BMCC 便再未调整过工资。和准备期相同的是，奖励工资和差别工资仍存在于工资体系中，员工的奖金仍然和业绩挂钩，农民工与城镇工仍然同工不同酬。

3）晋升和绩效考评制度

在晋升方面，班组长晋升依然与农民工无关。这个阶段的人事考评针对不同的阶层有不同的标准：对于普通员工的考评包括工作能力（业务知识、专业知识、技能、计划能力）、协调能力（部门间的协调关系、人际关系，对于上司命令的听取态度）、工作态度（出勤率、遵守纪律、安全操作）和自我提升（提案的件数、经济效果、QC 小组活动的参加及获奖情况、电脑和外语之类的技能学习）四个方面。对于生产线的管理职位的考评则包括专业知识与计划能力（业务知识、专业知识、外语能力）、协调能力（部门内外的协调关系）、部下指导能力（指示的下达方法、使部下完成工作的能力、领导能力）和目标完成度（计划的实施程度）四个方面。在人事考评小组中，虽然设有评判 QC 小组活动及其成果的考评小组，但是，因为没有确定各项目的考评重点，存在考评不恰当或按照上司的喜好进行考评的情况，评价结果并不客观公正。

4）人才培养制度

在人才培养方面，面向普通员工的 Off-JT 培训，包括操作标准书、规格书、使用说明书、安全培训、6S、QC、配置更换及 OJT 等内容，但这一培训主要面向少数城镇工不定期进行，农民工很少有这样的机会。

综上所述，在引入期，BMCC 对员工人数进行了控制，对人员比例进行了调整，农民工人数有所减少；由于竞争加大，1996 年后再未调整员工工资；在晋升和人才培养等方面农民工的机会依然很少，人事考评标准也存在不足，员工对此存在质疑与不满。QC 小组活动推进的引入期，BMCC 在人才开发系统方面的特征及典型证据事例如表 5-6 所示。

表 5-6　引入期的人才开发系统方面的特征及典型证据事例（BMCC）

范畴	维度	特征	典型证据事例
人才开发系统	与准备期不同之处	农民工人数有所减少；1996年后再未调整过工资；其他方面没有本质变化	内部资料显示：1996 年，BMCC 拥有农民工 1 503 名，约占当年职工总人数的 31%；1999 年，员工总人数控制在 4 098 人，农民工为 682 人，约占 17%
			人力资源部部长 Z 先生："1996 年后，经营环境恶化了，公司实行成本领先战略，为了控制人工成本，从那以后就没有调整过工资……"
			制造部部长 N 先生："经常听到类似'这么努力的人才得 C，而随便做一做的人却得 A，也太不公平了吧'之类的质疑，因此我觉得对于晋升这方面的不满并没有减少。"
			内部资显示：农民工签订的仍然是短期合同；奖励工资和差别工资仍存在于当时的工资体系中；班长中仍无农民工；Off-JT 培训记录中少有农民工的身影

5）组织结构

BMCC 出现产品质量问题时，各部门会相互推脱责任。由此可知，在 QC 小组引入期的 BMCC 并非一个能够在制造过程中同时制造出质量和品质的组织。引入期的 BMCC 内部管理相比准备期，操作更加标准化、专业化（表 5-7）。操作工的职责界限非常明确，禁止工作中交头接耳和互助。生产线有人休息时，会由候补员工代替其操作。候补员工大多数由城镇工担任，这样一方面能培养多数单技能工，另一方面又能培养少数多技能工。QC 小组引入期 BMCC 的组织结构方面的特征及典型证据事例如表 5-7 所示。

表 5-7　引入期的组织结构方面的特征及典型证据事例（BMCC）

范畴	维度	特征	典型证据事例
组织结构	职务分配	标准、重复	农民工 W 先生："我们进来之后，每天做的都是重复的、枯燥的、无聊的事情。"
	职责范围	职责范围明确；严格按命令、规则执行	制造部生产线科长 G 先生："我们明确规定了每个岗位的职责，禁止在作业中互相帮助，生产线上有人休息时，我们也会安排相应的人补上去。"

续表

范畴	维度	特征	典型证据事例
组织结构	权力关系	集中于上层,上下级心理距离明显	制造部生产线科长 G 先生:"他们只需要完成我们规定的工作就可以了,别的什么都不用管。"
	信息传递	垂直型	制造部部长 N 先生:"直到 1999 年 9 月,⋯⋯和制造技术相关的质量技术、生产技术、产品开发技术分别属于三个不同的部门,而且部门间的责任划分也不明确,经常相互推诿,关系也比较紧张,部门间很少进行反馈及信息交换⋯⋯"
	员工技能	单一技能为主;少数优秀工人多技能化	农民工 W 先生:"在生产过程中,替补人员一般都是城镇工,感觉他们有机会比我们学到更多的技能。"

5.2.4 引入期管理创新过程小结

在 QC 小组引入期,BMCC 构建了部门级别的推进组织,但是全公司性质的推进组织尚未建立起来。包含经营者在内的日本派遣人员也未给予该活动具体的支援。另外,小组成员接受的关于开展 QC 小组活动所需要的培训也只是部分性的、不全面的,且培训效果很大程度上取决于科长个人的领导能力。小组活动参与者仅限于班长或工龄较长的普通员工,并未观察到活动范围扩大的情形。即使1998 年推进了全公司性质的 6S 运动,管控图培训也并未渗透到组织末端,即 QC 技术并未渗透并扎根于生产现场。

同样地,BMCC 的人事制度自 1994 年全面调整以来并无根本性的改变。具体而言,农民工人数有所减少,但仍然实行 3~5 年的短期雇佣制度。另外,虽然从1996 开始连续八年未调整工资,但工资构成体系中仍然保留着奖励工资和差别工资。并且,对于晋升和 Off-JT 培训对象的选拔也大部分基于上司的主观判断,人事考评标准存在较多不足之处。

因为没有建立起充分全面的推进体制和支援体制,BMCC 在组织结构上无明显变化,部门之间很少进行信息交换。不过,城镇工和一部分少数的优秀员工作为替补员工被加以重点培养,渐渐从单技能工变为多技能工。之后这些极少数的熟练劳动者也参加了 QC 小组活动。与之相对应的是,农民工仍有明确的工作界限,他们只需专心于自己的分内工作,无思考权限,也无须承担责任,完成工作就是他们的全部任务,彼此之间很少有信息交流,因此,组织整体的信息传递仍属于垂直型,权力也集中于管理者手中,上下级心理距离明显,大部分普通员工的工作仍然是重复的、标准化的。在这样的组织环境下,想要取得管理创新上的成功是非常困难的,在引入期没有形成完善的管理制度也是 BMCC 最后走向失败的重大原因。

5.2.5　引入期后管理创新过程

1999 年 9 月，BMCC 的中国法人代表团召开了第一次 QC 小组活动发表会，BMCC 的 TUBE 科（显像管科）的某次小组活动获得金奖。1999 年 11 月，同次小组活动在 BMCC 全世界 QC 大会上获得银奖（但本次获奖小组活动的组长是系长）。2000 年 4 月，四名技术人员取得中国 QC 诊断师资格，此后担任公司 QC 大会的指定审查员（兼任）。2000 年 6 月，SCREEN 科的某次小组活动在北京第 36 次 QC 大会上获得银奖，但内部资料显示，本次获奖小组活动的组长由系长担任。2000 年 10 月，SCREEN 科的同次小组活动在中国第 22 次 QC 大会上被选为全国优秀小组活动。2000 年 12 月，QC 小组活动的 10 名基础骨干员工在中国质量协会举办的研修讨论会上讲解并教授了 QC 技术。2001 年，MASK 科的某次小组活动在北京第 37 次 QC 小组活动大会上获得金奖（本次获奖小组活动的组长为班长，组长所处层级比以往有所降低，属于管理创新进展的其中一小步）。同年，公司因重视活动进程引入了月报制度，但不久便陷入空洞化的窘境；2001 年 4~7 月，公司通过中国质量协会邀请讲师，开始对系长、班长等 200 余人进行 QC 基础知识及 QC 七工具的集中培训。2002 年，公司在各科内制度化地设置了 QC 小组活动推进员。同年，BMCC 也被中国质量协会选为"北京市推进 QC 小组活动优秀企业"。

从上面的叙述可以看出，BMCC 引入 QC 小组活动后，1999~2002 年，BMCC 的 QC 小组活动取得了一些成果。2002 年，BMCC 还被中国质量协会评为"北京市推进 QC 小组活动优秀企业"。但是，1999 年前后的活动成果是大学毕业的技术人员（系长）直接领导并取得的，并不是以班组长及普通员工为主的员工层所取得的活动成果。另外，QC 小组活动引入后，每年不足 15%的参与率，活动成果不多。依此判断，BMCC 的 QC 小组活动还不是真正意义上全员参与的、长期的、惯例型的、制度化的团队创新活动。

在了解了引入期后 QC 小组的活动进展后，接下来从激励机制、人才开发系统、组织结构这三个方面来具体分析 BMCC 引入期后管理创新模式。

1. 激励机制

1）职能部门的支持

根据笔者的直接观察，在引入 QC 小组以后，公司中高层对小组活动给予了一定的支持。公司高层对活动主要有以下行动支持：作为嘉宾出席每年召开两次的公司内部 QC 大会（中途离场情况很多，未对活动进行审查及建议）；对小组活动进行激励，对优秀小组予以表彰，颁发奖状，对被选为前三名的小组及在公司外的发表会上获奖的小组给予奖金支持。公司中层对活动主要有以下支持行为：作为嘉宾出席 QC 大会（只是旁听和起到激励小组成员的作用，但并未对小组成员提出具体有益的建议，对评审过程不够关心）；将科长从小组的领导变成所属科的小组活动推进责任人；各科的系长、班长、领队不仅是 QC 小组活动的直接领导者，也是活动的参加者，同时系长、班长也负责对注册的 QC 小组进行活动相关的培训。由此可见，高层和中层虽然对活动结果表示了某种程度的关心，但未对活动过程本身予以应有的足够的支持，仍未建立全公司的支援体制。

2）公司指南

在 2002 年以前，BMCC 并未编制可供普通员工参考的公司指南，小组在开展活动时主要参考的是市场上翻译成汉语的日本科学技术联盟的活动运营书和中国质量协会出版的小组活动教材。在 2002 年，BMCC 制作了《活动基准书》，共有六页 A4 纸，有三个附录。但据针对 QC 小组推进部门的访谈，这份基准书制作的最初目的是规范事务局处理事务，并非帮助更多的员工参与小组活动。

3）活动评价标准

表 5-8 的评价标准是由 BMCC 取得中国 QC 诊断师资格并担任公司 QC 大会指定评审员的技术人员从中国质量协会引入的。由表 5-8 可见，该标准虽注重评价活动全过程，但对小组活动的评价重点不够明确。在实际评审中，评价重点在经济效果、技术难易度和成果汇报技术的评价上，特别是对经济效果的追求倾向十分明显，对活动开展过程的评价明显不足。同时对成员参与过程的分工与合作情况基本未有任何关注。实际上，在 BMCC，QC 小组活动过程及成果汇报均为小范围的局部性的活动，成果汇报过程仅仅派代表参加，一般小组成员的参与感明显存在不足。可见这一结果导向、物质导向的评价标准也是影响活动活跃程度的重要因素。

表 5-8　QC 小组成果汇报会的评价标准

序号	评价项目	评价重点	得分
1	课题的选定 （15分）	（1）是否是在理解了工作方针及部门方针后选定主题 （2）课题的命名是否简洁明确 （3）是否是基于充分的数据正确认识到现状和问题 （4）是否提供了可以达成目标值的数据 （5）是否定下目标，并进行数值化	
2	原因分析 （20分）	（1）是否明确因果关系，分析发生问题的根本原因 （2）是否彻底地进行原因分析 （3）原因分析是否基于数值及数据 （4）是否正确使用 QC 工具	

续表

序号	评价项目	评价重点	得分
3	对策的实施 （20分）	（1）是否针对主要原因采取对策 （2）是否基于 5W1H 分析法采取对策，并检验其有形和无形的效果 （3）是否实施对策并确认其结果 （4）是否跨越对策中的困难，成员们是否是靠自己实施对策的 （5）是否正确使用 QC 工具	
4	效果 （20分）	（1）改善后的效果是否明确，目标是否达成 （2）是否以经济效果为事实基础 （3）是否正确理解活动的隐形效果 （4）是否将对策指南化、标准化以防止再次发生 （5）是否将改善后的效果用数据表示出来	
5	汇报 （20分）	（1）汇报资料是否有逻辑 （2）汇报资料是否较多使用图表、数据，是否可以进行口头说明 （3）专业词语是否加以说明以便于理解 （4）汇报者是否仪表堂堂，彬彬有礼 （5）是否可以谦虚地听取问题并简明地回答	
6	特征 （5分）	（1）课题是否具体实际 （2）活动过程及演讲是否有自己的特色和创新	
总体评价			总分：

注：5W1H（what，where，when，who，why，how，对象、地点、时间、人员、原因、方法）

资料来源：公司内部资料

4）奖励机制

在物质奖励方面，因为 QC 小组活动属于自主型活动，所以公司并没有对规定工作时间之外开展的活动给予津贴，也没有补助金。物质奖励主要是给予在全公司大会上选出的前三名小组 1 000~3 000 元的奖金（或商品）。另外，设立了奖励获市级奖的小组 5 000 元（或商品），奖励获国家级及世界级奖的小组6 000 元（或商品）的制度。该奖励制度的特点是奖金很高，但授予对象范围很窄，只有极少数优秀的小组可以获得奖励。另外，前文已提到，如果某员工正值晋升的人事考评期，QC 小组活动的成果可以为其加分。而在精神方面的奖励措施主要是 1999 年开始每年 5 月和 10 月会召开两次全公司的 QC 小组活动，提供与总部在中国的相关公司、中国质量协会交流的机会，以及在总部各级大会上的发表机会。

因全公司大会是在工作时间召开的，所以只有少数活动代表和发表相关人员可以参加，各科大概包含科长在内只有八名代表能参加。给予在全公司大会上演讲机会的小组是在约 100 个小组中，通过部科级发表会的选拔后留下的八个小组。另外，并没有组建跨部门的小组活动，小组发表结束后便立即返回工作岗位，公司也没有提供促进小组间、部门间信息交流的机会，给予交流和发表机会并接受总经理颁奖的只有公司大会上选出的第一到第三名的小组，并且对于努力了却没有获奖的小组则完全没有奖励。由此可见，BMCC 的奖励机制并没有促进小组之间的相互交流和竞争意识，更重要的是未给予小组成员一种"社会认同感"，难以提高他们的积极性。另外，BMCC 规定，事务局将会单方面解散三个月未开展过活动的小组。管理部门的消极应对措施是日后 BMCC 的 QC 小组难以活跃起来成为全员参与的创新活动的另一个重要原因。

由此可见，引入期后，BMCC 虽对 QC 小组活动提供了物质和精神方面的奖励，但是，该阶段的奖励制度并未达到良好的激励效果，未起到促进成员之间、小组之间、部门之间的情感、信息和知识广泛交流的效果。

5）活动的自主性

公司内部资料显示，在引入期后，BMCC 注册的小组活动成员构成开始缓慢向基层转移，但活动基本上限定在制造部和设备部内部开展。1997 年以前，BMCC 都是以科长为中心开展小组活动，1999~2000 年，开始开展以系长为中心的小组活动。2002 年，班长作为领导也变得普遍。2002 年 MASK 科的活动注册资料显示，10 个小组中，9 个由班长领导，1 个由普通员工（操作和组装）领导。另外在 66 名小组成员中，有 24 名是普通员工。此阶段 BMCC 在小组活动的领导选派、具体运营方式、课题选定等方面给予了一定权限，确保了活动的自主性。并且，在参加 QC 小组活动的人员中，普通员工的比例在逐渐增加。后来，BMCC 的小组活动大部分是由班长带领部下展开的，未见跨越部门的联合小组活动的组建与成果的开展和出现。

QC 小组活动引入期后，BMCC 在激励机制方面的特征及典型证据事例如表 5-9 所示。

表 5-9　引入期后激励机制方面的特征及典型证据事例（BMCC）

范畴	维度	特征	典型证据事例
QC 小组激励机制	活动的自主性	职能部门主导；城镇工参与为主	QC 推广专员 M 先生："在组织 QC 小组活动的时候，我们有权力自己选择领导、活动主题和活动的具体运营方案。在活动中，参与者主要以城镇工为主，普通员工参与比例也在逐渐增加。"
	职能部门支持	局部支持	QC 推广专员 M 先生："虽然中高层都对 QC 小组活动给予了一定的支援，但是他们只关心活动的结果，而不过问活动过程。"
	自制活动指导手册	2002 年开始制定供事务局使用的活动手册	内部资料显示：BMCC 在 2002 年制作了《活动基准书》，其具体内容包括：活动的定义，活动开展的目的，推进组织，活动的年度计划制订、教育及注册方法，活动的推进方法，成果发表及评价标准，表彰金额的规定，等等
	互相作用和竞争意识	只有优秀小组和演讲者参与；场面严肃紧张	QC 小组活动成员 W 先生："发表会结束后，我们都马上回到自己的岗位上，没什么和其他人交流的机会，除非是表现优秀的那几个人，才有机会在公司大会上发表看法。"

续表

范畴	维度	特征	典型证据事例
QC 小组 激励 机制	评价标准	重经济效益	BMCC 的 QC 小组活动发表会的评价标准显示:该标准虽评价了活动的全过程,但评价的重点并不明确
			人力资源部研修企划科副科长 Q 先生:"在发布会上,我们着重从经济效果、技术难易度和发表技术等几个方面来评价 QC 小组活动,尤其是经济效果这一指标。"
	奖励制度	不对 QC 小组活动支付加班工资;成果汇报机会少;高奖金低得奖率	人力资源部部长 Z 先生:"QC 小组活动属于自主活动,所以他们在工作外时间开展活动,我们也不会给予额外的补助……在公司大会上获得前三名的小组,公司会给他们 1 000~3 000 元的奖金。"
			QC 小组活动成员 W 先生:"只有经过筛选的八个小组有资格在发表会上演讲,而且发表会一般都在工作时间召开,大部分人都要上班,根本没时间参加,所以各科只派几个代表来参加发布会。"

2. 人才开发系统

1)录用与雇佣制度

引入期后的录用及雇佣制度自 1993 年以来并无本质变化,但对待农民工的态度根据经营状况变得更加非人性化。首先,为了降低人工成本,扩大了农民工的比例;其次,因经营状况持续恶化而开始裁减农民工。为了支持公司低成本竞争战略,控制人工成本,BMCC 开始大量招收农民工。农民工的人数自 1999 年后持续上升,截至 2003 年,农民工人数约占公司总人数的 65%。但是 BMCC 自 2007 年以来,经营状况持续恶化,亏损、减产严重。为了挽回损失,2008 年 9 月 BMCC 拟定"结构改革草案",核心内容包括裁掉 1 000 余名非固定期合同工,并对生产线进行调整。根据这份草案,公司将给予员工总额约 5.37 亿元的辞退补偿,主要内容为让 35~50 岁的近 1 400 名无固定期合同工自主选择离开公司或继续留守。依照基本工资、工龄、年龄和社龄等参考数据,赔偿金额在十几万元到几十万元不等。由于劳资双方并未就补偿方案达成一致意见,2009 年 5 月引起了一阵"瘦身"风波,在此期间,BMCC 的生产完全停滞,"结构改革草案"也被迫搁置。原定 2009 年 6 月 1 日开始的生产"继续调整"(=停工)延迟至 6 月 10 日,生产调整期间,工资、奖金照发。"现在说是最艰难的时期并不为过",一位中层管理者这样认为,"BMCC 看来很难渡过眼下这个难关",这位在 BMCC 工作了二十多年的管理者承认,"显像管已经是夕阳产业,公司不会再继续投入了。如果不能再寻找其他项目的话,就只能等着倒闭了"。

2)工资制度

引入期后,BMCC 的员工分为四类:日方副部长以上为高层、中方科长以上为干部、北京城镇工和农民工。为了提高技术人员的工作热情和积极性,增强 BMCC 的技术开发能力,BMCC 从 2000 年起开始实行"技术专门职制度",根据技术人员的能力、业绩和技术成果给予相应的资格及对应的报酬。该制度对稳定技术开发队伍起到了较好的作用。为了保证设备稳定运转，稳定设备维修人员和生产线的工艺人员，公司从 2001 年起实行了"技能职制度"。维修工和工艺技能工在工资待遇方面有了较大改善，这对提高一线技工的积极性起到了促进作用。2001 年，BMCC 聘请咨询公司对公司各部门的所有职位进行了岗位评估，并从 2002 年开始，引入以职务评价为基础的工资体系。这是一种根据职位，即每个人所负责工作的重要性及难易程度来决定工资等级的制度，即职务工资制度。根据这个制度，不同的职务采用不同的工资表，如果所负责的工作有变化，工资等级也会相应地改变。岗位评估的实施从根本上动摇了原来模仿松下而构建的年功制工资的根基，不再以人为中心来给付工资，而是改为以岗定薪。因此，"技术专门职制度""技能职制度"及以实际能力和工作成果确定薪酬的职务工资制度的引入意味着年功制、论资排辈传统在 BMCC 的瓦解。

由于 2007 年以来经营状况的持续恶化，2008 年底，BMCC 开始着手股权重组方案，同时进行经营结构改革。经营结构改革除了压缩生产线以外，还实行了减薪待岗。减薪分两步：第一步，高管减薪，按照部长减薪 30%、科长减薪 10% 实行；第二步，全员减薪，按照部长、科长、系长减薪 10%，班长减薪 8%，操作工减薪 5% 实行。除保留 21 英寸和 29 英寸彩管生产线外，其余生产线员工放假待岗。

3）晋升制度

在引入期后，BMCC 给予农民工一定的晋升机会。意识到农民工的人数在不断增加，BMCC 开始改变"只选择和自己意气相投的部下"这种不平等的晋升惯例。根据制造部部长提出的要求，2001 年针对班长晋升实行公司内公开选拔制度。随后竞聘范围扩大到科室的一般管理岗位。无论农民工与城镇工，都可以参加竞聘。

4）人才培养制度

引入期后，关于人才培养的内容及范围与引入期相比几乎没有变化，从事组装及机械的普通员工依然很少进行工作轮换，OJT 培训也依然很少。不过，城市操作工也开始有一些 OJT 和岗位培训的机会。从笔者获取的培训记录来看，2002 年上半年 BMCC 全体人员在公司内外所进行的培训共计 108 414 小时，半年内人均接受了 21.5 小时的培训（蒋勇，2003）。但是，仔细观察培训内容会发现，关于管理职位的 MBA（master of business administration，工商管理硕士）课程（两年）、电脑课、夜校之类的课程时间很多，而公司内部 QC 手法培训，半年内也只是进行了 1~2 次部门内的培训，并没有开展全公司性质的 QC 手法培训。另外，从现场员工的培训时长来看，TUBE Ⅲ科人均 16 小时/0.5 年，设备保全 Ⅱ科人均 12 小时/0.5 年，可见，现场员工接受培训的时间低于全公司员工的平均值（蒋勇，2003）。

综上所述，BMCC 在引入期后，对待农民工的态度也根据经营状况有所变化，首先是为了降低人工成本，扩大了农民工的比例；其次因经营状况的持续恶化而开始裁减农民工。虽然农民工得到了晋升为班长的机会，但是其工资与城镇工、管理人员的差别很大，且仍为短期雇佣，参与轮岗、接受培训的机会也非常少，可见 BMCC 的人才开发系统仍然存在很大的问题，没有激起员工的积极性。

　　QC 小组活动推进的引入期后，BMCC 在人才开发系统方面的特征及典型证据事例如表 5-10 所示。

表 5-10　引入期后的人才开发系统方面的特征及典型证据事例（BMCC）

范畴	维度	特征	典型证据事例
人才开发系统	招聘制度	农民工人数随着经营状况的变化而变化	内部资料显示：农民工的人数自 1999 年后在持续上升，截至 2003 年，公司总人数为 5 191 人，其中农民工有 3 360 人，约占 65%
			内部资料显示：2008 年 9 月制定"结构改革草案"，其核心内容包括裁掉 1 000 名左右无固定期合同工并对生产线进行调整
	雇佣方式	长期雇用大学毕业生和北京户籍员工；短期雇用农民工	人力资源部部长 Z 先生："雇佣制度自 1993 年以来几乎没有变化。"
	薪酬制度	科长以上级别引入年薪制；由年功工资变为职务工资；农民工为效率工资；为城镇工提供住房福利；对城镇工和农民工实施差别工资；2003 年全员上调工资；2008 年底实行了减薪待岗	内部资料显示：2000 年开始针对技术人员实行"技术专门职制度"；2001 年开始针对维修人员和生产线的工艺人员实行"技能职制度"；2001 年开始针对科长以上的管理层实行年薪制；2002 年开始实行以职务评价为基础的工资体系
			截至 2003 年初，公司共为 1 120 名北京城镇职工解决了住房问题，约占城镇职工总数的 2/3
			人力资源部部长 Z 先生："1996 年后……，那以后就没有调整过工资，农民工的实习工资其至还减少了，后来出现了成群被'挖走'的现象，所以我们在 2003 年 9 月将所有人的工资上调了 8%。"
			经营改造方案显示：首先是高管减薪，按照部长减薪 30%、科长减薪 10% 实行；其次是全员减薪，按照部长、科长、系长减薪 10%，班长减薪 8%，操作工减薪 5% 实行
	内部晋升	自 2001 年开始农民工逐步有了少数晋升为班长的机会	内部资料显示：截至 2003 年 6 月，制造部内有好几位班长是农民工
	人才开发	北京户籍员工非定向轮岗；农民工少有机会	人力资源部部长 Z 先生："我们并没有对农民工实行轮岗，他们大多都是进入公司还不到一年的临时工……基本上直到合同期满都进行同一种工作。因为对于农民工实行的不是长期雇佣制度，而是短期雇佣制度，我认为并不需要把他们培养成多技能工。"

3. 组织结构

　　如前文所述，BMCC 自引入期后，活动在激励机制方面进行了小幅度的提升，同时提高了晋升的公平性。自引入期后，BMCC 更新了机械设备，开始推进自动化。但是，大部分的农民工只是从事简单操作的工作这一点并没有改变。制造部部长在访谈中这样说道："虽然并没有规定工作中禁止闲聊，但他们自己很少说话；如果不认真对待，下次合同到期就不会再签合同，他们都清楚这一点。"这说明农民工在工作上被严格管理，在工作现场相互之间并没有进行信息交换。

　　"我们在操作标准书中已经规定了工作范围，我认为普通员工可以按照标准书把已经决定好的事正确地表达出来是很重要的。如果普通员工严格按照标准书操作却失败了，这是我们管理监督者的问题，责任也由我们承担，作为交换，我们并没有给予他们承担责任的权限。"从制造部部长的话中可知，普通员工依然有着被明确规定的工作范围，并且完成任务便是普通员工全部的工作，其他的什么都不用管，也不用承担产品质量问题方面的责任，决定的权限都集中在上层。

　　制造部部长还说道："我们并没有对农民工实行轮岗，他们大多都是进入公司还不到一年的临时工，并没有按照他们的个性、特点进行工作分配。且一旦分配，基本上直到合同期满都在进行同一种工作。因为对于农民工实行的不是长期雇佣制度，而是短期雇佣制度，我认为并不需要把他们培养成多技能工。"上述的内容显示，BMCC 对待农民工采取的是一人一职的制度，并没有给予农民工轮岗的机会，也没有培育他们成为多技能工的想法。

　　综上所述，现阶段大部分普通员工的工作范围很小，且有明确的界限；工作内容简单，不利于技能多样化。同时，权限集中在上层，信息交换依然没有什么进展，只是下级听命于上级。可见，虽然 BMCC 在某些方面有了一定的改变，但引入期后的组织结构依然是机械化的。

　　QC 小组活动在引入期后，BMCC 在组织结构方面的特征及典型证据事例如表 5-11 所示。

表 5-11　引入期后的组织结构方面的特征及典型证据事例（BMCC）

范畴	维度	特征	典型证据事例
组织结构	职务分配	标准、重复、部分复杂化	制造部生产线科长 G 先生："公司更新了机械设备，开始推进自动化，但是，大部分基层工作依然要靠人力（农民工）操作完成。"
	职责范围	职责范围明确；严格按命令、规则执行	制造部部长 N 先生："我们在操作标准书中已经规定了工作范围，我认为普通员工可以按照标准书把已经决定好的事正确地表达出来是很重要的……"
	权力关系	集中于上层，上下级心理距离明显	制造部部长 N 先生："……如果普通员工严格按照标准书操作却失败了，这是我们管理监督者的问题，责任也由我们承担，作为交换，我们并没有给予他们承担责任的权限。"
	信息传递	垂直型；部分核心员工之间水平型传递	制造部部长 N 先生："虽然并没有规定工作中禁止闲聊，但他们自己很少说话；如果不认真对待，下次合同到期就不会再签合同，他们都清楚这一点。"
	员工技能	培养少数核心员工成为多技能工	制造部生产线科长 G 先生："只是对其中极少数从事缺勤候补的优秀员工进行可以完成各工程工作的多技能工培训。再进一步，会让优秀的人成为领头、工程管理和班长。"

5.2.6 引入期后管理创新过程小结

首先，关于激励机制。高层和中层对于活动的支持只限于在 QC 小组活动发表大会发言和表彰，并未制定完善的职能部门支持制度。公司期待刚入公司还未满两年的现场员工能参加 QC 小组活动，但是却因为员工受到参加活动的制度限制没有得到实现。同时，完全按照活动成果的评价标准进行小组评价，笔者并不认为这能够将 QC 小组活动引向正确的发展方向。另外，奖励制度作为激励机制重要的一部分，根据没有给予小组上班时间外的补贴、小组能参加发表大会的机会大概只有 8%、对于努力了却没有获一等奖至三等奖的小组完全没有奖励等事实，笔者认为奖励制度并没有发挥出其应有的激励作用。因此，可以说 BMCC 引入期后的激励机制并不充分。

其次，引入期后 BMCC 的雇佣制度并未改变，占全员 65% 的农民工（比例进一步扩大）仍持续着公司规定的每 3~5 年更换八成农民工的差别化雇佣制度（短期雇用），农民工的柔性短期雇佣制度同时也是 BMCC 柔性应对经营状况变化的首选应急方式[①]。虽然少数农民工得到了晋升为班长的机会，但是其工资仅为城镇工、管理人员的 1/7 以下，也仍然很少有机会参与轮岗和培训。

最后，关于组织结构，此阶段 BMCC 管理者仍然明确规定了普通员工的职务内容和职务范围，要求他们严格按照操作标准书开展工作。普通员工既没有权限也没有责任，权限均集中在管理监督层及少数城镇工手中。因为农民工不是实行长期雇佣制度，而是短期雇佣制度，所以公司并没有想法把他们培养成为多技能工，只是让他们继续从事简单标准化的工作。可见，引入期后 BMCC 的组织结构仍然是机械化的。

5.3 BMCC 管理创新模式形成过程讨论

成立之初的 BMCC，凭借松下的先进技术、管理理念及卖方市场的优势，发展势头良好；到了 1996 年，因外部市场环境恶化，彩管产业由卖方市场变为买方市场，BMCC 也因此进入了生存竞争期；彩管产业在 2005 年又遭遇平板电视的冲击，BMCC 也由此进入了衰退期，最终于 2009 年进行资产清算、破产重组。

抛开外部市场环境恶化因素不谈，BMCC 在 QC 小组活动推进过程中，管理

---

① 经营状况好转，产量增加时，招聘更多农民工；经营状况恶化时，及时辞退部分农民工。

技术培训、人才开发系统和组织结构等方面的措施未能协调推进，也未能争取与彩管业务相关的其他生产线的投资，以适应时代要求的技术和管理的变革，导致了 BMCC 未能构建起以全员参与创新为特色的核心组织能力，这可能是其一步步走向衰落的原因所在。1997 年，在大部分员工还没有掌握 QC 小组活动所需管理技术、人才开发系统不足以激励广大员工积极参与、组织结构十分机械化的时候，BMCC 就仓促地正式引入了 QC 小组活动，可见管理层并未充分认识到全员参与的 QC 小组与管理创新构建之间的关系，而仅仅将其看成可有可无的一项管理制度，并且人才开发系统和组织结构方面并未吸纳日企组织管理的精髓，因而未形成日企特色的组织核心能力。而此后的两个阶段，BMCC 不仅没有成立全公司性的推进组织，给予 QC 小组活动足够的自主性，其人才开发系统和组织结构与准备期相比也并无实质性的改变，可见其 QC 小组活动的推进缺乏足够的组织体制、制度建设、人才开发和思想观念的转变。

　　总而言之，BMCC 的 QC 小组活动可谓是准备不足、推进不力，其管理创新模式未能按理论模型那样逐步协同进化，这对本已陷入艰难困境的 BMCC 无疑是雪上加霜。

第6章 广汽本田管理创新形成过程

6.1 企业概况

广汽本田①成立于 1998 年 7 月 1 日，是由广州汽车集团股份有限公司、本田技研工业株式会社和本田技研工业（中国）投资有限公司按 50：40：10 的股份比例共同投资建设和经营的汽车制造企业。合资年限为 30 年，中日双方各持有 50% 股份，资本金为 13 994 万美元，就汽车业界而言，属于初期投入规模较小的合作启动模式，符合本田一贯的经营思维——"小启动，大发展"。公司设总经理一名，为保证全面引入本田的管理精髓，合同规定合作前期总经理必须为日方（本田方）担任。公司设副总经理三名，其中中方两名，日方一名。成立初期公司在董事会和总经理办公室以下设总务部、财务部、企划管理部、设备管理部、营业部、采购部、研究开发中心、生产部等八个部门。

广汽本田是在收购濒临破产的原广州标致留下的几近废墟的破败厂房和老旧设备的基础上建立起来的全新合资企业，但合资的中方不变，仍为原广州标致的合资方广州汽车厂②。对于广汽本田的创立，受命出任首任总经理的门胁轰二谈道，"我们在中国选择合作伙伴时，喜欢挑选一些与我们想法不同的合作者，这样能使我们经常发生意见的碰撞，这样不同的想法碰撞时就会产生新的想法，通过消化、讨论，发现新的理念、新的运作方式，将得到全体员工思想和智慧的统一，从而创造本田全新的企业文化"（剑一和古达森，2006）。

广汽本田成立了汽车制造和零件生产两个工厂。1999 年 3 月正式投产后仅仅一

---

① 成立时中文名为广州本田汽车有限公司，英文名为 Guangzhou Honda Automobile Co., Ltd.，简称 GHAC，后改名为广汽本田汽车有限公司，英文名改为 GAC Honda Automobile Co., Ltd.，简称 GACHONDA）。

② 原广州标致的股东由广州汽车厂（广汽集团的前身，持股46%）、法国标致（持股22%）、中信（持股20%）、巴黎国民银行（持股4%）、国际金融公司（8%）五家组成。这种庞大复杂的股东结构为后来广州标致的失败埋下了隐患。广汽本田的合作方为广州汽车厂组成的广汽集团（1997 年 6 月成立）。1998 年 2 月 22 日，广州标致《出资额转让合同》获对外贸易经济合作部的批准，法国标致等四家股东正式退出原广州标致。本田出资数十亿元，偿还广州资方对标致方的欠款，安排富余人员，成为原广州标致的替代者，取得广州项目，并改变股东构成，改变合作和管理方式。

年，广汽本田已转为盈利模式，并在业界树立了 4S 销售模式[①]等行业典范，是 20 世纪末以来较为突出的、形成一定后发优势的汽车合资行业的成功案例。广汽本田合作项目主要从事汽车制造，汽车引擎、齿轮箱、齿轮咬合式手动变速器等零部件及配件制造等业务，现已扩展至汽车整车制造、汽车零部件及配件（含发动机）制造、汽车销售、合资品牌车研发等多种业务，产品全部面向中国市场销售。

1998 年 7 月，在中方首任执行副总经理陆志峰的指示下，公司成立了 GHQS（Guangzhou Honda Quality Standard，广州本田质量标准）事务局，并着手筹建广州本田质量保证体系。本着起步就与世界同步，制造与世界本田同等质量水平的汽车这一基本思想，GHQS 事务局决定在引进日本本田雅阁（Accord）轿车的最新车型和技术的同时，引进日本本田先进和成功的质量管理体系——HQS（Honda Quality Standard，本田质量标准）。HQS 是本田技研集团积累 25 年汽车制造质量管理的经验，并不断吸收其他企业的先进经验所建立的体系，是一个先进的、成功的体系，它在世界各本田汽车生产工厂得到应用和推广，是本田质量实现世界统一的基础。

2007 年 7 月，广汽本田发布自主品牌战略，宣布成立广汽本田汽车研究开发有限公司。这是国内首个由合资企业独立投资、以独立法人模式运作的汽车研发机构，拥有包括概念设计、造型设计、整车试作、实车测试、零部件开发等在内的整车独立开发能力。2009 年 7 月，广州本田汽车有限公司更名为广汽本田汽车有限公司。2016 年 1 月，广汽本田宣布正式成立广汽本田汽车销售有限公司，该公司为广汽本田 100%控股的子公司，并在广州和北京拥有两个事业部。2016 年 4 月，广汽本田发布了全新企业品牌及中文、英文口号："让梦走得更远"（中文口号），"Your Dreams，Our Drive"（英文口号），向消费者传递广汽本田"年轻于心、持续创新、富于洞察、值得信赖、鼓舞人心"的品牌形象属性。截至 2013 年，广汽本田拥有员工 6 671 名，汽车销售量 43.5 万辆；2016 年汽车年销售量达 66 万辆；2017 年汽车全年销售量破 73 万辆。为了顺应时代发展的需求，广汽本田不断创新，发展成为产、供、销体系完善，发展方向明晰，具备独立自主研发能力、拥有自主品牌的汽车企业。

6.2　广汽本田管理创新形成过程

广汽本田强调合作与沟通，认为比个人晋升和个人贡献更重要的是团队管理，

---

① 4S 概念将原有的单一销售功能的汽车销售店面扩展为：整车销售（sale）、零配件（sparepart）、售后服务（service）和信息反馈（survey）四种复合功能。可以说 4S 店是本田带动下在中国得以普及的。

所以同 BMCC 一样，广汽本田也引进了日本全员创新式的 NGH 小组活动①（广汽本田特色的 QC 小组活动）。本田视 NGH 小组为企业文化和管理哲学的重要组成部分，体现了鼓励创新的本田管理模式。该活动鼓励员工利用业余时间，以小组形式共同改善工作场所的各种问题，是一项代表了"参与、合作、改善、创新"的公司理念的日常性团队活动。它在促进团队学习、加强双向沟通方面为员工提供了一个非正式的组织结构。员工通过开展该项活动甚至取得了不少发明专利，极大地提高解决问题的能力，增强了工作成就感。

接下来本章将以广汽本田的 NGH 小组活动推进进程为切入点，来探讨广汽本田的人才潜力开发系统和组织结构等管理创新模式在 NGH 小组活动推进的不同阶段中的演化过程。调研发现，广汽本田的 NGH 小组活动推进进程可以以其在2000 年被正式引入和 2002 年第一次全公司 NGH 大会召开为界，分为以下三个阶段：1997~1999 年为准备期，2000~2001 年为引入期，2002 年至今为稳定期。

6.2.1　准备期管理创新过程

吸取了原广州标致的教训之后，考虑到中日两国文化的悠久渊源及其共同之处，并分析两国文化的异同点，中日双方决定将诚心、信赖与理解作为企业合作的基础定位。因此，广汽本田制定了专门的企业宗旨、精神、运营方针，谋求中日双方在共同管理中努力相互理解、适应与协调，共同创建企业内部合理高效的运作机制。在公司第一次董事会上，公司中方董事长对新公司寄予了厚望，强调双方要本着互相尊重、互相谅解、互相支持的原则，围绕企业的经营、企业的效益、企业的信誉开展工作。日方董事长宗国旨英指出，新公司的发展会遇到许多困难，希望大家一起共渡难关。对将要生产的雅阁轿车，他要求质量不要次于在美国的雅阁轿车的质量，也不要次于在日本本土生产的雅阁轿车的质量。

当在大学主修中文、在香港本田任职多年的首任总经理门胁轰二受命来到将要生产雅阁轿车的废旧工厂时，刚上任的他很清楚，这样的工厂环境是不可能造出高质量汽车的。想到合资公司留下了前公司约 1 500 名员工，门胁轰二认为，在"以市场为导向、经济效益决定生产规模、少投入、快产出的滚动发展"的战略方针指导下，必须尽早革除前公司的不良影响，来一场大刀阔斧的观念改革，做好开局的带头示范作用、开拓新的企业文化氛围。他组织员工开展 5S 活动，围绕"全员参与，共同创造一个干净、整洁、舒适、合理的工作环境"的目标，对员工进行理念培训，通过部门会议、图片宣传、专门培训及不定期检查，接着按各

① NGH：N 指 now，next，new，G 指 Guangzhou，H 指 Honda，体现了追求合作、创新的管理思维。这些定位来源于日本本田于 20 世纪 70 年代对 NHC 活动的重新定位，详见堀内俊洋（1988）、岩井正和（1988）。

部门的职责范围划分负责区域，制定检查考核制度，从清理、清洁开始，逐步改善工厂环境，与此同时对工厂进行改造（関満博，2002，2003）。

2000年NGH小组活动正式引入之前，在中日双方合作纲领的指导下，在门胁轰二总经理的带领下，广汽本田在公司正式投产前即构建了基本管理体制。其管理体制的铺垫主要有以下几个方面（峰如之介，2003）。

第一，确定全面引入本田管理体制的方针。由本田方派遣海外经验丰富的本田技术类、管理类专家到广州指导工作，特别在本田总部的全力支持下，构建本田式的生产管理机制和人才培养机制。

第二，在中层管理职位配置最好的合资双方派遣的优秀人才。中日高层管理者比例均等，为2∶2（但总经理必须为本田方派遣），中日双方的部门经理（部长）级别人员设置亦为1∶1，但间接部门、事务部门、销售部门的科长级别选派中国人担任，而生产部科长职位则由日本人担任。特别是负责生产和品质管理的科长必须由日方负责落实选派合适人选，彻底保证质量。特别是生产、质量和人事管理必须完全采用本田的管理方式。但品质管理部未专设部门，而是由生产部统一负责。

第三，在以上管理体制构建规划确定之后，正式投产之前，广汽本田开始推进以工厂整顿为首的5S运动。具体的推进方式为：总经理打头阵，彻底清扫工厂废墟。厕所和厨房均由高层负责，其他所有员工清扫工厂每个角落。通过这种方式渗透日本的基础管理思想，并进行意识思想领域的改革。清扫工厂的同时，扫除原有由库存确定产量的管理方式，构建日企三现主义和准时制生产库存管理方式。

第四，构建管理、沟通方面的高度信任机制。主要包括：克服中日双方的文化障碍，构建良好的信赖关系和信息交流通道，公司规定重要的决策必须由中日双方共同公开商量决定。双方存在分歧时，必须坦诚地交换意见，直至双方完全理解、达成一致。此外，规定中日双方管理者必须每月在下班时间聚会一次，以便加强沟通信任。不建日本人专属食堂，不开小灶，只建大食堂，以便促进日常交流。除总经理级别外，间接业务的同部门员工全部在大办公室办公。重要会议场合除外，日方人员平时尽量使用英语或汉语与中方员工交流，不用日语。

通过以上制度构建、5S运动、工厂改造等，广汽本田于2000年4月通过ISO 9002认证，改头换面地将原有工厂改造成为标准化的工厂，初步形成了相互尊重、全员平等、坦诚交流、合作分享的企业氛围。这一系列的意识形态领域的改革为广汽本田适应日式管理模式奠定了基础。为了NGH小组活动的顺利引入和推行，广汽本田除了在上述方面投入很大的精力以外，在管理技术培训、人才开发系统和组织结构等方面也做出了相应的努力。

1. 管理技术的培训

如果说在工厂改造的同时进行意识改革，是为了给习惯了欧美型管理方式的员工适应日本管理方式奠定基础的话，那么管理技术培训则是真正让日本的参与式创新管理思想渗透进来的主要途径。广汽本田具体通过以下步骤来进行管理技术渗透。

首先，在批量生产开始前，广汽本田以现场的技术人员及流水线的管理职位为中心，间接针对生产部的全体管理者进行培训。内部资料显示，当时有近 100 人的现场技术人员和候补管理人员被派往日本总部国际研修中心和事业部分别接受 TQM 培训和现场培训。当时接受培训的生产部总负责人说："日本的管理思想就是把品质当成工程去做，像 NGH 技术、IE 技术、TQM、6S、ISO 系列等品质管理都包含其中，而且当时我们还接受了关于技术关系、管理关系的教育。"

其次，广汽本田以班长、副班长、品质检查员和一般的普通员工为对象，进行了两周以上三个月以下的管理技术培训，积累了不少经验。人事部培训负责人说："在 1999 年设立流水线以前，大约有 300 人的现场工作人员（其中大部分是监督者和普通员工）被派往日本国内管理事业部接受流水线生产、OJT 培训及生产管理、平直管理技术等方面的培训。"同时，还让在日本接受过培训的技术人员和管理者回到公司后作为内部讲师，以间接部门的事务员、一般管理人员以及现场作业人员为对象进行 NGH 相关的技术技能培训，同时引入了本田系反复修改过的适应不同层级人员的培训教材。就这样，广汽本田的管理技术和日本的品质管理思想一步步地渗透进作业现场。

最后，1999 年 10 月，为了培养员工发现问题的能力及实现自下而上的管理，广汽本田导入了改善提案制度。公司出台了《改善提案制度管理规定》，并设置推进委员会负责该制度在全公司的推进和运行。根据上述规定，公司对提案进行评分以确定奖金额度，其中提案得分（独创性×4+实施可能性×3+经济利益×3）×系数，改善提案制度的评价系数见表 6-1。从表 6-1 的分析可见，广汽本田提案系数的设计体现了一个重要信息：广汽本田与其他公司存在着本质性的重要不同之处。广汽本田不赞同员工每天仅仅关注自身岗位的"一亩三分地"，而是鼓励每位员工养成跨部门的管理意识，形成全局意识，对普通员工同样如此。特别是从事基层管理类工作的管理者和技术人员。

表 6-1 广汽本田改善提案制度的评价系数表

提案和所属职位的关系	普通员工	班长、副班长、管理者、技术人员	系长及以上
没有关系	1	1	0.9
有一点关系	1	0.9	0.8
有关系	1	0.8	0.7

资料来源：内部资料

表 6-2 是笔者根据调研和相关理论整理的改善提案制度与 NGH 之间的关系比较。由此可见，提案制度和 NGH 活动的侧重点有所不同，其定位明确清晰，形成了各个制度之间相辅相成的关系，均为构成该公司鼓励创新的制度设计的重要组成部分。

表 6-2　广汽本田改善提案制度与 NGH 之间的关系

关系	改善提案制度	NGH
不同点	（1）活动主体有个人有集体	（1）活动主体原则上是集体
	（2）没有必要有 NGH 技术	（2）必须要有 NGH 技术
	（3）活动的目的：①记录个人的动机；②经济上的成果	（3）活动的目的：①良好的人际关系，协调性的养成；②小组活动的过程即问题解决的过程，工作方面的自然融合即参与型管理实现
相似点	（1）气氛活跃，培养发现问题能力	
	（2）智慧的集合，产生利益和价值	
联系	（1）底层和高层的管理相辅相成	
	（2）相乘关系	

资料来源：笔者基于访谈及内部资料整理

NGH 小组活动推进的准备期，广汽本田在管理技术培训方面的特征及典型证据事例如表 6-3 所示。由表 6-3 可见，广汽本田在投产短短一年的时期内，已将管理技术知识的培训贯彻至每一位底层员工。

表 6-3　准备期管理技术培训方面的特征及典型证据事例（广汽本田）

范畴	维度	特征	典型证据事例
管理技术培训	培训主体	从总部派人培训到培养本公司内部技术人员和管理者成为内部兼职讲师	人事部培训专员 L 先生："以前我们每年都会派管理人员和技术人员去日本关联事业部接受 TQM 培训和现场培训，他们回国后，其中比较优秀的就成为公司的兼职讲师，给员工进行培训，将在日本学到的系统的知识传授给其他人。"
	培训对象	对全员实施全面培训，包括间接部门和一般操作工在内	人事部培训专员 L 先生："在 1999 年设立流水线以前，大约有 300 人的现场工作人员（其中大部分为班组长和普通员工）被派往日本的关联事业部接受 OJT 培训，学习流水线生产、生产管理、平直管理技术等。"
	普及程度	普及一般操作工人	人事部培训专员 L 先生："接受过日本培训的技术人员和管理者回到公司后作为讲师，开始针对间接部门的事务员、一般管理人员以及作业人员进行 NGH 技术培训，同时我们还引入了适应不同层级人员的培训教材，使员工能接受有针对性的培训。"

2. 人才开发系统

1）录用及雇佣制度

1998 年广汽本田成立时吸纳了原广州标致的老员工，最终确定为共计 1 416 名员工（其中 240 余人安排到零部件工厂，即东风本田发动机有限公司），直至 2000 年初，广汽本田的员工规模一直保持在 1 400 人左右；但是在 NGH 正式列入前后，为了适应生产规模的扩大，广汽本田又招募了 861 名新员工。这一时期，广汽本田的录用标准并非看学历，而是看候选人是否适合公司的经营理念。另外，这一时期广汽本田虽然实行的是劳动合同制，但是原则上期满续约，所以本质上实行的是长期雇佣制。此阶段的雇佣关系相对稳定，仅有数十人离职。

2）工资制度

在 NGH 小组引入的准备阶段，应届毕业生的基本起薪由公司根据学历来确定，非应届毕业生则依照公司内部薪酬准则，基本工资基于学历、工龄、经验因素综合考虑，每年均有定期加薪，具体加薪数额根据工会明确规定的劳动分配规则确定。内部资料显示，这一分配规则主要将职务执行能力的提高作为加薪的标准（职能工资），另外也会根据工作年限的增长来增加基本工资。此外，也会根据前一年度整个公司业绩的优良来确定当年末的奖金数额。职能工资根据内部资格认证的技能等级确定，工作年限是业绩考核和薪酬等级制定的次要标准，年龄要素基本不考虑。可见在准备期，广汽本田实行的是年功制和职能工资并存的工资制度。

3）晋升制度

在准备期，原广州标致留下来的 1 416 名老员工通过面试和技能考试重新分配职位，技能的熟练度和业务知识的掌握程度成为他们分配岗位的标准，在人员配置方面极力排除非公正的做法，另外，年龄要素不是晋升的重要标准，老员工和新员工具有平等的晋升机会；学历要素也不被看重，基层作业人员和管理人员具有同等的晋升机会。员工在每年的 1 月和 7 月有两次晋升机会，有资格晋升和职位晋升两种形式。公司会对全体员工进行考核，并将考核结果反馈给当事人。而对于一般的员工，主要从工作业绩和积极性两个方面进行考核，再根据考核结果决定其是否晋升，考核由系长和科长负责（中日双方管理者共同决策）。公司以内部晋升为主，优先考虑内部人员，而非从外部直接招聘有经验的人，通过内部培训，增强员工的各项能力，防止人才外流，增强员工对公司的凝聚力。

4）人才培养制度

广汽本田成立不久便形成了一个活跃的内部劳动力市场，以内部培养、内部选拔、内部晋升、内部流动为主要特征。在准备期，广汽本田在投产前后即开始强化全体员工的能力开发，主要以师傅带徒弟的形式对员工进行 OJT 培训，也对一般作业人员进行生产管理的基础知识和质量管理的集中培训。这一时期广汽本田实行的是 OJT 和 Off-JT 并存的人才培养制度。NGH 小组活动推进的准备期，广汽本田在人才开发系统方面的特征及典型证据事例如表 6-4 所示。

表 6-4　准备期人才开发系统方面的特征及典型证据事例（广汽本田）

范畴	维度	特征	典型证据事例
人才开发系统	招聘制度	以吸纳前某欧洲汽车合资公司老员工为主	内部资料显示：1998 年广汽本田成立时吸纳了大量改制前某欧洲汽车合资公司的老员工，共有 1 416 名员工（其中 240 余人安排到零件工厂）
	雇佣方式	大学毕业生一般五年合同期，老员工三年合同期，新员工一年合同期，原则上期满续约	人事部部长 L 先生说："公司愿意与员工签订长期合同。对于大学毕业生来说，一般直接和他们签五年，老员工的话是三年，新员工则一年，原则上会期满续约。"
	薪酬制度	根据工龄和认定的职务执行能力级别设计工资，年功制和职能工资并存	内部资料显示：实行年功制和职能工资并存的工资制度，根据工作年限的增长来增加基本工资，根据职务执行能力提高作为加薪的标准。职能工资根据内部资格认证的技能等级确定，工作年限是业绩考核和薪酬等级制定的次要标准，年龄要素基本不考虑
	内部晋升	包括老员工，全员归零，根据能力人人有晋升机会	人事部部长 L 先生说："那个时候，从广州标致留下来的 1 416 名老员工都要通过面试和技能考试重新分配职位，技能的熟练度和业务知识的掌握程度成为他们分配岗位的标准，但是年龄要素和学历要素不是晋升的重要标准。人人平等，都有晋升的机会。"
	人才开发	公司开始生产半年后开始强化全员能力开发，OJT 和 Off-JT 并存	人事部培训专员 T 先生说："我们在公司开始生产前后就开始强化全体员工能力的开发，而培养方法主要是以师傅带徒弟的形式对员工进行 OJT 培训，也对一般的作业人员进行生产管理的基础知识和品质管理的集中培训。"

3. 组织结构

一开始，公司即形成了尽量简化管理层级的理念，总经理、副总经理以下设部长、副部长、科长、副科长、系长、班长、副班长几个层级①，人数少的间接部门不设或少设副科长及以下职位。一般基层员工的职种包括操作工、设备维修工、质量检查工等，后两种工人从一般操作工中选拔，所有基层人员均从一般操作工做起，其中优秀员工才有机会从事技术要求更高的职位，也就是说，从事设备维修和质量检查这一类需要较高技能工作的员工全部都需要经历生产组装这类简单的工作，通过 OJT 积累多种工序操作经验，技能逐步得到提高以后才有机会从事

----

① 公司实行中日双方共同决策的管理方式，主职和副职之间不存在上下级关系，而是平级关系，因此实际层级其实只有总经理级、部长级、科长级、系长级、班组长级和员工，如部长和副部长平级，科长和副科长平级。因此，不存在副部长必须听从部长的指挥的规定。

这类岗位。根据 NGH 推进局 D 先生所述："广汽本田的组织结构跟原广州标致时代相比，最大的不同在于现在的广汽本田没有专门的质量管理者和管理部门，制造部门的所有员工对产品质量负责。"

广汽本田从工厂开始生产时就遵循"One Man One Job"原则，即"一人一岗位"。系长 L 先生回忆当时的情景时说道："刚开始设备比较老旧，现场主要以手工作业为主，为了防止因主观判断导致的产品质量不良，要求员工严格按照职务说明书进行操作，协调管理计划的业务由监督管理人员负责。这一时期的组织结构遵循严格的分工理念，较少有信息共有化的情形。"也就是说，这一时期的广汽本田是以培养单一技能工为目的，是严格贯彻标准化、规范化的机械化组织。不过，1999 年下半年，标准化实行一段时间以后，员工开始向相关联的职务或工序进行岗位轮换，轮岗对象是基层大部分员工。同时为防止班组内产品质量不良的情况发生，相关联的工序之间的信息交换处于准备状态。同时，在员工中开始引入改善提案制度，让基层作业员工就工作中遇到的问题自由提出改进意见，并且制定了提案奖励制度。另外，车间部门内开始定期开展信息交流会，但主要以部门或车间为单位，通过聚餐等非正式形式进行；同时每月设立总经理接待日，这一天任何人均可以直接和总经理对话。

NGH 小组活动的准备期，广汽本田的组织结构特征及典型证据事例如表 6-5 所示。

表 6-5　准备期组织结构特征及典型证据事例（广汽本田）

范畴	维度	特征	典型证据事例
组织结构	职务分配	标准、重复，但职务内容较丰富	推进局企划管理科科长 D 先生：我们公司所有的基层人员都要从一般操作工做起，其中优秀的员工才有机会从事技术要求更高的职位，就是说从事设备维修和质量检查这一类需要较高技能工作的员工全部要经历生产组装这类简单的工作，通过 OJT 积累多种工序操作经验，技能得到提高后才有机会从事这类岗位
	职责范围	职位范围明确，严格执行职务说明书	系长 L 先生："刚开始设备比较老旧，现场主要以手工作业为主，为了防止因主观判断导致的产品质量不良，要求员工严格按照职务说明书进行操作，一人一岗。"
	权力关系	各层级责权明确	系长 L 先生："当时我们公司遵循严格的分工理念，员工只需要严格按照职务说明书进行操作，其他协调管理计划的业务由监督管理人员负责，权责明确。"
	信息传递	垂直型，上层信息共享	内部资料显示：广汽本田在车间部门内会定期开展信息交流会，但主要是以部门或车间为单位进行，通过聚餐等非正式形式进行
	员工技能	半年后开始轮岗，培养多技能工	人事部部长 L 先生：1999 年下半年，公司在标准化实行了一段时间以后，员工开始向相关联的职务或工序进行岗位轮换，轮岗对象是基层全体员工

6.2.2　准备期管理创新过程小结

基于以上可判断出，广汽本田在正式开展 NGH 小组活动前，伴随着 NGH 技术在员工层面的普及，日本的品质管理思想已经渗透进公司。在全员接受管理技术教育培训的同时，员工也掌握了 TQM 的管理思想，以及开展 NGH 活动所需要的方法。在人事管理方面，这一时期广汽本田的录用标准为适才，雇佣关系相对稳定；薪酬制度方面，实行定期加薪制度，目的在于肯定员工的能力进步，工资随着能力的提高而增加；晋升由能力决定，考核制度公平；在这一阶段，广汽本田已开始培养多技能工。关于组织结构，处于准备期的广汽本田正逐渐演化成为标准、专业、规范的机械化组织结构。员工有机会轮岗，掌握多种技能，部门间提倡信息共享，员工交流较多。总而言之，在准备期，广汽本田的管理技术很快渗透到组织的末端，为管理创新模式的构建成功奠定了良好的基础，提供了合适的孕育 NGH 活动的组织环境。

6.2.3　引入期管理创新过程

经过一两年的准备，在具备了一定的管理创新基础的前提之下，顺利开始了批量生产的广汽本田于 1999 年 12 月在发动机工厂制造部率先引入了 NGH 活动，2000 年 1 月即将该活动扩展至整个公司，这一年 NGH 活动参与率为 12%。2001 年 7 月，召开了 2001 年度全公司 NGH 成果汇报大会，NGH 活动参与率升至 30%。2001 年 9 月，本田总部成果汇报大会在中国召开，广汽本田有三个 NGH 小组在大会上进行了成果汇报。可见，在引入期，广汽本田的 NGH 小组活动得到了较好的发展势头，并且取得了不错的成绩。接下来从 NGH 小组推进体制、人才开发系统、组织结构三个方面具体分析广汽本田引入期的管理创新模式构建过程。

1. NGH 小组推进体制

1）全公司性质的推进组织

关于为什么要在这一时期引入 NGH 小组活动，推进局负责人 D 先生认为："NGH 是提高自主解决能力和团队凝聚力的活动，是我们公司企业文化的组成部分……实际上在生产现场，我们也感觉到引入这项活动的必要，如果要生产高质量的产品，就得通过 NGH 活动来解决一些问题。"

为满足生产现场的需要，2000 年 6 月，NGH 活动被引入组装工厂，引入的方式为自上而下的推动。在引入该项活动时，推进局负责人向各部门发放活动手册，同时召开全体员工的动员大会，副总经理就活动意义和活动计划进行演讲，并对管理人员、推进局及推进委员会的职责分别进行了相关培训。另外，公司形成了一个全公司规模的推进组织。公司要求每个部门第一年度至少要成立一个 NGH 小组，刚开始由科长、系长担任小组组长。然而意想不到的是，生产线对 NGH 小组活动的反响强烈，比预想的热情要高得多，第一年即成立了 38 个 NGH 小组。推进局负责人就其原因做出如下说明："最初确实是有些困惑的声音的，因为之前在原广州标致时代，公司完全没有开展过什么 NGH 之类的活动。（NGH 活动开始前）虽然会对员工进行培训，但他们反映实际上很多东西根本没有用到……但是，现在最积极的不是管理者，而是普通员工。"可见，NGH 小组活动已被广大普通员工接纳并积极投入其中。

根据调查，广汽本田的 NGH 小组活动是在一个叫做"NGH 推进委员会"的全公司性质的推进组织的计划下开展的。关于委员会的构成，总经理（副总经理）担任推进委员长，委员长下设立数个推进委员，工会主席也兼任推进委员。在委员长和推进委员之间，有一名企划管理部长、一名日本人担任的工厂长，以及一名推进局（设在企划管理科内）的负责人，他们组成了设立的推进事务局。在推进委员下，还设置了事务部、工会等八个间接部门（间接部门以部门为单位，生产部门即直接部门以科为单位开展NGH 小组活动），部门下即 NGH 小组及其成员。层层递进的推进组织使得所有成员都能尽量参与到 NGH 活动中。

各推进组织每年 2 月左右召开全部门动员大会，制订详细的年度推进计划，通过科室内、部门内、公司内各级别的成果汇报确认各小组的活动开展情况，并对各小组的活动开展情况提出建议和指导。同时，推进委员长对活动的开展做出如下评价："地区大会、世界大会每年会在不同的地方举行汇报大会，而公司的每个人都会为争取在这些更高级别的大会上进行成果汇报而竭尽全力。"

在对企划科系长 C 先生访谈时，我们了解到广汽本田的 NGH 小组活动的推进组织不仅有全公司性质的，还有日本总部"NGH 四级推进委员会"（四级推进委员会是一个遍布亚洲、欧洲、美洲及日本本部的本田系全球机构）这样更高规格的组织，广汽本田的 NGH 小组活动属于"NGH 四级推进委员会"统筹管理中的一部分，这样的推进组织便于促进本田集团内部知识信息的交流分享，同时形成竞争意识。

2）活动开展时必要的教育训练

在总经理的号召和鼓舞下，随着推进组织对开展 NGH 活动的具体介绍，全体员工开始接受关于活动开展方面的相关培训。同时间接部门也开始参与 NGH 小组活动的准备活动。

我们从人事部培训专员 L 处了解到，这一时段，以前就已接受过良好培训的中方、日方技术人员出身的科长、系长担任讲师，给员工反复讲解活动开展手法、分析工具及活动理念等，让员工接受充分全面的教育。

NGH 小组活动引入公司后进厂的新员工，则在接受入职教育时由专人对其进行质量管理技术、NGH 活动开展技术等必要的培训和实际演练。据负责入职教育的质量管理部分的负责讲师（系长）所言："入职教育 40 小时中的八小时是关于质量管理的内容，特别是有关 NGH 小组活动如何开展的内容，具体包括两小时学习 5S 活动，两小时学习自主管理活动（包括改善提案和 NGH 小组），四小时学习质量管理讲座相关教材。培训不仅仅有理论知识的讲解，还包括模拟演练，并且员工人手一份学习教材。"由此看出，在活动引入公司后入职的全体职员都接受了 SQC、改善提案及 NGH 小组活动所需的管理技术培训。

3）全公司的指导体制

在推进组织的统筹规划下，从总经理到一般操作工的责任担当都有明确规定，并且人人都必须严格贯彻执行自己的职责。推进委员长、推进事务局、推进委员、NGH 小组的职责分工具体如表 6-6 所示。

表 6-6　NGH 推进组织与职责分工

项目	分类			
管理层级	推进委员会 （副总经理）	推进事务局 （企划管理科）	推进委员 （间接事务部门的部长，生产部科长、系长）	NGH 小组 （班长、普通员工、非制造部门的一般职位）
职责分工	年度目标和方针的决定	年度企划的立案	方针和年度计划的具体推进及跟进	活动的开展
	年度企划的确认	推进委员会的事务管理和调整	NGH 活动的指导和援助	活动主题的决定，并向推进委员报告推进情况
	策划实行的计划	部门之间及对外的联络	确认所属部门活动的推进状况并向委员长报告	信息交换
	活动效果的审查和评价	各种资料的收集和管理		相互启发
	对优秀 NGH 小组的表彰	负责公司发表大会	负责部门发表会	

科长、系长既是各 NGH 小组的直接指导员，也是 NGH 技术和 NGH 手法的培训师。活动刚开始时，他们也会担任小组组长。从表 6-7 可见，班长、设备维修工和一般操作人员均为小组成员。不过为使一线员工能够独立开展活动，技术管理人员对其提供了全方位的支持，如对小组在活动推进过程中遇到的一些关键难题提供指导。在职能部门的支持和推进组织的推动之下，公司构建了一个较完善的 NGH 小组推进体制。正是所有人员都有不同的职责分工，并发挥着不可替代的作用，并且认真履行各自的职责，才使得该活动推进顺利，在引入活动一年后，广汽本田就实现了全体成员达到 30%、生产部门达到 40% 的高参与率。NGH 小组活动的引入期，广汽本田在 NGH 小组推进体制方面的特征及典型证据事例如表 6-7 所示。

表 6-7　引入期 NGH 小组推进体制方面的特征及典型证据事例

范畴	维度	特征	典型证据事例
推进体制	推进组织	建立了全员参与、职责分工明确的全公司规模推进组织，与日方集团的上级推进组织密切联系，频繁交流	内部资料显示：广汽本田的 NGH 小组活动是在一个被称为"NGH 推进委员会"的全公司推进组织企划下开展的。总经理（副总经理）担任推进委员长，委员长下设立数个推进委员，工会主席也兼任推进委员
			企划科系长 C 先生："日本总部设有'NHC 四级推进委员会'这样更高层次的组织，这样的推进组织便于促进本田集团内部知识信息的交流分享、共同学习。"
	NGH 活动的技术培训	全员培训，根据需要随时进行培训	人事部培训专员 L 先生："培训人员是由在公司开展 NGH 活动前就已经接受过良好培训的技术人员出身的科长、系长担任讲师，他们会给老员工反复讲解必要的活动手法、活动方法以及活动理念。"
			入职教育的质量管理部分的负责讲师（系长）D 先生："在 NGH 小组活动引入公司后进入公司的新员工，在接受入职教育的时候，就会由专人对其进行关于品质管理技术、NGH 活动开展必要的知识培训。"
	管理者指导体制	总经理亲自指挥，管理、技术人员人人负有指导责任	推进局企划管理科系长 D 先生："在推进组织的统筹规划下，从总经理到一般操作工的责任担当都有明确的规定，且制定了管理层级和小组的责任分工表，每个人必须严格贯彻执行自己的职责。"

2. 人才开发系统

在引入期，广汽本田的人事劳动制度和准备期一样，未见明显变化；人才培养也继续强化以 OJT 和 Off-JT 为主体的内部人才培养制度。不同之处在于：首先，随着公司规模的不断扩大，新员工增加了 1 000 人以上，通过科学客观的录用程序，大批应届技校毕业生进入公司从事生产一线工作，且在这些新员工中，有实力被提升为班长的也不少。其次，理工科大学毕业生入职时也被要求在生产现场跟基层普通员工一起工作一段时间，之后根据学习能力、技能习得程度，表现好的才有机会晋升为班组长，甚至系长，能力不行的则可能一直在基层从事操作工作。此外，还有海外进修机会，进修对象以在生产现场工作的班组长及一般员工为主。三分之一的一般操作员、一半以上的技术人员都曾经被派往本田集团海外公司接受培训。同时，公司认为，技术或管理人员都不能只具备单纯的技术或管理技能，而是应具备双重技能，这样培养的目的是防止人才流失所造成的培养成本浪费和技能缺失（峰如之介，2003）。正如 S 先生所言："通过内部培养使自己的职务执行能力得到提高的员工，具有层级晋升和资格晋升的机会，并且可根据资格级别，提高相应的薪酬待遇。"由此可见，在广汽本田，基层员工晋升的机会比较多，并没有受到歧视。NGH 小组活动引入期，广汽本田人才开发系统方面的特征及典型证据事例如表 6-8 所示。

表 6-8　　引入期人才开发系统方面的特征及典型证据事例（广汽本田）

范畴	维度	特征	典型证据事例
人才开发系统	与准备期不同之处	随着公司规模的扩大，大批招聘应届技校毕业生，他们从事生产一线工作，其他方面没有本质变化	人事部部长 L 先生说：当时，因为生产扩大，公司的规模也不断扩大，生产线上的劳动力不够，所以招聘了 1 000 名以上的新员工，并且主要招聘的是应届技校毕业生，他们从事生产一线工作

3. 组织结构

引入期，广汽本田 60%的机器从中国的日系相关公司购买，自动变速器、激光涂装机等先进的自动化设备则从日本进口。推进事务局 D 先生说："在生产现场，信息交换逐渐频繁，一旦现场有问题发生，通常大家会一起研讨解决方案，并且针对这些问题形成的小组提案也越来越多。"

生产现场一人担当一个职务的情况很少，简单工序之间的岗位轮换逐渐增多，OJT 培训逐步得到强化。信息交流不仅局限于垂直向，水平向交流也逐步增多；由于基层业务中需要做出判断和考量的业务内容越来越多，其中部分决策权限逐步下放基层。但是，为了防止造成秩序混乱或事故的发生，引入期授权程度相对有限。

在公司成立初期，班长的工作内容主要为确认班内成员的出勤情况、指导现场作业，以及完成临时性任务，至引入期阶段，班长的职责变成了制订班内成员的培养计划，辅导员工制定目标及其他管理类业务，并且班与班之间的协调、交流业务逐渐增多。

引入期结束时，生产现场的多技能工快速增多，信息共享较为频繁，作业员的工作由简单、枯燥的执行类工作向执行和思考并存的方向转变。由此可见，在引入期，广汽本田的组织结构开始显现出有机组织的雏形，此阶段的组织结构方面的特征及典型证据事例如表 6-9 所示。

表 6-9　　引入期组织结构方面的特征及典型证据事例（广汽本田）

范畴	维度	特征	典型证据事例
组织结构	职务分配	职务界限较模糊，工作内容更丰富	生产现场负责人 X 先生："在生产现场，一人一台机器单独作业的情况也有，但是职务分工方面一个人绝对担当一个职务的情况少了一些，他们的工作内容渐渐丰富起来。"
	职责范围	明确，但基层员工逐步参与部分计划、管理业务	班长 C 先生：公司刚成立的时候，我们的工作内容主要是确认班内成员的出勤情况、指导现场作业，以及完成临时性任务，但是现在我们也需要制订班内成员的培养计划，负责目标达成和管理业务
	权力关系	开始逐步下放部分权力	系长 L 先生："决策权限逐步向基层授权，因为这一时期基层业务中的需要做出判断和考量的业务内容逐步增多，但是为了防止工作间的秩序混乱及由此造成事故的发生，对于该阶段的授权上级还是比较小心的，授权程度也相对有限。"
	信息传递	致力于上下级信息沟通和水平传递	推进事务局 D 先生："在生产现场，信息交换逐渐频繁，一旦现场有问题发生，通常大家会一起研讨解决方案。针对这些问题形成的小组提案也越来越多。"

续表

范畴	维度	特征	典型证据事例
组织结构	员工技能	通过岗位轮岗，大批员工多技能化	人事部部长 L 先生："现在公司一些简单工序之间的岗位轮换也逐步开展起来了，OJT 的培训逐步得到强化，员工的技能得到进一步丰富。"

6.2.4 引入期管理创新过程小结

在引入 NGH 活动约一年后的 2001 年，广汽本田的 NGH 活动全体参与率达到 30%，生产现场参与率达到了 40%。这说明公司的推进组织发挥了实际作用，且公司对员工的培训效果显著，强有力的人才开发体系与促进信息交流和知识分享的组织结构逐步形成，同时也促进了 NGH 活动的开展。并且，通过 NGH 小组活动，岗位现场出现的各类问题开始以小组形式，通过思考、协商和技术分析的方式得到解决，而不仅仅是依赖管理者。由此可见，NGH 活动的开展和组织带来的活力是一种互为条件的相关关系。组织和人才开发系统与 NGH 活动相互促进，此时的广汽本田在员工个体、团队和组织层面的创新能力不断提高，管理创新模式不断完善。

6.2.5 稳定期管理创新过程

引入 NGH 活动后，广汽本田经过不断努力，在生产、质量和销售方面均表现出良好的发展势头，销量不断增长，随着知名度不断提高，汽车产量不断增加，品牌种类由单一生产雅阁发展至同时生产雅阁、奥德赛（Odyssey）品牌，飞度（Fit）生产已列入考虑中，NGH 小组活动变得意义更为重大也更为必要。2002 年 7 月，广汽本田举办了全公司年度 NGH 大会；2002 年 10 月，广汽本田部分 NGH 小组代表公司参加了在印度尼西亚举行的亚洲区成果汇报大会；2002 年 12 月，亚洲区获奖的小组参加了在日本举办的本田集团 NGH 世界大会；2003 年 7 月，2003 年度全公司 NGH 大会举办，此时 NGH 小组活动的参与率已达 65%。2004 年参与率升至 76%，2005 年增长至 85%，2007 年高达 93%，2013 年参与率更是达到 95%。以下从 NGH 小组激励机制、人才开发系统、组织结构三个方面具体分析广汽本田稳定期的管理创新模式及其特征。

1. NGH 小组激励机制

1）活动的自主性

某 NGH 小组组长说："以前召开小组活动，得从实际生产活动中定主题，但是现在关于品质、安全等与实践生产活动相关的主题变少了，我们可以自己选择感兴趣的内容，组长也可以由小组成员自行决定。"可见，广汽本田 NGH 小组活动的自主性变得越来越高，随着活动进入成熟期，小组成员有了较大的权力和自由发挥的空间。为了维护活动开展并能确保一定程度的自主性，赋予小组一定的权力也是必要的，但是同时也要有制度的规范才能保证活动有序开展。表 6-10 展示了这种巧妙的平衡艺术。

表 6-10　NGH 活动的自主决策与管理平衡

基本流程	小组或监督管理者的责任
小组组成	A. 小组的组成、小组取名、选拔组长的决定 B. 介绍小组的专家
选定主题	A. 与职场相关的事项，以及所有组员都接受的主题 B. 尊重小组选择的主题 B. 对于主题的大小、展开的范围进行建议
活动企划	A. 设定目标，决定分组事项 B. 为小组提出的计划提供建议
小组注册	A. 提出委员会活动的计划
活动实施	A. 作为小组会合的中心，将活动进行下去 A. 发言，并记录下必要的会议记录 B. 作为伙伴介入活动中，提供建议并确认进度 B. 为活动提供方便的环境
活动结果确认	A. 确认活动经过和成果 A. 把解决主题的过程当作重点 B. 尊重活动的内容，用易懂的方式提供建议

注：A 指小组的责任，B 指管理监督者的责任

2）职能部门的支持

表 6-10 表明，广汽本田对 NGH 活动采取的是不强制、不放任、随时指导的态度，活动的自主性和规范性的平衡得到了有效的维持。但参与活动必然收获个人能力提升、合作意识加强、晋升更快更高等软实力或间接利益。这才是这一活动背后真正体现的日式管理创新的平衡艺术之所在。

3）公司指南

在维持巧妙和适度的管理中，公司方面的职责还包括应该提供通俗易懂、便于学习和指导活动运营的活动指南。调研显示，广汽本田的活动指南（活动手册）早在 1983 年就已修订好，此前，日本的本田集团曾于 20 世纪 70 年代就 NHC 活动的性质和定位进行了重新思考，因而活动手册也经过反复修改后确定了 1983 年版本。广汽本田直接借用了这一经过时代检验和各国分公司员工试用的活动手册。该指南由 33 张 A4 纸构成，包括活动进行时的要点说明、成立小组的方法、组长和组员的责任担当、活动展开方法、解决问题的技术手段等约 10 项内容，人手一

份，可供随时查看。

4）评价标准

为保证 NGH 小组活动的顺利开展，公司制定了详细全面的活动评价标准。评价标准包括团队合作程度、方法的使用情况、寻求外部支援情况、活动效果及成果展示技巧五个方面，团队合作和寻求外部支援这两项评价标准占总体的 60%，并且评价标准非常重视小组内外的交流情况、方法的使用情况、每个小组成员的能力发挥情况[1]及如何利用职能部门的资源等方面的评价，是一个重视活动过程而非仅仅是结果的评价标准（表 6-11）。

表 6-11　广汽本田 NGH 活动的评价标准

评价项目	评价内容		评价要点
团队合作（team work）（30分）	小组成员参与度（10分）	全员参与讨论的频率及参与质量	（1）参加率、发言率（2）集中讨论的次数、地点、时间的安排情况
	组员分工合作程度（10分）	每人承担一项任务，职责分明	每个成员的能力和分工的匹配度，所有成员在哪个阶段如何开展什么样的工作及开展工作的内容和方法是否明确
	与其他小组的合作程度（10分）	开展计划的创意程度	（1）跨小组交流，小范围交流（2）信息交流，资料交换
方法（approach）（20分）	NGH 技术手法的灵活运用情况（10分）	帕累托图、鱼骨图、直方分布图、检查表等	（1）呈现方式、使用方式（2）数据分析的深度（3）活用技术方法方面的创意
	高级数据统计方法（10分）	广泛且循序渐进的学习情况	管理图、抽样检查、分布与概率、结论推定与检测、实验计划法、IE、VE 等技术灵活使用情况
外部支援（contact）（30分）	与固有技术的联结程度（10分）	知识的活用	（1）固有技术的活用程度（2）技术的习得方法（3）技术的高超程度
	争取专家的帮助（10分）	专家的选择和参与	（1）遇到困难时组员的努力情况（2）专家的帮助情况
	寻求职能部门的支援（10分）	高效优质的职场环境	（1）阐述活动对于组织的意义（2）活动良性开展
效果（effect）（10分）	改善效果克服困难程度（10分）	质量提升、效率提升	（1）事实的确认情况（2）对于问题的有效解决情况（3）有形效果、无形效果
技巧（technique）（10分）	演讲技巧（10分）	演讲的方法、演讲的态度、资料的翔实程度	（1）轻松、幽默、时间分配合理（2）热情、亲切（3）PPT 设计的美观度、成果汇报的创意度和新颖度等

注：VE，表示 value engineering，即价值工程

资料来源：笔者根据工场管理编集部（1979）及广汽本田内部资料整理而成

广汽本田的评价标准其实每年都有细微的调整，但重视过程的评价理念从未

---

[1] 一些该活动不成功的企业的做法往往表现为：只要小组整体有好的表现、好的成果即可，不注重评价每个小组成员的实质参与度及贡献情况。

改变。评判专家通常由总经理、制造部部长及技术专家担任,在评价时,整体得分高的小组固然会得到奖励,但是评价标准中某一项得分特别高或者创意独特的小组也会得到相应的奖励(项目奖)。也就是说,这个评价标准力求找出各个小组的闪光点。笔者曾参与该公司的成果汇报大会,其独特之处在于每个小组除了有过硬的成果汇报以外,每名员工更像去赶赴一场欢乐的晚会,现场气氛轻松愉快,并不像其他公司员工需要正装出席气氛严肃拘谨的现场。

从表 6-11 可看出,公司的活动评价标准重视团队合作协调沟通能力,重视活动过程,强调营造充满活力的气氛,充分尊重成员个性。

5)奖励机制

根据笔者的调查整理,广汽本田的奖励主要分为物质奖励和精神奖励。

首先,物质奖励有以下五个方面。第一,小组成立时,给予全组 500 元的交流基金①。该基金必须为组员全员参与的情形下方可使用,可用于聚餐等交流,需向推进局说明基金的使用去向。第二,部门级别的小组活动也会给予一定的活动交流基金,这个基金给予的目的主要是为了实现全员参与,可用于小范围旅游或聚餐交流情感。第三,给予小组成员工作超时补助。每月活动超过四小时,公司会提供加班补助。第四,在公司级别及以下的成果汇报大会上,给予大部分小组上台汇报成果的机会。在成果汇报大会上获得附加奖(头等奖)的小组,公司奖励小组出国汇报的机会,费用全程报销。同时,尽量保证成果汇报的高获奖率。第五,小组活动中的表现不直接与考核结果及晋升挂钩,但参与活动促使个人能力提升,可能会在考核中的能力项目评分上得分较高,由此也提高晋升的可能性。

其次,精神奖励有以下两个方面。第一,给予小组成员充分的"社会认同感",促进小组之间的相互交流与适当竞争(非恶性竞争)。笔者对制造部部长进行访谈时,N 先生说道:"成果汇报时专家评价的目的一方面是为了检测各小组在所属地区属于什么样的水平,另一方面是为了给有共同困惑的员工提供解决问题的方法或创意的交流机会。"第二,对大多数小组成员而非极少数个别成员给予充分参与感。如果某个小组被选定去参加成果汇报大会,公司规定不能仅派一两名代表参加,即使是在公司以外高级别的汇报大会也不例外。

由此可见,广汽本田的 NGH 小组活动充分重视参与范围、参与过程、参与频率及参与质量的激励。该激励覆盖面广,受益面宽,不同于其他公司重奖大项目及少数成员的做法,广汽本田的做法是一种典型的"平准型人才开发"模式(小池和男和猪木武德,1987),是·种重视员工的社会认同感、工作价值感及参与感的机制,是一种给员工带来成就感,并且能促进活动持续开展、鼓励参与队伍不

---

① 500 元为早期启动费用,该数值目前已增长至四位数。该基金可用于购买聚会饮料、零食、聚餐、开展活动等。后续还可继续申请基金。

断扩大从而使组织形成一种促进创新与合作氛围的结构。

NGH 小组活动的稳定期，广汽本田的激励机制方面的特征及典型证据事例如表 6-12 所示。

表 6-12　稳定期激励机制方面的特征及典型证据事例

范畴	维度	特征	典型证据事例
NGH小组激励机制	活动的自主性	全员参与，自行选择小组组长、成员、活动主题，较好地平衡了上级推进和基层自发参与之间的关系	某 NGH 小组组长 Z 先生："现在我们不仅可以自己选择小组的组长、组员，还可以选择自己感兴趣的活动主题来开展 NGH 活动。"
	职能部门支持	全公司、全方位支援机制；集团层面统一协调合作	制定了全面规范的 NGH 小组活动支持制度，自主性和制度的规范性的平衡得到了有效的维持
	自制活动指导手册	完成度、实用性高；人手一本活动手册	广汽本田的活动指南借鉴本田 1983 年版本，指南由 33 张 A4 纸组成，包括活动进行时的要点说明、小组组建方法、组长与组员责任、活动展开方法、解决问题的技术手段等约 10 项内容。人手一份，可供随时查看。不同于有的公司将文件锁在办公文档柜里
	互相学习、适当竞争	全公司大部分小组参与；场面壮观、气氛活跃、交流频繁	笔者亲自观摩公司成果汇报大会的经历：几乎每个小组都会汇报成果，独特之处在于除了有过硬的成果外，员工更像去赶赴一场欢乐的晚会，现场气氛轻松愉快，交流频繁，并不像其他公司需要员工正装出席气氛严肃拘谨的现场
	评价标准	重视团队实际合作、协调，重视过程，重视营造活力、个性	内部资料显示：评价标准包括团队合作程度、方法的使用情况、寻求外部支援的情况、活动效果及展示技巧五个方面，团队合作程度和寻求外部支援这两项评价标准占总体的 60%，且非常重视小组内外的交流情况、方法的使用情况、小组成员能力发挥的情况及如何利用职能部门的资源等方面的评价，是一个重视活动过程而非仅仅是结果的评价标准
	奖励制度	支付超时加班工资；成果汇报机会多；中等额度奖金；受益面广	人事部部长 L 先生："我们会给予小组一定金额的超时补助，公司规定每月活动超过四小时要给加班补助。"
			某 NGH 小组活动成员 Z 先生："我们很多小组都有上台汇报成果的机会，而且大部分都会拿到奖金，虽然金额不多，但是还是很开心，因为成果得到了公司的认可。"

2. 人才开发系统

1）录用及雇佣制度

广汽本田的用人方针一直都是不唯名校、不唯学历论能力，以适合本公司文化和理念为标准。为了维持员工的稳定性，按照本地优先原则，广汽本田选择从广东省内工业中专学校和技术大专学校招聘生产线操作工，仅在广东省内人才不足时才会进行省外招募。稳定期的员工雇佣制度有些许变化，推进局 D 先生表示，为了适应产量的季节变化、削减部分劳务费，广汽本田 2002 年以来开始招聘部分短期合同形式的劳务工，雇佣关系确定后，在尊重个人意愿的基础上，公司与员工签订 3~5 年的劳动合同，原则上期满续约。该制度与 BMCC 最大的不同在于，劳务合同工的比例维持在大约 15%以内的可控范围内。此制度较好地保障了柔性灵活的用人关系，同时又能维持员工队伍的稳定。广汽本田对短期劳务合同工同样重视管理技术的培训，并且短期劳务合同工有转为正式合同工的机会，不存在同工不同酬。此外，短期劳务合同工同样参与 NGH 小组活动。

2）工资制度

稳定期的广汽本田的薪酬制度有所调整，根据工作年限的增长，每年基本工资定期上涨的制度未变，这一点与大多数日企相同。公司设立了与技能相关的资格等级，通过资格等级来决定薪金的上涨幅度。工资中的补贴部分主要随职位提高而变动，基本工资与资格等级而非职位挂钩，附加工资则主要由考核结果决定。这种基本工资和奖金主要由资格级别和业绩决定的设计方式加强了员工对能力级别和目标完成情况的关注程度。

3）晋升制度

首先，管理技术人员的晋升主要有三个特点：一是实行科学控制管理职工总数的定员管理。不因规模扩大而虚设、增设不必要的管理职位。工龄 15 年（含前公司工龄）的大学理工科本科学历的技术员担任副科长或更低职位的情况普遍，清华大学硕士毕业生 2~3 年很可能在现场担任班长职务。二是当出现职位空缺时，根据制度化的程序安排，优先从内部公开选拔而非外部招聘。三是管理岗位的选拔以内部招聘和通过公司内网由员工进行自我推荐，然后选拔的形式进行。

其次，广汽本田非常重视基层人员的能力开发，并准备了形式多样、通道广阔的晋升机会。在广汽本田，晋升有三种含义，即层级晋升、职务晋升和资格晋升。在层级晋升方面，新员工入职时一律从低技能岗位做起，能力强、技能提高快的员工方可升至副班长、班长甚至更高级别。职务晋升和资格晋升方面，广汽本田为几乎每位员工制定了长期技能发展规划，通过岗位轮换实现多技能工培养，能力提升后便自然获得职务晋升，并有资格从事管理类工作，通过资格考核获得资格提升，从而提高薪酬待遇。另外，只要在工作中表现优秀，且符合岗位胜任力级别要求，操作工经过一定时期的生产线工作后，可根据个人意愿应聘保全工、设备维修等技能型工作，甚至售后服务技术岗位，或者转岗至有空缺岗位的非制造部门从事办公事务类工作，广汽本田广阔的晋升通道和运作规范的制度设计使得基层员工成为个人职业生涯规划的设计者。

4）人才培养制度

员工入职后，根据不同的培训方案，公司将员工打造成认同公司文化和管理方式且兼具通用能力和专业能力的人才。员工培训体系包括新人入职培训、日常教育、业务能力提升培训、晋升晋级培训、出国培训、高校联合脱产培训、个人进修学费补助制度等。OJT、Off-JT、OCT（on the chance training，利用机会进行培训）等多种培训形式以保证培训效果。另外，为生产线员工而设的参与制定和完善职务说明书、参与工序变更、设备保养、质量成本管理等是广汽本田独特的能力培训方式。对自愿在外部培训机构接受在职教育的员工，根据其学业成绩补助 50%~80%学费的再教育学费奖励制度，也是广汽本田提高员工素质的途径。此外，访谈中人事科专员告诉我们，近年来被派去国外培训的近千人次出国进修员工中，大约一半为技能型员工。广汽本田员工每年实际接受的培训人均超过 70 小时，是普通企业的两倍以上。稳定期广汽本田的人才开发系统特色明显，人才开发系统方面的特征及典型事例归纳如表 6-13 所示。从表 6-13 可见，所有制度设计与第 4 章的理论模型特征相符，部分制度甚至优于理论模型中的理念型特征。

表 6-13　稳定期人才开发系统方面的特征及典型证据事例

范畴	维度	特征	典型证据事例
人才开发系统	招聘制度	重视采用应届毕业生；操作工以就近招聘当地技校生为主，管理、技术人员招聘面向全国应届大学毕业生	人事部部长 L 先生："我们会优先选择从广东省技校或职业学院招聘应届毕业生来从事一线生产工作，只有在省内人才不足时，才会按照地域优先原则进行省外的人才招聘。"
	雇佣方式	2002 年开始新增部分劳务工；劳务工有转为正式工的机会	推进局 D 先生："为了适应 2002 年以来的生产变化及削减劳务费，广汽本田开始雇用短期契约形式的劳务合同工，雇佣关系确定后，在尊重个人意愿的基础上，公司会与员工签订 3~5 年的劳动合同，原则上期满续约，较好地保障了雇佣环境的安定，全公司的平均离职率不到 1%。"
	薪酬制度	由能力工资为主+定期加薪转为能力工资+绩效工资+定期加薪模式	人事部部长 L 先生："根据工作年限的增长，员工每年上涨基础工资，并且在公司内部设立了与技能相关的资格等级，通过资格等级来决定薪金的上涨幅度，奖金主要是由业绩决定。"
	内部晋升	重能力、轻学历；全员有晋升机会	人事部部长 L 先生："广汽本田的用人机制一直都是不唯名校、不唯学历论能力，以适合本公司文化和理念为标准，清华大学硕士毕业生 2~3 年还在现场担任班长职务的情况也有，在广汽本田，只要你个人有意愿，且符合胜任力要求，有能力就可以参加人才选拔。"
	人才开发	全员能力开发；多数掌握多种技能；横向和纵向职业生涯空间大	人事科专员 W 先生："员工进入公司后，会根据不同的培训方案将员工打造成认同公司文化和管理方式且兼具通用能力和专业能力的人才。员工培训体系包括新人入职培训、日常教育、业务能力提升培训、晋升晋级培训、出国培训、高校联合脱产培训、个人进修学费补助制度等，并采取 OJT、Off-JT、OCT 等多种培训形式保证培训效果。且公司员工每年实际接受的培训人均超过 70 小时，是普通企业的两倍以上。"

3. 组织结构

在稳定期，广汽本田总部包括制造部、研发部、采购部、销售部、设备管理部、企划管理部、财务部和总务部等八个部门，组织结构较为精简。管理层由总经理、副总经理、部长、副部长、科长、副科长、系长、班组长、副班组长构成，人数少的间接部门一般不设或少设副科长及以下职位。公司虽有"基层操作人员"和"管理技术人员"之分，但为淡化管理和非管理岗位的概念，称呼上统称为职员。

当工序内发生异常状况、不良状况及错误时，此阶段的广汽本田组织会把该情况通知相关的所有员工，如果发现不是因为个人而是因为全员的失误引发的，则会召开关于发生原因及探讨应对策略的会议。

在组织中，轮岗从相关的重要岗位的轮替，逐渐转变到相关联的邻近岗位的轮替。员工的职务范围越来越广，职务之间的分界也越来越模糊，培养出一批掌握多技能的员工，为其晋升为班长打下基础，且员工的完成度和积极性都比较高。工序内的各种变化、异常情况的处理及各类协调业务都由普通基层员工参与完成。扩展员工职业生涯的 OJT 培训也在不断强化，优秀操作工甚至可能从事从车辆的终端检查到其他高端检查的工作，具有高技能的员工不仅可以从事质量检测、设备维修等工作，同时还有机会从事 4S 店的销售、设备检测维修等工作。换言之，操作工的纵向职业生涯得到拓展。由此可见，2003 年以后生产现场员工的职务范围进一步扩大，职务分工界限模糊化，多技能工化急速进展，思考类工作进一步增加，操作工成为技能工的通道进一步打开，职业生涯的宽度和深度进一步提高。这一系列措施为应对生产能力不断扩大、车型增多及车型更新迭代等组织的变化提供了人才支持。制造部部长 N 先生在访谈中说道："我们每次去现场，都会感觉中国员工是世界上最好的员工，不管是工作效率还是工作能力，明确地说，比日本、美国的员工都要好。"

笔者去现场观察和进行访谈时，深刻感受到广汽本田生机勃勃、一派繁荣的景象，同时也感受到中日双方高层管理者高度的满足感。当我们就广汽本田的组织构造与 NGH 小组的活跃程度的关联性进行提问时，生产部系长 W 如是说："员工在现场从事的业务内容，其实跟 NGH 小组活动的内容是一体的，现在来看的话，但最开始时是不一样的……"表明 NGH 小组的活动内容及解决问题的方式已融入常规业务之中，与之成为不可分割的整体。

那么，一般员工是怎么看待 NGH 小组活动的呢？根据笔者对推进局的访谈，NGH 小组活动的活跃分子恰恰是那些在生产线上辛苦工作的基层员工。笔者在访谈结束后乘坐广汽本田内部通勤大巴时，听到几个 20 来岁的员工与 40 来岁的经历过原广州标致时代的女性老员工就访谈前的上一周召开的全公司 NGH 汇报大会及接下来将于 2010 年 9 月召开的中国区成果汇报会进行讨论的对话，他们谈论时的认真、专注及兴奋之情给笔者留下了深刻的印象。在他们的对话中，笔者多次听到了"成长""价值"等关键词，感受到他们对参与创新活动的成就感，以及对公司、对自我的强烈认同感。

上述分析可见，在稳定期，广汽本田的 NGH 激励机制完善，小组活动范围广泛、普及率高，并且非常重视人才培养，所有员工都有平等的培训机会及晋升机会。同时，包括基层员工在内的所有员工均具有较高的工作动力和工作热情，组织呈现典型的有机型组织结构特征。从各项指标判断，这一时期的广汽本田形成了一种全员参与、改善与创新的组织学习氛围，日式管理创新模式构建成功。

NGH 小组活动稳定期广汽本田在组织结构方面的特征及典型证据事例如表 6-14 所示。

表 6-14　稳定期组织结构方面的特征及典型证据事例

范畴	维度	特征	典型证据事例
组织结构	职务分配	职责范围扩大，可参与所在岗位的改善性活动	系长 X 先生："设立初期的基层操作工一般是根据技术人员制定的职务说明书进行操作，2002 年以后，作业人员基本上不会严格按照作业手册去完成工作，并且一般员工如果发现作业手册存在不合理的地方，或者需要优化的部分，可以参与作业手册的补充完善工作。"
	职责范围	员工可参与解决突发问题、参与作业标准修订	某现场员工 S 先生："以前我们会按照职务说明书进行工作，但是现在我们都可以参与现场一些突发问题的解决，并且还可以参与修订作业标准，发表自己的意见，感觉现在的工作比以前有趣多了。"
	权力关系	部分管理权力继续下放；上下级之间距离近	班长 L 先生："我现在需要做的事情比以前多了，但是觉得很充实，因为我能自己单独带领我的班组成员开展活动，并且能自己决定一些事情，而且和领导的关系也越来越好，会经常一起讨论我在工作中遇到的问题，他也会给我一些建议。"
	信息传递	水平型、网络状	系长 X 先生："我能明显感受到大家交流变得越来越多了，能经常看到员工在一起讨论分享工作上的事情，我觉得这是一个好现象，大家在一起互相学习，互相交流，营造出一种很棒的组织氛围。"
	员工技能	将大量操作工培养成多技能工、高级技工	系长 X 先生："在我们公司优秀的操作工人甚至可能从事从车辆的终端检查到其他高端检查的工作，具有高技能的员工不仅可以从事质量检测、设备维修等工作，同时还有机会从事 4S 店的销售、设备检测维修等工作，员工的职业生涯的宽度和深度进一步提高，多技能工也越来越多。"

6.2.6　稳定期管理创新过程及成果小结

广汽本田的 NGH 小组活动激励机制到位，组织内信息交流频繁活跃，人才开发系统充分激发了员工的潜能，以技能和胜任力为评价标准的职能工资引导员工追求能力提升而非职位晋升的机制充实了员工的工作价值，提升了员工的内源性工作动力，并且使得员工成为个人职业生涯的规划者，通过 NGH 小组活动参与创新的管理方式丰富了员工的合作意识和创新能力，激发了员工的潜能，提升了员工特别是普通员工的自信心。组织结构方面，员工的职责范围扩大了，上下级之间的距离近了，个人之间、团队之间、部门之间甚至跨组织之间的信息交流、知识分享、知识创造频繁活跃，具备了有机组织的特征，为公司管理创新的成功提供了强有力的保障。

6.3　广汽本田管理创新模式形成过程讨论

广汽本田的 NGH 小组活动是在各职能部门的支持下由全公司性质的推进组织推进的。广汽本田的 NGH 小组活动参加率逐年提高，目前参与率稳定在 95% 以上，实际参与人数高达 7 000 余人，在广州国际会议中心举办的高规格的同时也是全民欢乐的年度汇报大会成果卓越，每年均有众多本田全球集团级别的领先的科技发明创新成果出现。

通过对各个阶段 NGH 小组活动推进过程的研究，我们明确了 NGH 的推进过程和组织结构的有机化过程及人才开发系统的构建过程事实上是相互依存、相互促进的关系。广汽本田注重多技能工的培养，实施平准型人才开发模式，引导员工追求内源性工作动机，重视员工的工作价值创造和创新能力的激发，同时在准备期就初步构建了相互尊重、平等互助、合作创新的管理哲学，重视组织内部的信息共享。随着 NGH 小组活动的广泛开展和快速普及，公司的生产力和创新力迅速提升，进而加速了组织结构的生命力。在最后一个阶段，整个公司的信息传递形成一个网络状结构，使员工之间可以互相无障碍地交流，形成了有机作业组织结构的特征，为公司管理创新的成功提供了强有力的保障。

总而言之，广汽本田的 NGH 小组活动为其注入了新生的力量，NGH 小组活动在构建创新管理哲学，营造参与、交流、合作与创新的企业氛围，引导员工的工作动机内在化、实现平等合作的价值观念的转变方面效果明显。NGH 小组的成功与人才开发系统的潜能开发和组织结构扁平化、柔性化、有机化有着相辅相成的关系，NGH 小组是日企整个公司构建管理创新模式、提高核心竞争力必不可少的管理方式。NGH 小组活动的成功普及且常态化的过程实际上就是全新的组织学习和创新管理范式的构建过程（张彩虹，2009；Cole，1994）。以 QCC 为特色的日式创新改善型管理范式是全新的管理范式。

　　最后就广汽本田整体发展状况进行简要介绍。自成立以来，广汽本田产销量一年比一年上一个新台阶。1999 年 11 月，广汽本田雅阁轿车 2.3VTI（variable timing injection，多角度连续可变正时系统）经过机械工业部技术审查和海关总署核定组的严格审查，通过了国产化鉴定，国产化率达到 45.38%。同年，日本本田总部的质量小组对全世界的本田系列四轮车进行质量检查，广汽本田雅阁轿车的得分超过了本田海外任何一家分公司，荣获"海外第一"的美誉。今天的广汽本田，构建了包括数百家零部件供应商的上游网络，其中 80% 的零部件在广东省内采购，国产化率达 90% 以上。投产的第二年，即 2000 年，实现产量 32 208 辆[①]，且达成投产次年即盈利的业界神话。之后陆续实现产量 5 万辆、10 万辆、20 万辆，产量逐年上升，从未出现过亏损或销量低于预期。实施 NGH 小组活动仅两年，销量迅速增长，一跃成为在华日资企业的标杆企业，成立仅仅四五年的广汽本田已具备灵活而迅速地应对市场需求、产量和车型变化的组织能力。2003 年 4 月在各部门的支持配合下，广汽本田成功地通过了 ISO 9001 及 ISO 2000 质量管理体系的现场审核认证。2004 年 12 月，中国质量协会、中国质量协会用户委员会发布 2004 年全国轿车用户满意度测评结果，雅阁轿车在同级别车型中再次排名第一。2007 年 2 月 10 日，仅仅七年多的时间，广汽本田实现累计产量 100 万辆，达成此产量一汽大众需要用时 13 年，上海大众需要用时 14 年。2013 年广汽本田年销售量为 43.5 万辆，超过了年初制定的 40 万辆的销售目标，同比增长 37.6%。同年 7 月 19 日，广汽本田汽车研究开发有限公司（2009 年前称为广州本田汽车研究开发有限公司）正式宣布成立，注册资本 1.8 亿元，首期投资额 20 亿元，全部由广汽本田出资。作为国内首家合资企业投资建成的研发中心，其主要负责自主品牌的研发，研发中心拥有包括概念设计、造型设计、整车试作、实车测试、零部件开发等在内的整车及零部件独立开发能力。2011 年 3 月其首款自主研发的量产车"理念"（Everus）在黄埔工厂下线，4 月隆重上市，广汽本田自主研发的梦想得以实现。截至 2013 年，广汽本田累计销售量已超过 330 万辆。有关数据显示，2016 年广汽本田累计终端销售量达 66 万辆，同比增长 9.5%，超额完成了 62 万辆的年度目标。2017 年底，广汽本田发展成为员工达 8 000 余人、业务内容更加完整的综合性大型企业，目前已拥有广州黄埔的广汽本田总部、黄埔工厂、第二工厂（广州增城第一工厂，

　　[①] 原广州标致撤退时年产量仅剩 1 000 辆，最辉煌时期也仅年产 3 万辆左右。1994 年广州标致累计库存超过 8 000 辆，广汽本田一直保持几乎零库存。

2006 年 9 月投产）、第三工厂（广州增城第二工厂，2015 年 9 月投产）、发动机制造公司（2015 年 9 月成立）、研发公司（2007 年 9 月成立）和汽车销售公司（2017 年 1 月成立）。目前量产车型包括 Honda 品牌下的冠道（Avancier）、雅阁、雅阁锐·混动、奥德赛、缤智（Vezel）、凌派（Crider）、锋范（City）和飞度等系列车型；"理念"品牌下的理念 S1；广汽讴歌（Acura）品牌下的首款战略国产车型 CDX。广汽本田已形成三大产品品牌并驾齐驱的完整品牌矩阵。

2017 年广汽本田实现全领域体系的跨越式升级，在中国车市微增长的态势下，推出了 UR-V、冠道 1.5T（tturbo，涡轮增压）版、雅阁锐·混动等车型，成为销量增长的助推剂，全年总销量达到 730 633 辆，同比增长 10.8%，取得了超越年度目标和远超行业增速的优异成绩。2018 年广汽本田开启电动化时代，推出新能源产品，迎来更加完善的产品矩阵。

通过以上分析和介绍发现，日企的创新管理模式的构建是一个系统工程，有管理的引导作用，但不可或缺的是员工的自主性，即从内心感受到其价值和意义，并产生内源性动机。单纯自上而下的推动是不可能让活动长期开展下去的，必须基于创发的过程。这是日企组织制度建设和管理艺术的重要特色，也是其组织能力形成的重要体现。因此，迎来管理范式创新的广汽本田未来依然可期。

第7章 案例日企管理创新模式形成过程比较分析

7.1 管理创新模式形成过程比较

关注管理创新的组织被视为有战略目光的组织,而只关注具体管理技术变化的组织则显得目光比较短浅(Currie,1999)。然而,管理创新在某种程度上还是一只"黑箱"(包玉泽等,2013)。本书通过两个典型案例企业的研究,对日式管理创新过程进行了考察,研究发现 BMCC 和广汽本田的创新小组(QC 小组)普及与推进过程都经历了三个不同的阶段,但严格而言,BMCC 的构建过程并不能说明已经进入了象征新模式形成的第三个阶段。两家企业创新小组的推进成果及该过程伴随的管理创新模式协同演化情况却相差甚远。

尽管 BMCC 曾经被标榜为中日合资企业的典范,20 世纪 90 年代后期业绩曾辉煌一时,也曾获得过北京市质量管理部门的奖励,但其创新小组的推介并不成功,虽参与创新小组活动的人数在逐步增加,但从核心指标的普及率来看并不成功(表 7-1)。BMCC 推进该活动多年,普及率却仍然低于 20%,仅有少数核心员工参与,公司效益不稳定。2009 年,公司不得不实施改制,进而停产。员工户籍身份的地位差距,使得 BMCC 的创新小组活动始终未能调动广大普通员工参与其中,其活动范围始终未能突破质量领域并进而扩大到全方位管理的领域,因而并未显示出创新小组的推进与组织结构和人才开发相呼应的基于理论模型的演进。

相反地,同样从表 7-1 核心指标来看,广汽本田虽然成立时间较晚,但其创新小组推广快速且成功,员工参与率呈上升趋势,2009 年的参与率已达 90.0%,2013年甚至达到 95.0%,质量、成本、流程、技术甚至文化等各方面创新成果显著,构建了上游供应商关联企业及下游销售商均积极参与这一小组创新活动并定期分享成果的知识分享和知识创造的氛围。企业效益持续向好,企业规模稳步扩张,产品质量稳定,顾客接受度较高。

表 7-1　案例企业创新小组推移情况比较

公司	比较指标	1987年	1989年	1995年	1996年	1997年	1998年	1999年	2000年	2001年	2002年	2003年	2004年	2005年	2006年	2007年	2008年	2009年	2013年
BMCC	推进期	准备期					引入期						引入期后			减产减员		清算破产；松下撤退	
	活动小组数/组				4	10	106	74	97	95	98	108							
	活动总人数/人				30	56	823	518	585	618	626	700		200~600					
	参与率				1.0%	2.0%	19.0%	12.6%	12.9%	13.7%	13.3%	14.0%		10%~15%					
广汽本田	推进期	公司未成立					准备期		引入期		稳定期								
	活动小组数/组								38	87	175	296	462	571	665	970	1 340	1 420	1 280
	活动总人数/人								244	622	1 110	2 100	3 082	3 642	4 543	5 425	5 964	6 126	6 671
	参与率								12.0%	30.0%	47.0%	64.0%	76.0%	85.0%	83.0%	93.0%	89.0%	90.0%	95.0%

资料来源：基于张彩虹（2009）补充数据制作

从两公司管理创新模式构建准备期的对比结果来看（表 7-2），对全员开展管理技术培训是顺利推进创新小组的前提条件，然而，BMCC 准备期的管理技术培训依赖于外部人员的支持，而且培训对象基本局限于制造部的少数管理者或者列入晋升储备的北京户籍普通工人。大多数长期在生产一线的普通员工并未通过管理技术培训掌握创新小组活动所需要的管理技术、分析工具、技能和能力。相反地，广汽本田的管理技术培训由依赖外部人员支持逐渐转变为培养内部讲师，同时培训对象几乎包含了所有员工，管理技术培训渗透到生产现场的一线员工，为广汽本田创新小组顺利导入和推广奠定了良好的基础。

表 7-2　案例企业管理创新模式构建准备期比较

范畴	维度	BMCC 特点	广汽本田特点
管理技术培训	培训主体	以外部聘请讲师为主，逐步转为日方向中国总部派讲师进行培训	从总部派人培训到培养内部技术人员和管理者成为内部兼职讲师
	培训对象	制造部门的少数管理者和基层管理者	对全员实施全面培训，包括间接部门和一般操作工人在内
	普及程度	尚未普及管理层级，基层级别培训更少	普及一般操作工人
人才开发系统	招聘制度	面向本地公开招聘 基层操作工从河北、山东等地集体招聘农民工，管理人员多用应届大学毕业生	吸纳前某欧洲汽车合资公司老员工为主
	雇佣方式	1993 年前北京户籍员工全员长期雇用 罢工事件后改为大量雇用短期外省农民工，除少数优秀工外，3~5 年期满则辞退	大学毕业生一般为五年期合同，老员工为三年期合同，新员工为一年期合同，原则上期满续约
	薪酬制度	管理人员、城镇工实行年功制薪酬，有定期加薪 农民工与城镇工同工不同酬，实施差别工资	根据工龄和认定的职务执行能力级别设计工资，年功制和职能工资并存
	内部晋升	基于学历和年功的内部晋升，农民工少有机会	包括老员工，全员归零，根据能力人人有晋升机会
	人才开发	早年第一批老员工接受重点培养而成为管理者 罢工事件后实施非定期轮岗，但占三分之一的农民工基本无缘能力开发	公司开始生产半年后开始强化全员能力开发，OJT 和 Off-JT 并存
	劳动工会	1992 年因劳动强度过大发生罢工事件后成立了以中方派遣干部和管理者为领导的工会	中方派遣党委书记担任工会主席
组织结构	职务分配	标准、重复、简单、固定	标准、重复，但职务内容较丰富
	职责范围	职责范围明确 严格按命令、规则执行	职位范围明确，严格执行职务说明书 各层级责权明确
	权力关系	集中于上层，上下级权力差距大	垂直型
	信息传递	垂直型、缓慢型	上层信息共享
	员工技能	单一技能	半年后开始轮岗 培养多技能工

资料来源：笔者基于张彩虹（2009）整理而成

同时，在准备期，两家公司的人才开发系统对创新小组的支撑力度也明显不同。BMCC 在罢工事件后开始招收大量农民工，并和农民工签订短期合同，在工资制度、晋升制度和人才开发等方面对城镇工和农民工实行差别待遇，农民工不但工资比城镇工低 20%，而且无缘内部晋升和能力开发，显然这种不公平的人才开发系统无法使 BMCC 的创新小组活动变成一种全员参与创新，并且产生规模效应和引起管理模式变化的团队活动。虽然广汽本田在准备期本质上同样实行稳定的雇佣关系，但是，其工资构成中不仅考虑了资历因素，职务执行能力的差异也是其中一个决定因素，内部晋升和人才开发也针对全体人员，这种公平感有利于创新小组活动的推进，能够较好地激励全体员工积极参与这一小组活动。

此外，虽然在准备期两家公司的组织结构总体上都相对机械，但是略有不同。广汽本田的组织结构对创新小组的顺利开展更为有利。在职务分配方面，虽然此时期 BMCC 和广汽本田的员工业务都相对标准、重复，但是广汽本田的职务内容相对丰富；在员工技能方面，由于广汽本田在投入生产半年后实行了轮岗，员工技能较为多样化，然而，BMCC 的轮岗只是针对少数有机会晋升的城镇工，绝大部分员工的工作技能相对单一。

从表 7-3 看，在正式引入创新小组活动之后的引入期，BMCC 在推进体制、人才开发系统和组织结构等方面对创新小组活动的支撑力度仍然与广汽本田存在一定的差距。BMCC 仅仅成立了制造部门内的推进组织，全公司级别的自上而下的推进组织并未构建成功，而公司高层、中层和间接部门对创新小组活动重视度不够、热情不高，生产现场的一线工人很少有机会通过培训掌握管理技术，因此，BMCC 创新小组活动推进缓慢，参与率低。

表 7-3　案例企业管理创新模式构建引入期要素比较

范畴	维度	BMCC 特点	广汽本田特点
推进体制	推进组织	建立了制造部级别的推进组织，但无公司级别的推进组织	建立了全员参与、职责分工明确的全公司规模推进组织，与日方集团的上级推进组织密切联系，频繁交流
	技术培训	未普及生产线工人级别和操作现场	全员培训，并根据需要随时进行培训
	管理者指导体制	高层、中层及间接生产部门对 QC 小组活动的重视不够	总经理亲自指挥，管理、技术人员人人负有指导责任
人才开发系统	与准备期不同之处	农民工人数有所减少，1996 年后没有调整过工资，其他方面没有本质变化	随着公司规模的扩大，大批招聘应届技校毕业生从事生产一线工作，其他方面没有本质变化
组织结构	职务分配	标准、重复	职务界限较模糊，工作内容更丰富
	职责范围	职责范围明确，严格按命令、规则执行	明确，但基层员工逐步参与部分计划、管理业务
	权力关系	集中于上层，上下级心理距离明显	开始逐步下放部分权力
	信息传递	垂直型	致力于上下级信息沟通和水平传递
	员工技能	单一技能为主，少数优秀工人多技能化	通过岗位轮岗，大批员工多技能化

资料来源：笔者基于张彩虹（2009）整理而成

广汽本田则不同，在正式引入创新小组活动之时就构建了全公司级别的全员参与的推进组织，总经理亲自挂帅统筹管理，各级领导均高度重视，每个员工均位于推进组织之下，但并非强制。高层的热情高，对活动重视程度高，各级管理者普遍主动承担相应的指导义务和推广职责。而公司根据需要对全体员工展开管理技术培训，为创新小组活动在全公司的快速推进提供了保障。不过，两家公司在引入期的人才开发系统和准备期相比并无本质的变化。BMCC 为了应对逐渐恶化的市场环境，农民工人数有所减少，不再每年定期加薪，而广汽本田为了应对生产规模的扩大，开始招收应届技校毕业生，员工整体素质有所提升，可见，两家公司引入期人才开发系统方面的差距仍然存在。

在组织结构方面，两家公司的差异却日益明显。BMCC 的组织结构除了将少数优秀工人培养成多技能工之外，并无实质的改变，组织结构仍然呈现机械化特征。但是广汽本田的组织结构和准备期相比却有所不同，职务界限变得更加模糊，工作内容也更加丰富，并开始逐步下放部分权力，信息传递也由垂直型变为垂直向传递和水平向传递并存，而且多技能工进一步增多。可见，广汽本田引入期的组织结构不再机械化，而是开始显现出有机组织的雏形。

虽然两家公司都正式引入了性质应为全员参与的创新小组（QC 小组）活动，但是，从表 7-4 两案例管理创新模式构建结果对比来看，BMCC 的这一活动并未真正进入稳定期，而且引入期结束后的管理创新模式演变情况与模型相比相差甚远。

表 7-4　案例企业管理创新模式构建结果对比

范畴	维度	BMCC 特点	广汽本田特点
激励机制	活动的自主性	职能部门主导，城镇工参与为主	全员参与，自行选择小组组长、成员、活动主题，很好地平衡了上级推进和基层参与之间的关系
	职能部门支持	局部支持	全公司、全面支持，集团层面统一协调合作
	自制活动指导手册	2002 年开始制定了供事务局使用的活动手册	完成度、实用性高；人手一本活动手册
	互相作用和竞争意识	只有优秀小组和演讲者参与；场面严肃紧张	全公司大部分小组参与；场面壮观、气氛活跃、交流频繁
	评价标准	重经济效益	重视团队实际合作、协调，重视过程，重视营造活力、个性
	奖励制度	不对 QC 小组活动支付加班工资；成果汇报机会少；高奖金低获奖率	支付部分超时加班工资；成果汇报机会多；中等额度奖金、受益面广
人才开发系统	招聘制度	农民工人数随着经营状况的变化而变化	重视采用应届毕业生；操作工以就近招聘当地技校生为主，管理、技术人员面向全国招聘应届大学毕业生
	雇佣方式	长期雇用大学毕业生和北京户籍员工，短期雇用农民工	2002 年开始新增部分劳务工；劳务工有转为正式工的机会

续表

范畴	维度	BMCC 特点	广汽本田特点
人才开发系统	薪酬制度	科长以上级别引入年薪制；由年功工资变为职务工资；农民工为效率工资；为城镇工提供住房福利；对城镇工和农民工实施差别工资；2003 年全员上调工资；2008 年底实行了减薪待岗	由能力工资为主+定期加薪转为能力工资+绩效工资+定期加薪模式
	内部晋升	2001 年开始农民工逐步有了少数晋升为班长的机会	重能力、轻学历；全员有晋升机会
	人才开发	北京户籍员工非定向轮岗；农民工少有机会	全员能力开发；多数掌握多种技能；横向和纵向职业生涯空间大
组织结构	职务分配	标准、重复、部分复杂化	职责范围扩大，可参与所在岗位的改善性活动
	职责范围	职责范围明确，严格按命令、规则执行	员工可参与解决突发问题、参与作业标准修订
	权力关系	集中于上层，上下级心理距离明显	部分管理权力继续下放；上下级心理距离近
	信息传递	垂直型；部分核心员工之间水平型传递	水平型、网络状
	员工技能	培养少数核心员工成为多技能工	将大量操作工培养成多技能工、高级技工

资料来源：笔者基于張彩虹（2009）整理而成

　　从对创新小组活动的激励机制来看，BMCC 的创新小组活动以职能部门为主导，管理层提供局部支持，主要参与者仅限于城镇工，创新小组活动的自主性低；而广汽本田的创新小组活动可自行选择小组组长、活动主题，公司管理层全面支持，各级技术管理者随时协助，上级和基层自发协调推进，员工自主性强，参与率也高。

　　此外，BMCC 只是制定了供事务局使用而非为员工参与提供便于随时学习和使用的活动手册，召开发布会时也只有少数优秀小组中的一至两名代表成员有机会参与成果汇报，场面严肃紧张，像严肃的竞赛机制，对创新小组活动的评价标准着重关注经济效益，忽视过程评价，不仅获奖概率低，而且因参加活动而付出的额外劳动也得不到一定的物质和精神补偿，如此的激励机制违背鼓励沟通、交流、分享和合作的活动属性，信息分享机制缺乏，因而不具备促进创新必需的"场"，也不具备知识信息冗余这一必要条件。

　　相反地，广汽本田的活动手册实用度较高，公司鼓励全体有成果产出的小组的所有成员参加汇报会，汇报会现场氛围活跃，创新小组活动的评价标准也更加注重团队合作，注重过程评价，注重营造活力氛围，鼓励每个个体参与汇报过程并展示个性，不仅获奖面更广，参与活动超出工作时间的部分也给予一定的加班补偿。由此可见，广汽本田对创新小组活动的激励机制比 BMCC 的更为有效。

　　在人才开发系统方面，虽然 BMCC 在引入期后对其进行了适当调整，内部晋升和人才开发方面也略有好转，但是之前早已形成的，农民工和城镇工在招聘录取、雇佣关系、工资制度、晋升机会等人才开发系统方面的差别化待遇并未改变。

而广汽本田虽从 2002 年同样开始招收劳务合同工，但是给予他们转正的机会，雇佣关系较为灵活，在工资制度和晋升制度中也体现出对能力的重视，并给予全体员工平等的晋升和人才开发机会，可见广汽本田这一时期的人才开发系统已经较为成熟。BMCC 在引入期后职务分配部分开始复杂化，部分核心员工之间开始有水平信息传递方式，部分员工技能开始多样化。但从整体来看，职务分配性质仍然是标准化的重复工作，职务范围界定仍然十分明确，上下级权力差距较大，信息传递仍然以上级对下级的垂直传递方式为主。可见，引入期后，BMCC 的组织结构虽有信息共享的趋势，但是仍然较为机械。然而，广汽本田稳定期的职务范围进一步扩大，管理权力继续下放，信息开始呈现水平和网状传递，大批操作工技能日益多样化，可见稳定期广汽本田已呈现出有机化的组织结构。

以上分析为基于笔者对两家案例企业内部人员的访谈、内部资料归纳总结及工厂考察的结果。接下来通过对两家案例企业基层员工的问卷调查结果来进一步论证上述结论。

从表 7-5 的内部培养（T1-4、T1-5）和多技能培养（T1-12）两方面来看，广汽本田的平均值最高，超过 4.2，有机组织特征显著。从信息传递和权力关系（T1-6、T1-7、T1-11）及适应变化能力（T1-8、T1-9）来看，广汽本田均为最高。BMCC 虽然数值较高，但访谈证实这是因为调查样本将该公司根据产量需要要求员工加班，而员工对此予以回应这一事实情况理解为变化适应能力，因而据此并不能简单理解为 BMCC 的组织结构属于柔性构造，具有有机组织结构的明显特征。

表 7-5　案例企业组织结构与技能开发统计结果比较分析

编号	问题	BMCC		广汽本田	
		平均值	标准差	平均值	标准差
T1-1	我的职务与他人职务界限明确	4.78	0.49	4.41	0.76
T1-2	我的现场操作职务完全按照操作标准书进行	4.36	0.74	4.65	0.63
T1-3	我所在的部门（生产线）班组长都是从一般员工中提拔的	4.82	0.53	4.63	0.66
T1-4	我经常接受各种技能培训	3.52	0.87	4.28	0.95
T1-5	我在工作中必要的知识和技能都是上司和老员工教的	4.05	0.88	4.61	0.61
T1-6	我经常有机会和上司讨论工作中遇到的问题	3.96	0.92	4.37	0.77
T1-7	我所在部门上司和基层员工之间心理距离很近	1.05	0.85	4.38	0.72
T1-8	我所在部门（生产线）能迅速应对产量变化	4.43	0.75	4.5	
T1-9	我所在部门（生产线）能迅速应对产品、品种变化	4.3	0.79	4.53	0.76
T1-10	我很熟悉所在部门的目标	4.4	0.7	4.37	0.71
T1-11	我经常有机会对自己所从事的工作进行合理改善	4.02	0.83	4.55	0.59
T1-12	我在工作中多次经历岗位轮换	3.54	0.75	4.39	0.75

BMCC 在内部晋升（T1-3）方面的得分比广汽本田高，可解读为广汽本田吸纳了前公司老员工，而其中的优秀者成了早期的管理者。在信息共享（T1-10）方面得分高，是 BMCC 的调查样本将问题中的"目标"理解成"产量"导致的。在职务划分（T1-1）、职务范围（T1-2）方面，两家案例企业都取得大于 4 的平均值，说明两家案例企业都推进了操作标准化，其中广汽本田的职务范围（T1-2）较宽。这是因为广汽本田操作工的业务开展以遵循操作说明书为主，职务也以个人为划分单位。但广汽本田员工还同时参加完善操作顺序的工作，而在 BMCC，这一工作属于技术人员的职责范围，事实上员工参与成分较少。

广汽本田基层组织结构有机特征明显。从表 7-6~表 7-8 来看，虽发放问卷时都对两家公司管理层明确提出要求由基层人员作答，但 BMCC 实际上由核心员工完成答卷，广汽本田的问题回答者为一线普通员工。这一现象或许可以解读为BMCC 的核心员工从事比较高技能的工作，他们所属的组织呈现部分有机特征，但一般普通员工所属组织则无法判断为有机组织。因此，可以推断，创新小组活动在 BMCC 公司暂未具备广泛推广的条件。而广汽本田的组织结构呈现出明显的有机特征，全员参与的创新小组活动也得以广泛推广。

表 7-6　案例企业员工样本属性比较

公司名		年龄	在本公司工作月数/月	进该公司前换工作次数/次	雇佣形态
BMCC	平均值	3.27	107.37	0.22	3.86
	度数	93	92	89	92
	标准差	0.91	47.86	0.47	1.34
广汽本田	平均值	2.5	43.08	0.17	2.25
	度数	68	65	69	68
	标准差	0.82	28.08	0.51	0.58
合计	平均值	2.885	75.225	0.195	3.055
	度数	161	157	158	160
	标准差	0.865	37.97	0.49	0.96

注：年龄 1=20 岁以下，2=20~24 岁，3=25~29 岁，4=30~34 岁，5=35 岁及以上；雇佣形态 1=临时工，2=1 年合同，3=3 年合同，4=5 年合同，5=长期合同

表 7-7　案例企业员工样本入职时职位比较

公司名	入职时职位						合计
	一般工人	组长	班长	线长	文员	技术员	
BMCC	93	0	0	0	0	0	93
广汽本田	59	0	0	0	1	2	62
合计	152	0	0	0	1	2	155

表 7-8　案例企业员工样本调研时职位比较

公司名	调研时职位									合计
	工人	技工	品管	组长	班长	线长	车间主任	文员	技术员/系长	
BMCC	25	22	0	25	16	0	0	0	3	91
广汽本田	48	5	2	0	3	0	0	1	1	60
合计	73	27	2	25	19	0	0	1	4	151

7.2　管理创新模式成功与否理论解读

通过以上对 BMCC 和广汽本田两家公司创新小组推进过程中的人才开发系统和组织结构等要素的协同进化过程及其所体现的日式管理创新模式的特征的分析结果，不难发现，公司管理层是否愿意将包括 QC、SQC、IE 在内的管理技术传授给基层员工是其管理创新模式构建成败的关键（中村圭介，1987a，1987b，1987c）。BMCC 无论是在常规业务范围内，还是在创新小组这一非正式活动场合中，其技术和管理人员都不理解和认同将本应属于管理者掌握的知识技能传授给基层工人的重要性及其深刻的内涵意义，更未看到来自高层的采取相应的推进措施扭转偏离活动的核心价值的努力和决心，因而在将这些技术普及基层层面这一环节上未能冲破传统等级观念的束缚。在对制造部部长的访谈中，BMCC 管理者将这一环节无法实施归因于短期合同的农民工人数太多，但实质上，本质原因在于 BMCC 的高层觉悟度不够高、决心不够大，对普通员工参与管理原则上持否定或抗拒的态度。

与此相反，广汽本田高层从接手原广州标致之日起即决心打破前公司残留的管理观念——上下级之间的藩篱，通过高层亲自参与扫除的行动破除员工的等级观念，并通过中日双方管理层的身体力行，对全体员工从不同侧面不断灌输平等的思想。将标志着是否能够进入创新门槛的管理技术传授给广大一线员工，实则体现的是管理者的扁平管理思想及全员参与创新的管理理念。让包括普通员工在内的全体员工平等接受管理技术培训并使其在实践中切实运用这些技术，看似普通且平常的管理行为，实则意味着基层员工的职责范围与泰勒式计划和执行完全分离的管理思想发生着质变，是一种管理范式的根本性转变。广汽本田管理者一开始就极为重视扭转老员工的旧式思维，策划组织和管理体制的转型，基于激发每名员工的潜能、创意和合作意识的管理哲学，形成合作、梦想、希望和创新的企业文化，积极致力于将管理技术传授给广大员工，因而奠定了成功的基础。

经过管理技术培训阶段，BMCC 和广汽本田分别在投入生产八年和两年之后，正式着手引进创新小组的管理范式。这一引进在两家公司都开始于管理层的推介，但基层的接受程度却出现了很大不同。首先，BMCC 没有建立全公司的推进组织，推进工作没有取得职能部门全面的、积极的指导，也没有赋予员工参与信息共享的语言（QC 手法）和机会，未能成功地在 QC 小组这一载体中产生个人、团队和组织层面的双环学习效果，未能产生基于知识创新的创造性转变，也未能使其作用于职能组织内部。其实，造成这种情况的根本原因在于管理者试图维持职务层级、不愿打破原有平衡。这里有既得利益者维持原有组织结构的惯性因素，同时这一结构本身也直接导致了创新滞后。不同的是，在推进创新小组之时，广汽本田获得了本部专家、高层管理和现场管理技术人员的强大支持，而活动推介本身也扩大了不同部门之间、层级之间的相互学习和协调合作，从制度上给众多员工提供了参与、交流的机会。这一制度的形成可部分归因于广汽本田的人事制度设计，员工们参加团队小组活动的贡献与绩效考核和薪酬直接挂钩。同时，活动开展顺利也与该公司所实施的"平准型人才开发"（小池和男和猪木武德，1987）形成呼应。也就是说，广汽本田做到了真正意义上的全员管理组织惯例、组织能力与组织结构的同时演进和同步转型，因而也成功地促进了组织进化能力的形成。广汽本田创新小组方式的成功推广意味着"创新传递型生产组织"（Kenny and Florida，1993）的确立，更意味着全员参与创新的管理范式的确立。

BMCC 是高规格、高起点的合资企业，这样的组织易形成较强的层级意识，危机意识较薄弱。早在 20 世纪 80 年代进入中国的 BMCC 因为雇用大批短期合同农民工，而忽略了构建应对环境变化的深层组织能力和创新能力。同时，因推行财政独立核算而过早脱离了日本总部供给的管理养分，管理经验传承上存在不足，并且将劳动力的随意增减作为成本控制手段的首选，其结果是组织动态能力薄弱，后续发展不容乐观。其成立之后虽盈利不错，但也曾经历两次亏损，除此之外，未及时争取从松下引进新技术，导致 2009 年面临全面裁员、公司无以为继的局面。

广汽本田自成立之初，中日双方高层就下定决心破釜沉舟，明确了立足中国本土的战略决策，其管理融合了集团总部在国际经营方面的集体智慧，成立后两年即实现无贷款经营，多年来业绩稳步增长，对南方整个汽车产业的壮大起到示范和领军作用。广汽本田虽然也面临全球化过程中不可预见的行业共有难题，但总体上员工离职率低、满意度高，多年来被评选为深受大学生欢迎的企业。公司在取得可观的销售业绩和企业利润的同时，在业界地位、品牌认可度、产品升级换代、社会责任评价等方面同样也获得较好评价。

7.3 命题验证与模型有效性

由以上分析可知，两家案例企业在正式引入创新小组前的准备期，其基层组织都呈现出机械化特点，广汽本田的人才开发系统虽然更为公平和科学，但仍然有较大的改善空间，人才开发系统仍然不成熟。而从两家案例企业对基层员工管理培训的差异及二者引入创新小组后的效果可以看出对包括广大基层员工在内的全体员工实施管理技术培训的重要性。从而命题 4-1 得到验证。

在两家案例企业都正式引入创新小组之后，BMCC 并未成立全公司性的推进组织，也未得到领导和职能部门的全力支持，创新小组推进进程缓慢。相反，广汽本田却建立起全公司性的推进组织，领导高度重视，技术人员、管理人员各司其职，为广汽本田创新小组的顺利推广提供了组织保障。命题 4-2 得到验证。

在创新小组活动引入期，BMCC 对创新小组的激励制度并未有效激励全体员工积极参与，同时未能给予农民工平等的晋升和人才开发机会，机械化的组织结构也不利于员工之间的信息传递和共享，使得 BMCC 创新小组活动参与率始终低于 20%，并未真正进入稳定期，也未能跳出质量管理范畴实现团队创新和管理创新。相反，广汽本田对创新小组的激励机制，以及配套的组织结构和人才开发系统更为与时俱进，更好地保障了创新小组在全公司范围内的持续展开，命题 4-3 得到验证。

从两家案例企业创新小组推介过程及其管理创新模式的演化过程可以发现，一方面，以质量小组为载体的创新小组活动作为一种以小团队为单位，以交流、合作、学习、创新为宗旨，全员参与的、长期的、惯例性的、半制度化的团队创新活动，其本身的开展过程必然伴随着员工之间的信息传递和共享，必然促进员工技能的多样化，必然伴随着权力的下放和职责界限日益模糊，即创新小组活动的开展应该会带来组织结构的进化；同时，为了促进创新小组活动顺利开展而进行的管理技术培训和激励制度本身也是人才开发系统的一部分，必然会使得企业的人才开发系统日益成熟。另一方面，组织结构的柔性化和人才开发系统的日益成熟，又为创新小组的持续开展提供了组织保障和制度保障，同时也是激励全员积极参与质量管理活动的重要因素。可见，创新小组推介过程必然伴随着管理创新模式的协同进化，二者实为相互依存、相互影响、互为因果、同时进化的关系。因此，命题 4-4 得到验证。

由以上分析可知，BMCC 的创新小组推介效果和管理创新模式并不理想，而广汽本田却较为成功。虽然两家案例企业的创新小组推进机制效果差异明显，但无疑在准备期都进行了管理技术培训，在引入期都有一定的推介机制，在引入期后，对员工参与创新小组都进行了不同程度的激励。但是，由于BMCC创新小组开展效果不理想，参与率较低，并未真正进入稳定期，其组织结构始终比较机械化，人才开发系统也不成熟；相反，广汽本田的组织结构随着创新小组的不断推进，从原来的机械化逐渐变得柔性化，最终呈现出有计划的组织结构，而在此过程中其人才开发系统也逐渐成熟起来。由此，命题4-5和命题4-6得到验证。以上分析表明，第4章构建的理论模型具有合理性。

此外，年功制在中国没有市场。但如果要留住核心管理人才，使高技能、多技能人才不至于流失，势必需根据员工的能力相应地提高工资涨幅，以确保员工薪酬的外部竞争力，这也是这一管理范式必须要付出的成本代价。

创新小组在日本的生成属于事后战略，不属于事前战略，属于后发式创新。但广汽本田引进和推介创新小组这一全员参与管理方式属于事前战略，也是高层在深刻认识到中国本土管理存在不足的前提下刻意引入的，它被视为有效弱化中国员工较强的个人意识、强化集体意识的有效形式，是公司的规划战略行为。创新小组恰当地利用了中国员工较强的乡土意识、集体意识和强烈追求个人成功的心理，并将其对个人利益的追求和组织利益的追求目标有效地融合起来。日本本田总部异于日本的传统企业，拥有个性鲜明的企业文化，它所追求的集体主义、团队合作与牺牲自我、压抑个人、集体至上的日本传统有着本质不同，它强调个人欲望的满足与组织目标之间达成双赢（win-win），是一种通过对个人所承担工作的贡献实现自我价值和个人成长的独特体制。

7.4　日企管理创新范式构建与组织能力形成

本书不以创新小组本身的推广过程为终极目的，而是以它为切入点，探索基于全员管理的新型管理范式及其组织、人事支持系统的演进过程。这个过程对组织而言意味着管理范式的转型和新的组织能力的形成，对个人而言则意味着丰富工作内涵、激发创新潜能、最大化提升个人能力，在团队合作中感受职场人生价值的过程。通过以上分析，我们发现，两家案例企业创新小组推进过程及其管理创新模式的协同进化过程明显不同，其成效也大相径庭。BMCC的管理创新模式未能与时俱进地进化，其创新小组活动效果并不理想，最终只能停产倒闭；而广汽本田的创新小组推介机制、激励机制和人才开发系统与组织结构系统进化，相互配合，相辅相成，在公司业绩上取得了有目共睹的成绩。不难发现，广汽本田采取的通过激发员工由下至上自发行动的推进方式能够获得管理者和广大基层员工的广泛支持，通过参与活动也能强化自我实现、自我认同感，具有较高的可持续性。创新小组在工作时间内外的活动必然伴随着常规工作方式的改革，只有两者达到有机统一才具备长期持续下去的条件。

日本这一管理创新模式从转变的进程来看，具备渐进式创新的管理特征。其特征表现为生产、质量、成本、流程、设备、市场、设计、开发等领域的技术管理与其他全方位的管理领域的创新。数据表明，日式团队小组活动的范围不仅仅局限在这些方面，还包括专利、发明等技术创新领域的成就，并且日式管理创新模式构建越成功，技术创新方面的成果产出也越多，技术成就的档次也越高。日式 QC 小组活动实质上是日式组织学习与组织创新模式的重要体现（野中郁次郎和米倉誠一郎，1984；野中郁次郎，1990；Nonaka，1995；Cole，1994）。这一模式构建过程属于范式转变（paradigm shift），即意味着组织结构、人才培养模式、管理创新模式等系列变革的发生。正如 Cole（1994）所言，日式 QC 小组的创新模式实为从"传统型质量管理范式"向"改善创新型管理范式"的转变，是一种典型的管理创新。

管理创新被认为是技术或产品（服务）创新与企业绩效之间的中介变量（Lin and Chen，2007），具有较强的系统性，难以被竞争对手模仿，因而被认为是企业长期竞争优势的主要来源之一（Barney，1991，1996；Teece and Pisano，1994）。因此，重视管理创新的组织被视为有战略目光的组织。

第8章 结论与展望

8.1 主要研究结论

21世纪是创新的世纪。创新能赋予资源新的能力，并使其创造价值（Drucker，1985）。创新被视为经济发展的根本动力（Schumpeter，1934）。问题频出、增速乏力的日本，目前依然是创新强国吗？日企的竞争实力究竟如何？带着这些问题，本书参考了较多有影响力的相关成果，基于翔实的统计数据及多角度、长时期跨度的深度案例研究，对日本特色的技术研发模式、组织管理创新模式进行了研究。其中技术创新部分主要以1981~2014年的统计数据分析及经典新产品研发模式的案例分析为依托，管理创新部分（第4~7章）则主要是在时序调研基础上的案例解读和评价。通过以上步骤，本书对日企的创新进行了解读，一定程度上提供了对上述问题的研究结论。

本书第2章对创新概念及内涵进行归纳整理后，基于组织创新双核理论将组织创新分为技术创新和管理创新两个类别，并将技术创新和管理创新按不同含义和视角分为渐进式创新和突破式创新、维持性创新和破坏性创新、模块化创新和集成化创新，并以此分类作为后面章节的分析基础和解读逻辑。

（1）作为本书主体构成部分之一，在技术创新及其管理的分析方面，第3章基于经典文献的研究，指出了日本国家系统视角的技术创新模式的所属类型。本书发现，在研究了日本政府层面战略规划和推动下形成日企的技术创新后，Freeman（1987）将日本的技术创新模式界定为技术创新类型中最高级别的"新技术经济范式"变革模式。

对第二次世界大战后日本在有效学习和综合集成西方技术的反面，本书得出结论：日企形成了以高质量、低成本、交货期短、柔性程度高为特征，以人性化、内嵌型品质管理、高劳动生产率、强学习能力等为软实力构成要素的创新式日本生产方式。而日本生产方式是创发性进化过程的结果，具有内生能力所具有的难以模仿性的特征。

对1981~2014年（部分至2017年）日本国家及企业的研发费用、研发人才和研发成果等的分析发现，日本曾在研发费用投入强度上一直稳居世界第一或第二的位置，近几年虽然被以色列、韩国所超越，但在长达 30 多年的时期内，日本的研发投入一直高于美国。我国目前的研发投入强度仅相当于日本 1975 年左右的水平。尤为突出的是，不论是在每一万名人口中研发人员占比，还是每一万名劳动人口中研发人员占比，在长达 30 多年的时期里，日本一直稳居世界第一，这是一个非常令人惊叹的发现。虽然 2014 年后日本被韩国超越，但差距并不大，截至 2017 年仍然稳居世界第二。以 2014 年为例，日本每一万名劳动人口中研发人员占比大约为我国的七倍，两国差距仍然巨大。

　　另外一个重要发现为，2011~2016 年科睿唯安评选的全球创新企业百强中，日企上榜数分别达 27 家、25 家、28 家、39 家、40 家、34 家，占比一直稳居世界第一位或第二位。由日企登上最权威全球创新企业百强榜，无疑可得出日企创新实力仍然强大的结论。尤为值得提及的是，2014 年日企占据 39 家，即全球总上榜数的 39%，超过美国（34 家）；2015 年上榜日企数继续超过美国，连续两年位列世界第一。根据这一评价，再参照全球研发投入 100 强企业名单（附录 2），可得出日企研发效率位居世界第一或第二的结论。

　　另外，专利许可数是科研实力强大的另一重要指标。1995~2014 年日本在世界各国注册专利数一直位居世界第一，长期超过美国。不过，这一数值于 2015 年被我国以微弱的优势超越，但在汽车核心零部件、半导体、音像技术等领域，日本仍然强于我国。

　　在技术贸易方面，日本顺差突出，出口多、进口少，这一顺差趋势近年有进一步强化的倾向，这说明了日本技术实力强大。与日本不同，美国既是技术出口大国，同时又是技术进口大国，这方面的发现值得深入解读。

　　第 3 章还归纳了日企新产品开发基本方式，包括学习交流式新产品开发、项目交叉式新产品开发、跨部门并列式新产品开发、中心制式新产品开发及橄榄球式新产品开发等五种类型，这五种类型往往在产品开发中综合运用。根据藤本隆宏等学者的解读，汽车行业产品开发中，开发生产性和提前期是国际竞争中的隐形武器，而日企汽车厂商在新产品开发方面恰恰具有较短的开发周期、较高的开发生产性和性价比高的质量，因而其比较优势明显。这种比较优势源于零部件内部设计比例较低、平行开发方式和模具投产周期短等生产、设计方面的竞争力。

　　在产品之间及部门之间的协调过程中，产品经理的定位和能力至关重要。具有高效的内外部融合能力、被赋予较高资源调配权和决策权的重量级产品经理的项目组织在产品开发方面更具竞争优势。本书发现，产品开发项目组织中日企多设置重量级产品经理的项目组织，因此，其开发生产性明显更高。

　　本书还发现，与美国汽车企业纵向信息传递的金字塔形组织相比，日企新产品开发项目组织呈扁平化结构。与欧洲汽车企业重视参与开发的工程技术人员的专业性相比，日企组织重视各层级、各部门之间的信息交流，推行参与式开发合作。

第 3 章的研究还发现，日企的内外部合作网络构建方式与其技术创新的定位存在相关关系。研究结论表明，丰田具有较高的工艺创新能力，因而与其庞大的供应商网络构建了强联系的新产品合作开发模式，且重视零部件供应商的生产管理能力。索尼属于重视多样化概念型产品产出的创新取向型企业，因而索尼在研发与市场部之间的联系最强，合作最频繁。而佳能是将独创技术精准商业化的追求者，在技术研发能力并将其开发成产品方面均有卓越的追求品味，因此非常重视与全球顶级科研机构等外部技术源的合作，同时为了将稀有独特技术尽快用于商业化生产，在产品开发过程中非常重视技术和生产部门的紧密合作。这三家日企的技术研发模式均具有开放式创新的特征，但佳能的开放程度最高，研发实力最强。综合以上内容，可得出日企总体仍具有较强研发实力和新产品开发能力的结论。其生产方式的高竞争性、内部供应链网络之间的频繁合作及信息冗余，决定了产品开发方面的综合竞争能力。

（2）作为本书主体构成部分之二，在管理创新及其模式的分析方面，第 4 章基于文献梳理，研究了日企管理创新模式的特征及理论构建过程。质量管理小组被誉为最令人感兴趣的日本管理艺术，是在精神和理念上最接近 Z 理论的管理手法之一，是日企管理的核心理念和实践手法。成功的质量管理小组活动能提高质量、缩减成本、提升士气、活跃氛围、提升合作意识、营造创新文化、提高技术及管理创新绩效。因此，本书以代表日本典型管理方式的质量管理小组为切入点，基于文献研究，在梳理了日企管理创新模式构建过程及其与质量管理小组推进过程的关系后，开发了一个日式管理模式构建过程的理论模型。该模型以基层作业组织为主轴，人才开发机制为辅助系统，伴随着质量管理小组准备期、引入期和稳定期的推进，作业组织和人才开发机制也必然同时进化。也就是说，质量管理小组在工作时间内外的活动必然伴随着常规工作方式的改革，两者达到有机统一才具备长期持续下去的条件。基于理论框架所包含的内涵，本书提出了六个理论命题，并在此后的第 5~6 章中进行了验证。

在第 5~7 章中，基于第 4 章的理论框架，结合两个案例企业的过程考察和对比分析，发现 BMCC 和广汽本田的创新小组活动（质量管理小组）普及与推进过程表现为不同的特征。严格而言，BMCC 的构建过程并不能说明已经进入了象征新模式形成的第三个阶段，两家企业创新小组活动的推进成果及该过程伴随的管理创新模式协同演化程度相差甚远。

BMCC 的创新小组活动始终未能调动广大普通员工参与其中，其活动范围始终未能突破质量从而扩大到全方位管理的领域，因而并未显示出团队创新小组的推进与组织结构和人才开发相呼应的基于理论模型的演进，也意味着未形成全员创新的规模效应，最终导致管理创新的失败，甚至公司破产。而广汽本田虽然成立时间较晚，但其创新小组活动推广迅速且成功，员工参与率呈上升趋势，2009年的参与率已达 90%，2013 年甚至高达 95%，质量、成本、流程、技术和文化等各方面创新成果显著，并且构建了上游供应商关联企业及下游销售商共同参与创新小组活动并定期分享成果的知识分享和知识创造的氛围。企业效益持续向好，企业规模稳步扩张，产品质量稳定，顾客接受度较高，这基本符合理论模型。案例分析得出结论，本书提出的管理创新模式成立，六个命题均得到验证。

结合以上对 BMCC 和广汽本田两家公司创新小组推进过程中的人才潜能开发机制和组织结构等要素的协同进化过程及其所体现的日式管理创新特征的分析结果，不难发现，公司管理层是否愿意将管理技术传授给基层员工才是其全员小组创新的管理模式构建成败的关键。这证明了中村圭介（1996）的相关观点。BMCC 无论是在常规业务内，还是在创新小组活动中，其技术和管理人员对将本应属于管理者掌握的管理技术传授给基层工人的深刻内涵认识不足，意识改革裹步不前，更未看到来自高层的采取相应的推进措施扭转偏离该活动的核心价值的努力和决心。广汽本田从接手原广州标致之日起，高层即决心打破前公司残留的管理观念——上下级之间的藩篱。通过高层亲自参与扫除的行动破除员工的等级观念，并通过中日双方管理层的身体力行，对全体员工从不同侧面不断灌输平等思想，让包括普通员工在内的全体员工平等接受管理技术培训并使其在实践中切实运用这些技术。同时，广汽本田建立了全公司性质的创新小组活动推进组织，以及全方位、高规格的激励机制，因而员工都自愿加入小组活动并开展创新。这些看似平常的管理行为，实则意味着基层员工的职责范围与泰勒式计划和执行分离的管理思想发生着质变，是一种管理范式的根本性转变。

8.2　日企技术创新和管理创新模式讨论与评价

日企组织中顶级创新型企业数量众多，创新实力强大，位居世界前列。日企群体创新能力仍然值得瞩目，其专利质量高，且发明专利授权数曾 30 余年位列世界第一，目前也位列世界前列。究其原因，本书认为，最大的宏观影响要素在于，1981 年至今数十年来的持续高研发投入强度及研发人员占比世界第一位这两个核心指标。而这两个核心指标充分体现了日企为创造未来而投资的定位和决心。"当我们在唱衰日本的时候，他们却在投资未来"，这正是真实的日企创新实力的写照。这句话在"2016 年全球创新企业百强"榜单中再一次得到了印证。

（1）单纯就研发投入强度来看，我国 2016 年的研发投入强度为 2.11%，这一数值仅仅相当于日本 1975 年的研发投入强度。而日本在 20 世纪 70 年代初即提出了力争研发投入强度达到 3% 的目标。值得注意的是，20 世纪七八十年代日本的高研发投入强度时期恰恰是进入 21 世纪以来 17 名获得自然科学领域诺贝尔奖的科学家们的成果产出时期。而这一时期恰恰也是 Freeman（1987）认为日本新技术经济范式的确立时期。

研究发现，即使是连年亏损甚至被传濒临破产的索尼、松下，仍然年年上榜全球创新企业百强（均登榜单六次，夏普 2016 年落选，但曾同样数次入围该榜单），这些被唱衰的日企其实创新方向已从 B2C（business to customer，企业对消费者）领域成功向 B2B（business to business，企业对企业）转型，靠核心零部件赚取利润"保留火种"后，这些电子行业正为转型升级、创造未来而大力投资。例如，虽然在全球彩电、手机、冰箱、洗衣机和空调销售量上不再名列前茅，但松下从家电行业转型至汽车电子、住宅能源、商务解决方案等领域，并且获取了相当强的技术积累；夏普转向健康医疗、机器人、智能住宅、汽车、食品、水、空气安全领域和教育产业，其未来不可忽视；索尼在电子领域强化手机摄像头等核心部件的创新实力，同时参股奥林巴斯，发力医疗领域；安川电机由马达、发动机的生产商，发展成为全球四大机器人企业之一。这些都显示出日企在创新方向上发生着巨大变化，在未来导向的新技术研发及应用方面实现突破，为它们今后的竞争打下基础。

（2）日企群体在研发方面的创新实力还与组织采取的技术研发管理模式密切相关。本书认为，日企创新能力强大的根本原因在于其高效柔性化的生产能力，以及促进研发与内外部网络间合作机制的构建，且全员均为创新参与者的组织管理体制。但最根本的，本书构建的基于质量管理小组的管理创新模型所表达的内涵，才是其技术创新的管理特色的根源所在，也是日企创新模式的优势和劣势的根源所在。

质量管理小组是日企管理创新的代表性管理手法，无论在管理理念、制度还是方法上均具独创性，是日式组织管理创新的精髓之一。本书认为，质量管理小组在日企组织的深度普及实际上意味着一种新型组织管理范式的构建过程。在日本组织结构管理思维之下，是否让包括普通员工在内的全体员工参与以质量管理小组为载体的创造性活动，直接关系着其组织核心能力的高低，是日企组织提升整体创新能力不可或缺的管理方式。根据野中郁次郎（野中郁次郎和米仓诚一郎，1984；野中郁次郎，1988、1990）、Nonaka 和 Takeuchi（1995）的观点，质量管理小组的开展方式及活动流程完全遵循组织学习和知识创造的逻辑。活动规模越大、参与者越多、成员构成越丰富、选题越具挑战性及讨论越深入，则越能形成良性氛围，也越能创造出更多、更广、更深的知识，知识库的信息越丰富，共享程度也越高，创新成果产出及成果档次也越高。个体、小组（团队）和组织层面的隐性知识必然不断升级，创新能力也必然随之增强。换言之，以质量管理小组的普及为标志而构建的全员创新的管理模式是日企组织创新的基础和根源，全员全方位参与创新的管理思想和管理范式的确立奠定了日企组织技术创新的特征和优势，即管理创新对技术创新具有影响效应。管理创新的重要性也证明了 Hamel（2006）的结论，即日企管理创新模式给组织带来了丰厚的回报。

（3）关于技术创新与管理创新的内涵和关系，组织创新的双核理论认为：组织创新包含技术领域的创新和管理领域的创新，并且这两个创新侧面之间存在一定的相关关系。技术创新来源于组织基层，并向管理层推进；管理创新的想法来源于组织高层并向下贯彻。本书发现，日企组织基于质量管理小组推进过程的管理创新推进程度虽然受到高层推动力度的影响，但不是纯粹的自上而下式管理的产物，而是管理层自上而下的推动和基层员工自下而上的自主意识生成相结合的管理艺术。这一点属于本书的原创成果，也是日企管理模式的创新之处。

此外，Damanpour 和 Evan（1984）将管理创新界定为技术创新以外的全部创新的集合。本书中日企的管理创新同样包括组织结构、管理过程、企业文化、资源分配、控制系统及协同机制等所有组织社会系统方面的创新，但日企的创新小组以技术或管理的改善、创新为主要内容，进而实现管理体制的创新。因此，以质量管理小组为名的创新小组活动性质虽然被定位为管理模式的创新，但也同样带来了发明专利等技术创新类别的成果。因此，技术中有管理，管理中蕴含技术。这一点属于本书的另外一个发现，也体现了日企管理创新的独特性。

擅于构建合作网络，并且基于形成资源基础理论的内生性组织能力是所有日企组织管理方面的共性，也是其竞争力之所在。著名日本研究专家青木昌彦指出，典型日企组织的一个基本特征是，不论是垂直向还是水平向，整个组织均贯穿着密集的信息同化（Aoki，1988，2001），即数字式信息分享和意会式（暗默式）信息分享非常频繁。例如，丰田生产方式的看板制度即典型的数字式信息分享，而意会式信息分享广泛渗透于日企的决策、开发等管理之中，是日企的一大管理特色和优势（Aoki，2001）。同时，意会式信息分享促进企业组织的知识和技术的创造（Nonaka，1988，1990；Nonaka and Takeuchi，1995），有利于形成组织核心能力。本书对日企技术研发和管理创新的分析再一次证明了上述重要特征的普遍性。本书还发现，重视基于信息同化的日企的制度结构鼓励研发、制造与市场部之间的信息沟通和频繁合作。这一组织特征相对于涉及重大理念突破的产品设计创新而言，更有利于促进产品工艺过程的持续创新（Aoki， 2001）。这一管理创新模式为组织带来丰厚回报，如同在广汽本田看到的情形一样。但同时，我们不要忽略这一模式带来回报的前提条件。日式技术和管理创新模式在日本的展开并非均能如广汽本田一样带来持久的创新活力与成果。因为，目前日本国内不少企业受人口老化、经济停滞的影响，存在增长乏力、企业招聘新员工极少的情形，而日企以质量管理小组为特征的管理创新模式之所以有持续的活力，是因为具备企业持续向好、人才队伍年轻等基本条件。抛开这一条件，很难想象几个中老年员工日复一日、年复一年地参与改善和创新会产出多么好的有形和无形成果，这一点必须引起足够的注意。

（4）日企的组织结构和管理模式创新的特点与日企组织擅长传统制造、产品架构设计的集成特征有着不可分割的关系。根据第 2 章的综述，按照产品结构分解与功能单元间界面互动方式及其管理思维的差异，产品架构分为集成化与模块化两种。与硅谷相比，日企的产品架构更多地体现为集成式零部件多的特征。模块化正是理解科技走向和技术特性，解读日企组织技术与管理创新模式形成机制、未来走向及其背后逻辑的关键词。

与模块化设计相比，青睐集成型产品架构的企业往往是复杂企业，因此，构建庞大且错综复杂的组织网络，如丰田内部网络体系（图 3-26），利于增强其核心竞争力。这种网络组织的组织间和组织内制度环环相扣，相互联系非常紧密，信息交流和共享程度非常高。实际上，从传统的生产制造模式到模块化生产方式的变化非常深刻。日本许多大企业，如丰田、东芝、索尼，整个产品体系都在企业内部完成，而汽车产业这一特征尤为明显。也因此，丰田的新产品开发方式与佳能的差别较大。丰田的新产品开发模式是适合燃油动力汽车技术构造和产品架构的信息同化型模块连接设计，与硅谷企业的模块设计思维为信息异化型-进化型联系模式相比，丰田模式具有"船大难掉头"的局限性。随着信息技术革命的不断深入，复杂的组织网络及硅谷倡导的信息异化型模块化创新对日式紧密合作体制的冲击非常大，制度的转变更加艰难。正如青木昌彦所言，对日本经济而言，信息技术快速发展对以封闭性组织为核心的金字塔形网络组织模式形成了重大的挑战。信息技术改变了传统的交流与合作方式，使得人们能够跨越原有的界限交换或购买有价值的信息或尖端技术。美国硅谷的产业结构顺应了信息技术的发展和模块化的潮流，但这一潮流对一直以来如丰田内部网络体系一样依靠组织内部严格精密细分的等级制式来提高竞争力的日企造成了很大的冲击。

因此，从创新模式来看，模块化创新特别是信息异化型模块化联系模式的创新更适应信息技术飞速发展的新时代。模块化的分解和集中方式除带来产品零部件设计方面的重大变化外，同时还意味着生产方式的重大转变。代工的灵活性、快捷性使得企业组织无须构建稳定封闭的企业网络。相反，必须具备更为灵活轻盈的特征，从金字塔形的内部取向转为更多地寻求外部合作。同时，模块化对研发的开放度要求更高，因此也催生了开放式创新这一技术创新方式的诞生。除此之外，模块化还催生了商业模式重大转变的破坏性创新。日本企业原有模式擅长的是渐进式的、维持性的创新，以满足主流客户不断增长的需要。而破坏性创新往往是逆商业模式现状而行的创新形式，属于管理创新领域，其创新形式更多地体现为管理属性，而非技术属性。因此，技术研发实力不再是唯一的竞争力。而日企组织必须更多地改变过去过于重视集成式、维持式、封闭式的创新观念，转向更符合时代需要、更能快速应对市场竞争的模块化创新、破坏性创新和开放式创新。与这一趋势相对应的是，日本一直以来技术贸易顺差严重，表明日本对引进外国技术持谨慎态度，这一事实将不利于开放式创新，这是日企在今后发展过程中的一大隐患。这一模式将使日本面临更多的跨国界竞争的压力，特别是来自美国、中国的新商业模式的冲击。

对主流市场现有竞争格局的商业模式创新方面，中国部分企业比日企更有竞争力，如阿里巴巴、腾讯、小米等均在开放式和破坏式商业模式创新方面形成了较好的竞争优势。

开放式创新由加利福尼亚大学伯克利分校 Henry Chesbrough 教授于 2003 年提出，该创新模式是指企业着眼于发展新技术时，利用内外部的所有有价值的创意，使用内外部市场通道获取技术的研发方式。从根本上而言，开放式创新的思维逻辑是建立在拥有广泛的知识技术基础之上的，甚至包括向发明专利持有者支付技术使用费获取新技术的使用权。运用在企业自身的科研工作中所创造的新技术或发明不再仅仅局限于内部市场。企业内部通往市场的通道也应该变得更为开放，这意味着科技创新活动需要构建完全不同的组织原则，以应对未来的挑战。雷军与其他创始人创立的小米，在拥有的发明专利很少且无生产工厂的情形下迅速打开市场，开发并生产了手机、空气清新器等众多时尚且经典的产品。小米的商业模式是颠覆性的，其产品开发是开放式的创新模式，是充分学习了硅谷模式的成功的商业模式。这类企业的创新正是日本现有思维下欠缺的创新（Chesbrough，2003）。

就日企而言，佳能、索尼的新产品开发模式在应对未来变化方面将具有较强的竞争力，丰田的新产品开发模式及其组织能力构建方式应考虑汽车动力转变带来的组织结构改变的冲击，如特斯拉汽车公司将会是丰田的强有力的竞争对手。不过，无论哪一种开发，内外部广泛的隐性知识和信息资源的获取及促进创新的联系网络的构建仍然必要，即数字式信息分享和意会式信息分享及参与型层级制依然重要，且是日企组织的竞争优势所在。但封闭式、金字塔网络组织模式的保留将会是拖累变革节奏的根源。

（5）2017 年 10 月的日本神户制钢数据造假、2017 年 6 月日本高田集团安全气囊隐瞒事件无疑暴露了日企管理模式的深层危机，体现了日企在维持准时交货期及供应链关系时，原有的管理已经不合时宜。这恰恰说明精心构建的金字塔形网络组织造成的稳定的客户和供应商关系最可能导致不思进取、创新乏力的情况。

8.3 研究贡献与后续展望

本书的创新及贡献主要有以下几个方面。首先，基于文献研究开发了由多个构念组成的日企管理创新模式形成过程的理论模型，提出了六个命题并对此进行了验证。首次解释了日企管理模式形成的根源及形成过程，并提出日企的管理创新是以渐进式创新为主的结论，该模型属于笔者的原创，具有较好的理论贡献。

同时，对组织创新构成部分的技术创新和管理创新之间的关系进行了新的解读，丰富了相关理论内涵。日企的管理创新对技术创新具有较大的影响效应，验证了 Hamel（2006）观点的正确性。同时日式以创新小组活动为主体的管理创新中也包括了技术创新副成果的产出。因此，管理创新不一定完全是非技术性的，也有可能是技术和管理结合性的管理创新。

管理创新是技术创新的基础，是组织软实力的构成部分，会给组织带来丰厚的回报和连锁效应，因此管理创新的意义重大。当今社会的创新之中，商业模式的创新即属于管理创新。但技术创新的作用同样不可忽视，技术创新是构建组织硬实力的可靠保障。

另外，基于数据分析发现，数十年来日本的研发投入强度和研发人员占比一直居世界前列，其技术贸易出口占比非常之高，并且全球研发投入百强企业中日企占比居世界第一位或第二位。这表明日企的研发实力依然强大，其科技实力不容小觑，连续三十余年的高研发投入强度表明日本未来的技术实力依然可观，近年来的自然科学领域诺贝尔奖获得情况也佐证了这一前景。

本书还分析了生产技术和开发技术之间的相关关系，以及新产品开发能力与开发周期、提前期之间的对应关系，总结了日企新产品开发方面高效且具竞争力的特征，同时还分析了技术研发导向和企业合作方式构建之间的关系。以工艺型技术创新为特色的企业通常构建庞大的系列供应商关系，且具有授权的开发特征；追求外观新潮的创新导向的企业则重视研发和市场之间的深度合作；而追求独创技术商业化的研发型企业通常重视构建与外部顶级专家或机构合作的网络，并且重视研发人员的生产能力的培养，重视研发和生产之间的强联系。以上发现对我国企业创新开发的管理实践无疑具有较好的借鉴作用。

对我国企业而言，一方面应该学习日企的组织核心能力的构建模式，打破部门间、组织间的藩篱，加强内部各部门之间的数字式和意会式隐性知识分享，特别是个体、团队和组织层面隐性知识和显性知识的分享，促进企业组织的知识和技术的创造，加强技术积累，这是内生性核心竞争力生成所必需的阶段。但另一方面，应利用新时代赋予的模块化和开放式创新方式快速赶超发达国家，利用好商业模式的颠覆能力，并且以开放的心态加强和外部的协同合作与知识创造，这也是时代赋予我们的良好机遇。

由于时间及能力的关系，本书未能就日企的研发展开更为深入的调查研究。例如，佳能研发模式是如何实现开发的，丰田在进行怎样的改革以应对电动汽车带来的模块化创新，这方面有待更进一步挖掘其内在细节，以便更深入地理解其中的奥秘。笔者进行了多个案例企业的调研，以验证管理创新形成过程模型的有效性。但由于篇幅的关系，本书未能对更多的案例加以分析，今后将开展更多的案例研究。

本书得出了日企整体创新实力依然位居世界前列的结论。但日企面临研发投入强度被以色列和韩国超越、研发费用总投入和专利许可总数被我国所超越的竞争压力，以及来自我国企业的商业模式创新方面的挑战日益严峻，今后也必将面临来自我国的更多竞争压力。基于资源基础理论和组织学习理论的管理创新及组织创新能力的构建方面，以及新产品的开发创新依然是日企强大的竞争力，但是更能带来颠覆性力量的模块化创新、开放式创新、商业模式的创新同样不可忽视，甚至后者更具快速获胜的竞争优势。对于企业而言，只有通过市场检验的创新才称得上是真正成功的创新。正如青木昌彦所言，日本的确需要一场更为大胆的改革①。内生制度变迁理论认为，制度规则是由参与人的策略互动内生的，存在于参与人的意识之中，要改变已经形成了牢固坚实的共有信念的制度系统，其过程必然艰难。但可以肯定的是，日企组织从未停止过创新的脚步。

---

① 就日本经济整体而言，一致的结论认为，老龄化和少子化是日本经济衰退的真正魔咒。

参 考 文 献

安保哲夫. 2001. 日本式生产方式的国际转移. 范志佳译. 北京：中国人民大学出版社.

白胜. 2012. Christensen破坏性创新理论的逻辑演进. 科技进步与对策，29（13）：149-153.

白杨. 2016-10-14. 富士康收购夏普两个月后 郭台铭称：投资的有点晚了. http://tech.ifeng.com/a/ 20161014/44469092_0.shtml.

包玉泽，谭力文，王璐. 2013. 管理创新研究现状评析与未来展望. 外国经济与管理，35（10）： 43-51.

曹虹剑. 2006. 模块化组织及其竞争优势. 湖南师范大学社会科学学报，35（5）：78-81.

常修泽. 1994. 现代企业创新论. 天津：天津人民出版社.

陈伟. 2009. 创新管理. 第2版. 北京：科学出版社.

陈雪颂，黄国群. 2010. 终身雇佣制下的知识管理及其文化逻辑. 科技管理研究，（17）：175-177.

成思危. 2001. 认真开展案例研究 促进管理科学及管理教育发展. 管理科学学报，4（5）：1-6.

大内 W G. 1984. Z理论：美国企业界怎样迎接日本的挑战. 孙耀君，王祖融译. 北京：中国社会 科学出版社.

大野耐一. 2014. 丰田生产方式. 谢克俭，李颖秋译. 北京：中国铁道出版社.

道格森 M，罗斯韦尔 R. 2000. 创新集聚：产业创新手册. 陈劲，等译. 北京：清华大学出版社.

德鲁克 P. 2007. 创新与企业家精神. 蔡文燕译. 北京：机械工业出版社.

笛德 J，本珊特 J R，帕维 K. 2004. 创新管理：技术变革、市场变革和组织变革的整合. 第2版. 金马工作室译. 北京：清华大学出版社.

杜塔 S，朗万 B，樊尚 S W. 2016. 2016年全球创新指数报告. http://www.gov.cn/xinwen/2016-08/ 16/5099839/files/c4db7c55f48e4eaeb1d330cf9a9e9915.pdf.

杜舟，马鸣. 2012. 日企衰落. IT时代周刊，（18）：34-40.

法格伯格 J，莫利 D，纳尔逊 R. 2009. 牛津创新手册. 柳卸林译. 北京：知识产权出版社.

风笑天. 2005. 社会学研究方法. 第2版. 北京：中国人民大学出版社.

冯军政. 2013. 企业突破性创新和破坏性创新的驱动因素研究：环境动态性和敌对性的视角. 科 学研究，31（9）：1421-1432.

弗里曼 C. 2000. 创新与正常//马克 D. 创新聚集：产业创新手册. 陈劲，等译. 北京：清华大学 出版社.

弗里曼 C. 2008. 技术政策与经济绩效：日本国家创新系统的经验. 张宇轩译. 南京：东南大学 出版社.

傅家骥. 1998. 技术创新与区域经济增长：技术创新学. 北京：清华大学出版社.

高锡荣，张薇，陈流汀. 2014. 人力资本：国家自主创新的长期驱动力量——基于日本创新转型 的实证分析. 科技进步与对策，（3）：149-155.

龚传洲. 2001. 企业创新管理的过程分析. 科学管理研究，19（2）：4-6，56.

关鑫，郭斌，陈彦亮. 2012. 情景化、本土化理论与比较管理研究：2011年第四届全国比较管理研讨会综述. 经济与管理研究，（1）：122-128.

哈里森 S. 2004. 日本的技术与创新管理. 华宏慈，李鼎新，华宏勋译. 北京：北京大学出版社.

韩凤晶，石春生. 2005. 组织创新模式综述. 商业研究，（7）：14-17.

韩中和. 2002. 创新型企业的活力机制：日本企业研发组织的案例分析. 研究与发展管理，14（6）：69-73.

郝斌. 2011. 模块化创新企业间的价值吸收：以丰田汽车公司为例的分析. 科学学研究，29（1）：147-153.

黄锫坚. 2003-09-20. 青木昌彦：并非失落的十年——转型中的日本经济. 经济观察报.

加护野忠男，野中郁次郎，榊原清则，等. 2005. 日美企业管理比较. 徐艳梅译. 北京：生活·读书·新知三联书店.

剑一，古达森. 2006-08-25. 广州本田：企业文化在矛盾中革新. 中国现代企业报.

蒋勇. 2003. BMCC经营战略下的人力资源管理. 对外经济贸易大学硕士学位论文.

酒卷久. 2006. 佳能细胞式生产方式. 杨洁译. 北京：东方出版社.

康德瓦拉 P N. 2005. 创新管理：保持并拓展你的优势. 张谊新译. 北京：华夏出版社.

克里斯藤森 C. 2010. 创新者的窘境. 北京：中信出版社.

克里斯托弗 R C. 1986. 日本心魂. 贾辉丰，储觉敏，唐广钧，等译. 北京：中国对外翻译出版公司.

拉佐尼克 C. 2009. 创新型企业//法格伯格 J，莫利戴 D，纳尔逊 C. 牛津创新手册. 柳卸林译. 北京：知识产权出版社.

李博. 2012. 日本公司治理与技术创新模式的关系. 日本学刊，（2）：112-160.

李燚. 2007. 管理创新中的组织学习. 北京：经济管理出版社.

李垣. 1994. 企业技术创新机制论. 西安：西安交通大学出版社.

刘蓉，张贺雷，年桂芳. 2001. 现代生产管理的最优方式——精益生产. 经济管理，（12）：43-49.

刘湘丽. 2011. 日本的技术创新机制. 北京：经济管理出版社.

刘湘丽. 2016. 日本企业技能与竞争力关系研究. 现代日本经济，（6）：68-79.

刘新民，李垣，冯进路. 2006. 企业内部控制机制对创新模式选择的影响分析. 南开管理评论，9（2）：64-68，83.

门田安弘. 2008. 新丰田生产方式. 第3版. 王瑞珠，李莹译. 保定：河北大学出版社.

切萨布鲁夫 H. 2005. 开放式创新：进行技术创新并从中赢利的新规则. 金马译. 北京：清华大学出版社.

青木昌彦. 2001. 比较制度分析. 周黎安译. 上海：上海远东出版社.

青木昌彦，安藤晴彦. 2003. 模块时代：新产业结构的本质. 周国荣译. 上海：上海远东出版社.

群硕系统. 2014-11-25. 日本"家电王国"衰败的启示. http://www.yicai.com/news/4044335.html.

阮思余，王金红. 2011. 案例研究法的优长与质疑：文献综述. 山东科技大学学报（社会科学版），13（6）：53-60.

芮明杰. 1994. 超越一流的智慧：现代企业管理的创新. 上海：上海译文出版社.

邵云飞，唐小我，陈光. 2002. 我国技术创新研究综述. 电子科技大学学报（社会科学版），4（1）：

48-52.

圣吉 P. 1998. 第五项修炼：学习型组织的艺术与实务. 郭进隆译. 上海：上海三联书店.

石春生，杨翠兰，梁洪松. 2004. 组织创新的动力与创新模式研究. 管理科学，（6）：18-23.

斯密 A. 2013. 国富论. 冉明志译. 北京：北京理工大学出版社.

苏敬勤，崔淼. 2010. 核心技术创新与管理创新的适配演化. 管理科学，23（1）：27-37.

苏敬勤，林海芬. 2010. 管理创新研究视角述评及展望. 管理学报，7（9）：1343-1349，1357.

苏敬勤，李召敏. 2011. 案例研究方法的运用模式及其关键指标. 管理学报，8（3）：340-347.

泰勒 F W. 2007. 科学管理原理. 马风才译. 北京：机械工业出版社.

唐淳风. 2003. 真实的日本经济. 中国改革，（2）：58-59.

陶向南，金光，赵曙明. 2000. 创新模式与高新技术企业的组织及人力资源管理. 外国经济与管理，（9）：2-6.

藤本隆宏. 2007. 能力构筑竞争. 许经明，李兆华译. 北京：中信出版社.

万宁. 2015. 浅析颠覆性创新、破坏性创新和突破性创新三者关系. 商，（30）：122-123.

王承云. 2009. 日本企业的技术创新模式及在华研发活动研究. 上海：上海人民出版社.

王静文. 2003. 美日技术创新的差异及对我国的启示. 经济纵横，（6）：36-39.

王黎娜，龚建立，温瑞珺. 2006. 创新模型选择与自主创新能力提升机理研究. 科技进步与对策，23（7）：5-7.

王伟光，尹博，冯荣凯. 2012. 大连软件产业集群创新发展能力研究. 科技进步与对策，（9）：27-31.

吴丹. 2017. 全球视野下中国研发投入强度的演变态势分析与预测. 科技管理研究，37（3）：9-14.

谢洪明. 2006. 社会资本对组织创新的影响：中国珠三角地区企业的实证研究及其启示. 科学学研究，24（1）：150-158.

谢洪明，韩子天. 2005. 组织学习与绩效的关系：创新是中介变量吗？珠三角地区企业的实证研究及其启示. 科研管理，26（5）：1-10.

谢洪明，王成，吴隆增. 2006. 知识整合、组织创新与组织绩效：华南地区企业的实证研究. 管理学报，3（5）：600-606，621.

谢洪明，王成，吴业春. 2007. 内部社会资本对知识能量与组织创新的影响. 管理学报，4（1）：100-107.

邢文英. 2005. 质量管理小组基础教材. 修订版. 北京：中国质量协会.

熊彼特 J A. 1979. 资本主义、社会主义和民主主义. 绛枫译. 北京：商务印书馆.

熊彼特 J A. 1990. 经济发展理论——对于利润、资本、信贷、利息和经济周期的考察. 何畏，等译. 北京：商务印书馆.

熊彼特 J A. 2009. 经济发展理论——对利润、资本、信贷、利息和经济周期的探究. 叶华译. 北京：中国社会科学出版社.

许庆瑞. 2001. 企业经营管理基本规律. 杭州：浙江大学出版社.

许庆瑞，陈劲，郭斌. 1997. 组合技术创新的理论模式与实证研究. 科研管理，18（3）：30-35.

许庆瑞，朱凌，王方瑞. 2005. 海尔的创新型"文化场"——全面创新管理研究系列文章. 科研管理，26（2）：17-22.

野中郁次郎，成方休. 1985. 企业进化论. 世界经济与政治论坛，（3）：22-26.

野中郁次郎，竹内弘高. 2006. 创造知识的企业：日美企业持续创新的动力. 李萌，高飞译. 北京：

知识产权出版社.

殷 R K. 2009. 案例研究：设计与方法. 第3版. 周海涛，李永贤，张蘅译. 重庆：重庆大学出版社.

殷 R K. 2010. 案例研究：设计与方法. 第4版. 周海涛，李永贤，李虔译. 重庆：重庆大学出版社.

于建原，李瑞强. 2009. 从国际比较角度探析中国国家创新体系的创建. 经济社会体制比较，（1）：153-158.

余菁. 2004. 案例研究与案例研究方法. 经济管理，（20）：24-29.

约瑟夫 P B. 2000. 大规模定制：企业竞争的新前沿. 操云甫译. 北京：中国人民大学出版社.

悦涛. 2015-12-21. 当主流媒体唱衰日本之时，他们悄悄登顶全球创新百强，而我们竟无一入围. 深圳经济观察.

张彩虹. 2007. 中日合资企业的晋升管理及其启示. 暨南学报(哲学社会科学版)，（4）：46-51，154.

张彩虹. 2008. 平衡组织和员工利益的绩效评估设计. 中国人力资源开发，（2）：56-60.

张彩虹，凌文铨. 2008. 基于渐进式创新战略的绩效管理. 中国人力资源开发，（6）：31-35.

张彩虹，钟青仪. 2014. 基于组织边界跨越的知识协同创新. 商业研究，（1）：81-86.

张彩虹，天野伦文，范建亭. 2010. 在华日资企业国际化经营调查报告. 东京大学MMRC.

张钢. 1999. 企业组织创新过程中的学习机制及知识管理. 科研管理，20（3）：40-44.

张钢. 2001. 我国企业组织创新的源与模式研究. 科研管理，（2）：74-82.

张化尧，史小坤. 2011a. 日本企业的合作与创新：企业和项目层面分析. 科研管理，（1）：22-28.

张化尧，史小坤. 2011b. 异质互补与国际化中的日本企业技术创新. 科研管理，（7）：9-17.

张军元. 2010. 日本汽车产业创新研究. 吉林大学硕士学位论文.

张梦中，霍哲 M. 2002. 案例研究方法论. 中国行政管理，（1）：43-46.

张省，顾新. 2013. 知识创新模式：理论构建与案例研究. 情报理论与实践，（5）：66-70.

张伟，陈凤者. 2007. 基于合作竞争的模块化组织技术创新机制博弈分析. 兰州学刊，（2）：78-80.

张雪莲. 2017-02-03. 丰田2016年全球销量1 017.5万，止步四连冠. http://auto.news18a.com/news/storys_104125.html.

张玉来. 2007. 丰田公司企业创新研究. 天津：天津人民出版社.

张振刚，陈志明，周国基. 2013. 创新型企业创新管理模式研究——基于广州市企业创新现状. 技术经济与管理研究，（12）：25-30.

章亮. 2012. 简述 Christensen 破坏性创新理论. 企业导报，（5）：237-238.

赵晓庆，许庆瑞. 2009. 自主创新模式的比较研究. 浙江大学学报（人文社会科学版），（4）：55-62.

正略服务业研究所. 2016-10-16. 日本到底强大到什么地步？让人窒息！https://www.sohu.com/a/116287520_505834.

郑刚，梁欣如. 2006. 全面协同：创新致胜之道——技术与非技术要素全面协同机制研究. 科学学研究，24（S1）：268-273.

中国社会科学院经济学部. 2010. 中国经济研究报告2009~2010. 北京：经济管理出版社.

周长辉. 2005. 中国企业战略变革过程研究：五矿经验及一般启示. 管理世界，（12）：123-136.

周祖城，王凤科. 2000. 管理创新与创新管理. 技术经济，（10）：32-34.

青木昌彦，安藤晴彦. 2002. モジュール化：新しい産業アーキテクチャの本質. 東京：東洋経済新報社.

赤岡功. 1983a. QC サークル活動と労働者の勤労意欲//兵庫県労働経済研究所. 労働・経営アナ
　　ウンスメント，No.187.

赤岡功. 1983b. QC サークル活動と社会技術システム論による責任ある自律的作業集団. 経済
　　論叢，131（6）：295-319.

赤岡功. 1984. 責任ある自律的作業集団と日本の組織. 組織科学，18（1）：26-35.

赤岡功. 1989. 作業組織再編成の新理論. 東京：千倉書房.

明石芳彦. 1996. 日本企業の品質管理様式・小集団活動・提案制度：時代区分的考察. 季刊経済
　　研究，19（1）：29-70.

明石芳彦. 1997. 日本企業の品質管理様式・小集団活動・提案制度：時代区分の考察. 日本経済
　　政策学会年報，45：61-64.

明石芳彦. 2002. 漸進的改良型イノベーションの背景. 東京：有斐閣.

浅沼萬里. 1997. 日本の企業組織革新的適応のメカニズム：長期取引関係の構造と機能. 東
　　京：東洋経済新報社.

安保哲夫. 1994. 日本的経営・生産システムとアメリカ：システムの国際移転とハイブリッド
　　化. 京都：ミネルヴァ書房.

安保哲夫，板垣博，上山邦雄，他. 1991. アメリカに生きる日本的生産システム：現地工場の
　　「適用」と「適応」. 東京：東洋経済新報社.

荒川直樹. 1998. 製造業は中国で復活する：東芝大連社の挑戦. 東京：三田出版会.

伊礼恒孝. 1987. 小集団活動と労務管理：QCC 展開の日米比較//日本経営学会. 情報化の進展
　　と企業経営. 東京：千倉書房.

石川馨. 1989. 日本的品質管理：TQC とは何か. 増補版. 東京：日科技連出版社.

伊藤元重. 1993. 日本の企業システム. 第 3 巻. 人的資源. 東京：有斐閣.

板垣博. 1998. 日本型生産システムの国際移転：その外と内とへのインパクト. 社会科学研究，
　　50（1）：89-115.

伊丹敬之. 1987. 人本主義企業：変わる経営 変わらぬ原理. 東京：筑摩書房.

伊丹敬之，藤本隆宏，岡崎哲二，他. 2005. 日本の企業システム. 第Ⅱ期第 4 巻. 組織能力・知
　　識・人材. 東京：有斐閣.

伊丹敬之，加護野忠男. 1989. ゼミナール経営学入門. 東京：日本経済新聞社.

伊丹敬之，加護野忠男，宮本又郎 他. 1998. 日本企業の経営行動 1 日本的経営の生成と発展.
　　東京：有斐閣.

今井正明. 1988. KAIZEN：日本企業が国際競争で成功した経営ノウハウ. 東京：講談社.

岩井正和. 1981. 新日鉄マンパワー革命：君津 JK 活動の秘密. 東京：ダイヤモンド社.

岩井正和. 1988. ホンダの新小集団活動：原点復帰への全員チャレンジ. 東京：ダイヤモンド社.

岩田龍子. 1978a. 日本的経営の編成原理. 東京：文真堂.

岩田龍子. 1978b. 現代日本の経営風土：その基盤と変化の動態を探る. 東京：日本経済新聞社.

上田利男. 1988. 人と仕事の質的向上を求めて：労働の人間化と小集団活動. 労務研究，41（8）：
　　2-14.

上田利男. 1994. 人の素質を高めることを主眼に：統一のとれた中国の小集団活動：年毎に拡
　　大される質量管理小組制度. 労務研究，47（4）：12-19.

宇田川勝, 佐藤博樹, 中村圭介, 他. 1995. 日本企業の品質管理：経営史的研究. 東京：有斐閣.

上嶋正博. 1988. 職場小集団活動と無形の効果. 労務研究, 41（9）：18-28.

上嶋正博. 2001. 職場における人材育成の枠組みに関する一考察：職場小集団活動との関連について. 椙山女学園大学研究論集（社会科学篇）, 32：105-115.

上嶋正博, 榧野潤. 1996. 職場小集団活動の変容とその背景. 椙山女学園大学研究論集（社会科学篇）, 27：45-52.

ウオレン G, ベニス. 1968. 組織の変革：行動科学的アプローチによる有機的適応組織へ. 幸田一男訳. 東京：産業能率短期大学出版部.

占部都美. 1958. 日本的経営論批判. 国民経済雑誌, 138（4）：1-18.

遠藤英樹. 1994a. 作業組織における小集団活動に内在するメカニズムの役割：ある製鋼会社の事例研究を中心に. 関西学院大学社会学部紀要, 69：109-119.

遠藤英樹. 1994b. 作業組織の小集団活動への「意味世界からのアプローチ」：文献レビューによる概念枠組みについての覚え書. 関西学院大学社会学部紀要, 71：135-142.

大内経雄. 1962. 職場の組織と管理. 東京：ダイヤモンド社.

岡本義行. 1998. 日本企業の技術移転：アジア諸国への定着. 東京：日本経済評論社.

小川進. 2001. イノベーションの発生原理：メーカー主導の開発体制を超えて. 東京：千倉書房.

大橋昭一, 小田章. 1995. 日本的経営の解明. 東京：千倉書房.

奥田健二. 1985. 人と経営：日本経営管理史研究. 東京：マネジメント社.

奥林康司. 1990. 官僚制組織と QC サークル//鈴木和蔵先生古稀記念出版会. 経営維持と正当性. 東京：白桃書房.

小田切宏之, 后藤晃, 河又貴洋, 他. 1998. 日本の企業進化革新と競争のダイナミック・プロセス. 東京：東洋経済新報社.

甲斐章人. 1983. 全員参加のための TQC に強くなる本, 東京：泉文堂.

カートライト（Cartwright）, ザンダー. 1969. グループ・ダイナミックス. 第2版. 三隅二不二, 佐々木薫訳. 東京：誠信書房.

郝燕書. 1999. 中国の経済発展と日本的生産システム：テレビ産業における技術移転と形成. 京都：ミネルヴァ書房.

加護野忠男. 1988. 企業のパラダイム変革. 東京：講談社.

加護野忠男, 野中郁次郎, 榊原清則, 他. 1983. 日米企業の経営比較. 東京：日本経済新聞社.

ガルブレイス J R, ローラーⅢ世 E E, 他. 1996. 21世企業の組織デザイン. 寺本義也訳. 東京：産能大学出版部.

上林憲雄. 1996. 組織構造の変化と人事管理の新展開. 組織科学, 29（3）：35-43.

間宏. 1964. 日本労務管理史研究：経営家族主義の形成と展開. 東京：ダイヤモンド社.

間宏. 1971. 日本的経営：集団主義の功罪. 東京：日本経済新聞社.

間宏. 1989. 日本的経営の系譜. 東京：文真堂.

木暮正夫. 1988. 日本の TQC：その再吟味と新展開. 東京：日科技連出版社.

木元進一郎. 1998. 「小集団管理」に関する理論的・実証的研究：TQC の日米比較. 明治大学社会科学研究所紀要, 26（2）：141-151.

QC サークル本部. 1970. QC サークル綱領. 東京：日科技連出版社.

QC サークル本部. 1996. QC サークルの基本. 東京：日科技連出版社.

清家彰敏. 1995. 日本型組織間関係のマネジメント. 東京：白桃書房.

小池和男. 1977. 職場の労働組合と参加. 東京：東洋経済新報社.

小池和男. 1981. 日本の熟練：すぐれた人材形成システム. 東京：有斐閣.

小池和男. 1982. QC サークル活動を支える条件. 日本の労使関係の光と陰：日米労働者の意識
　　と組織. 経済評論別冊 労働問題特集号.

小池和男. 1987. 知的熟練とその一般性. 組織科学, 21（2）: 2-11.

小池和男. 1991. 仕事の経済学. 東京：東洋経済新報社.

小池和男. 1997. 日本企業の人材育成. 東京：中央公論新社.

小池和男. 2006. プロフェッショナルの人材開発. 京都：ナカニシヤ出版.

小池和男, 猪木武徳. 1987. 人材育成の国際比較：東南アジアと日本. 東京：東洋経済新報社.

工場管理編集部. 1979. 特集 ホンダの経営を変える小集団活動. 工場管理, 25（10）: 10.

雇用促進事業団雇用職業総合研究所. 1986. 日本における小集団活動の実態とその展開条件に
　　関する事例研究報告書. 雇用職業総合研究所.

斎藤彰悟. 1997. 不連続の組織変革. 平野和子訳. 東京：ダイヤモンド社.

史世民. 1992. 企業の現場組織と技術. 東京：中央経済社.

島田晴雄. 1988. ヒューマンウエアの経済学：アメリカにおける日本企業. 東京：岩波書店.

ジュラン J M. 1954. 日本における品質管理に対する印象. 小柳賢一訳. 品質管理, 5（9）:
　　445-448.

ジュラン J M. 1967. QC サークル活動をつく：The QC Circle Phenomenon. 品質管理, 18（4）:
　　305-314.

生産性労使会議. 1982. 小集団活動の現状と問題点. 労政時報, 2581: 51-62.

関満博. 2002. 世界の工場：中国華南と日本企業. 東京：新評論.

関満博. 2003. 現場学者 中国を行く. 東京：日本経済新聞社.

綜合研究開発機構. 1997. 研究報告書：中国に進出した日系企業の労使関係に関する研究. 全
　　国官報販売組合.

杉浦忠. 1999. QC サークル活動活性化のための新たな展開：横河電機のエンパワード活動：
　　LETS 活動. 品質管理, 50（5）: 455-470.

杉浦忠. 2000a. QC サークル活動の魅力再発見. 品質管理, 51（5）: 440-447.

杉浦忠. 2000b. QC サークル活動と知識創造：21 世紀へ向けての人材育成基盤づくり. 品質管
　　理, 51（10）: 914-923.

武田英次. 2007. イノベーション創出をリードする研究開発. 東京：株式会社日立製作所.

竹川宏子. 2000. 小集団活動の移転プロセス：アジアにおける日系企業の事例をもとに. 横浜
　　国際社会科学研究, 5（1）: 51-70.

張彩虹, 松田陽一. 2006. 組織学習としての QC サークルの海外移転に関する研究：在中日系
　　自動車製造会社の事例分析を基にして. 北東アジア経済研究, 3（1）: 71-91.

張彩虹. 2009. QC サークルの移転を通じた組織能力の形成プロセス：在中日系企業の比較事例
　　研究. 赤門マネジメント・レビュー, 8（10）: 551-606.

張彩虹. 2014. 在中日系企業の人的資源管理：実証データに基づいた分析//上林憲雄, 平野光

俊，森田雅也. 現代人的資源管理：グローバル市場主義と日本型システム. 東京：中央経済社.

中江剛毅. 1995. 中国ビジネス29社の成功. 東京：ダイヤモンド社.

中村圭介. 1987a. 研究ノート：日本多国籍企業の労務管理研究の課題（上）. 雇用促進事業団雇用職業綜合研究所. 雇用と職業，No.576.

中村圭介. 1987b. 研究ノート：日本多国籍企業の労務管理研究の課題（中）. 雇用促進事業団雇用職業綜合研究所. 雇用と職業，No. 578.

中村圭介. 1987c. 研究ノート：日本多国籍企業の労務管理研究の課題（下）. 雇用促進事業団雇用職業綜合研究所. 雇用と職業，No. 579.

中村圭介. 1996. 日本の職場と生産システム. 東京：東京大学出版会.

仁田道夫. 1977. 管理技術の日本的展開と自主管理活動：鉄鋼業を中心として. 東京大学経済学研究，No.20.

仁田道夫. 1978. 鉄鋼業の「自主管理活動」：動員型生産·労務管理の分析. 日本労働協会雑誌，20（9）：13-33.

仁田道夫. 1988. 日本の労働者参加. 東京：東京大学出版会.

日本文部科学省. 1999-01. 科学技術白書. http://www.mext.go.jp/b_menu/hakusho/html/hpaa199901/index.htm.

日本文部科学省. 2007-01. 科学技術白書. http://www.mext.go.jp/b_menu/hakusho/html/hpaa200701/index.html.

日本文部科学省. 2016. 科学技術要覧. http://www.mext.go.jp/b_menu/toukei/006/006b/1377329.htm.

日本生産性本部. 1960. アメリカのインダストリアル・エンジニアリング：第2次IE専門視察団報告書.

根本正夫. 1995. トヨタ生産方式とTQCの相乗効果：トヨタの生産の競争力泉. ENGINEERS, No.557.

野中郁次郎，加護野忠男，小松陽一，他. 1978. 組織現象の理論と測定. 東京：千倉書房.

野中郁次郎，米倉誠一郎. 1984. グループ・ダイナミクスのイノベーション：組織学習としてのJK活動. 一橋大学研究年報　商学研究，25：3-38.

野中郁次郎. 1988. 日本的「知」の方法と生産システム. 組織科学，22（1）：21-29.

野中郁次郎. 1990. 知識創造の経営：日本企業のエピステモロジー. 東京：日本経済新聞社.

野中郁次郎. 2002. 企業進化論：情報創造のマネジメント. 東京：日本経済新聞社.

野中郁次郎，竹内弘高. 1996. 知識創造企業. 梅本勝博訳. 東京：東洋経済新報社.

野中郁次郎，永田晃也. 1995. 日本型イノベーション・システム. 東京：白桃書房.

延岡健太郎. 2002. 製品開発の知識. 東京：日本経済新聞社.

延岡健太郎. 2006. 価値づくり経営の論理：日本製造業の生きる道. 東京：日本経済新聞社.

延岡健太郎，藤本隆宏. 2004-04. 製品開発の組織能力：日本自動車企業の国際競争力. Discussion Paper Series，#04-03，技術革新型企業創生プロジェクト，http://www.cisrep.jp/.

原輝史. 1990. 科学的管理法の導入と展開：その歴史的国際比較. 京都：昭和堂.

林吉郎. 1994. 異文化インタフェイス経営. 東京：日本経済新聞社.

平沼亮. 2002. ホンダの企業価値創造：チャイナ・オポチュニティ. 野村證券株式会社金融研究

所産業戦略調査グループ.

藤本隆宏. 1997. 生産システムの進化論：トヨタ自動車にみる組織能力と創発プロセス. 東京：有斐閣.

藤本隆宏. 2001. 生产マネジメント入門Ⅱ. 東京：日本経済新聞社.

藤本隆宏. 2003. 能力構築競争. 東京：中央公論社.

藤本隆宏, Clark K. 2009. 製品開発力：自動車産業の「組織能力」と「競争力」の研究. 東京：ダイヤモンド社.

藤本隆宏, 武石彰, 青島矢一. 2001. ビジネス・アーキテクチャ：製品・組織・プロセスの戦略的設計. 東京：有斐閣.

堀内俊洋. 1988. ベンチャーホンダ成功の法則. 東京：東洋経済新報社.

牧野泰典. 2001. 小集団活動の機能と役割：現場労働者の経験知の伝達と「熟練」形成. 東京：八千代出版.

松田陽一. 2000. 企業の組織変革行動：日本企業のＣＩ活動を対象として. 東京：千倉書房.

道又健治郎. 1973. 鉄鋼業における自主管理活動の現状. 月間労働問題, 182：64-70.

水野滋. 1984. 全社綜合品質管理. 東京：日科技連出版社.

峰如之介. 2003. 中国にホンダを立ち上げた男たち：チャイナ・プロジェクト. 東京：PHP 研究所.

宗像正幸. 1989. 技術の理論：現代工業経営問題への技術論的接近. 東京：同文舘.

宗像正幸. 1991. 日本型生産システムの特性把握をめぐって. 国民経済雑誌, 163（2）：31-57.

宗像正幸. 1995. 生産システムの国際的発展動向をめぐって. 国民経済雑誌, 171（3）：23-56.

森谷正規. 2002. 比較技術の文明論. 東京：放送大学教育振興会.

森本三男. 1999. 日本的経営の生成・成熟・転換. 東京：学文社.

安室憲一. 2003. 徹底検証中国企業の競争力：「世界の工場」のビジネスモデル. 東京：東洋経済新報社.

山本潔. 1933. 日本における職場の技術史・労働史. 東京：東京大学出版会.

八幡成美. 1986. 日本の職場小集団活動の展開条件. 雇用と職業, No.57.

労働省. 1977. 昭和 52 年労使コミュニケーション調査.

李越和. 1994. 北京・松下カラーブラウン管有限会社の企業経営：中国国営企業の経営との比較. 立命館経営学, 33（2）：79-127.

李越和. 1995. 北京・松下カラーブラウン管有限会社（BMCC）の労使関係の直面した問題とその対策：中国国営企業の経営との比較. 立命館経営学, 34（1）：93-129.

Abegglen J C. 1958. The Japanese Factory：Aspects of Its Social Organization. New York：Free Press.

Abernathy W J, Utterback J M.1978. Patterns of industrial innovation. Technology Review, 80（7）：2-9.

Abrahamson E. 1991. Managerial fads and fashions：the diffusion and rejection of innovations. Academy of Management Review, 16（3）：586-612.

Altshuler A, Anderson M, Jones D, et al. 1985. The future of the automobile：the report of MIT's international automobile program. Long Range Planning, 18（4）：103-104.

Amabile T M. 1988. A model of creativity and innovation in organizations. Research in Organizational

Behavior, (10): 123-167.

Amabile T M, Regina C. 1996. Assessing the work environment for creativity. Academy of Management Journal, 39 (5): 1154-1184.

Aoki M. 1988. Information, Incentives and Bargaining in the Japanese Economy. Cambridge: Cambridge University Press.

Aoki M. 2001. Toward a Comparative Institutional Analysis. New York: Springer.

Aoki M, Dore R. 1996. The Japanese Firm: Sources of Competitive Strength. Oxford: Oxford University Press.

Appelbaum E, Rosemary B. 1994. The New American Workplace: Transforming Work Systems in the United States. New York: ILR Press.

Armbruster H, Bikfalvi A, Kinkel S, et al. 2008. Organizational innovation: the challenge of measuring non-technical innovation in large-scale surveys. Technovation, 28 (10): 644-657.

Baker T, Nelson R E. 2005. Creating something from nothing: resource construction through entre-preneurial bricolage. Administrative Science Quarterly, 50 (3): 329-366.

Baldwin C Y, Clark K B. 1997. Managing in an age of modularity. Harvard Business Review, 75(5): 84-93.

Baldwin C Y, Clark K B. 2000. Design Rules: The Power of Modularity. Cambridge: MIT press.

Baldwin C Y, Clark K B. 2006. Modularity in the Design of Complex Engineering Systems//Dan B, Minai A A, Bar-Yam Y. Complex Engineered Systems Science Meets Technology. New York: Springer: 175-205.

Barker J. 1999. The Discipline of Teamwork: Participation and Concertive Control. Thousand Oaks: Sage.

Barney J B. 1991. Firm resources and sustained competitive advantage. Journal of Management, 17(1): 99-120.

Barney J B. 1996. Gaining and Sustaining Competitive Advantage. Hoboken: Addison-Wesley.

Becker S W, Whisler T L. 1967. The innovative organization: a selective view of current theory and research. Journal of Business, 40 (4): 462-469.

Benchozi P J. 1990. Managing innovation: from ad hoc to routine in French telecom. Organization Studies, 11 (4): 531-554.

Bennis G W. 1966. Changing Organizations. New York: McGraw-Hill.

Bennis G W. 1969. Organization Development: Its Nature, Origins and Prospects. Menlo Park: Addison-Wesley.

Berggren C. 1992. The Volvo Experience. New York: Cornell University Press.

Birkinshaw J, Mol M J. 2006. How management innovation happens. MIT Sloan Management Review, 33 (4): 81-88.

Birkinshaw J, Hamel G, Mol M J. 2008. Management innovation. Academy of Management Review, 33 (4): 825-845.

Brown M. 1994. Introduction to Innovation: Managing Ideas into Action. New York: Price Waterhouse.

Burns T, Stalker G M. 1961. The Management of Innovation. London: Tavistock.

Burns T, Stalker G M. 1994. The Management of Innovation. Oxford: Oxford University Press.

Burns T，Stalker G M. 1996. The Organization of Innovation. Knowledge Management and Organizational Design，（5）：77-92.

Cartwright D，Zander A. 1960. Group Dynamics. 2nd ed. New York：Haper & Row.

Chesbrough H. 2003. Open Innovation：The New Imperative for Creating and Profiting from Technology. Boston：Harvard Business School Press.

Christensen C M. 1997. The Innovator's Dilemma. Boston：Harvard Business School Press.

Christensen C M，Raynor M E. 2003. The Innovator's Solution：Creating and Sustaining Successful Growth. Boston：Harvard Business School Press.

Clarivate Analytics. 2017. 2016 Top 100 global innovators. http://top100innovators.clarivate.com.

Clarivate Analytics. 2018. 2017 Top 100 global innovators. http://top100innovators.clarivate.com.

Clark K B，Fujimoto T. 1991. Product Development Performance. Boston：Harvard Business School Press.

Cole R E. 1994. Different quality paradigms and their implications for organizational learning // Aoki M，Dore R. The Japanese Firm：The Source of Competitive Strength. Oxford：Oxford University Press.

Currie W L. 1999. Revisiting management innovation and change programmes：strategic vision or tunnel vision. International Journal of Management Science，27（1）：647-660.

Cusumano M A，Nobeoka K. 1998. Thinking Beyond Lean：How Multi-Project Management Is Transforming Product Development at Toyota and Other Companies. New York：Free Press.

Daft R L. 1978. A dual-core model of organizational innovation. Academy of Management Journal，21（2）：193-210.

Daft R L. 2000. Essentials of Organization Theory and Design. 7th ed. Cincinnati：South-Western College Publisher.

Daft R L，Becker S W. 1978. Innovation in Organization. New York：Elsevier.

Daft R L，Becker S W. 1980. Managerial，institutional and technical influences on administration：a longitudinal analysis. Social Forces，59（2）：392-413.

Damanpour F. 1987. The adoption of technological，administrative and ancillary innovations：impact of organizational factors. Journal of Management，13（4）：675-688.

Damanpour F. 1988. Innovation type，radicalness and the adoption process. Communication Research，15（5）：545-567.

Damanpour F. 1991. Organizational innovation：a meta-analysis of effects of determinants and moderators. Academy of Management Journal，34（3）：555-590.

Damanpour F，Evan W M. 1984. Organizational innovation and performance：the problem of organization lag. Administrative Science Quarterly，29（3）：392-409.

Damanpour F，Wischnevsky J D. 2006. Research on innovation in organizations：distinguishing innovation-generating from innovation-adopting organizations. Journal of Engineering and Technology Management，23（4）：269-291.

Damanpour F，Aravind D. 2012. Managerial innovation：conceptions，processes and antecedents. Management and Organization Review，8（2）：423-454.

Damanpour F，Szabat K A，Evan W M. 1989. The relationship between types of innovation and organizational performance. Journal of Management Studies，26（6）：587-601.

Deming W E. 1952. Elementary Principles of the Statistical Control of Quality: a Series of Lectures（統計的品質管理の基礎理論と応用：デミング博士講義録）. 小柳賢一訳. 東京：日科技連出版社.

Deming W E，小柳賢一. 1950. デミング博士品質管理講義録（Dr. W. E. Deming's Lectures on Statistical Control of Quality）. 東京：日本科學技術連盟.

Dewar R D，Dutton J E. 1986. The adoption of radical and incremental innovations: an empirical analysis. Management Science，32（11）：1422-1433.

DiMaggio P J，Powell W W. 1983. The iron cage revisited: institutional isomorphism and collective rationality in organizational fields. American Sociological Review，48（2）：147-160.

Drucker P F. 1985. Innovation and Entrepreneurship: Practice and Principles. New York：Harper and Row.

Duchesneau T D，Cohn S E，Dutton J E. 1979. A study of innovation in manufacturing，determinant processes and methological issues. Social Science Research Institute.

Duncan R B，Weiss A. 1979. Organizational learning: implications for organizational design. Research in Organizational Behavior，1（4）：345-350.

Dutta S. 2011. The global innovation index 2011: accelerating growth and development. https://www.globalinnovationindex.org/userfiles/file/GII-2011_Report.pdf.

Dutta S，Lanvin B，Wunsch-Vincent S. 2017. The global innovation index 2016: winning with global innovation. https://www.globalinnovationindex.org/userfiles/file/reportpdf/gii-full-report-2016-v1.pdf.

Dutton J，Thomas A. 1985. Relating technological change and learning by doing // Rosenbloom R. Research on Technological Innovation，Management and Policy. Greenwich：JAI Press.

Edmondson A C. 2003. Framing for learning: lessons in successful technology implementation. California Management Review，45（2）：34-53.

Edmondson A C，Bohmer R M，Pisano G P. 2001. Disrupted routines: team learning and new technology implementation in hospitals. Administrative Science Quarterly，46（4）：685-716.

Eisenhardt K M. 1989. Building theories from case study research. Administrative Science Quarterly，14（4）：532-550.

Eisenhardt K M，Graebner M E. 2007. Theory building from cases: opportunities and challenges. Academy of Management Journal，50（1）：25-32.

Ettlie J E，Bridges W P，O'Keefe R D. 1984. Organization strategy and structural differences for radical versus incremental innovation. Management Science，30（6）：682-695.

Evan W M. 1966. Organizational lag. Human Organizations，25（1）：51-53.

Evanisko M J. 1981. Organizational innovation: the influence of individual，organizational，and contextual factors on hospital adoption of technological and administrative innovations. Academy of Management Journal，24（4）：689-713.

Fagerberg J. 2006. Innovation: a guide to the literature // Fagerberg J，Mowery D，Nelson R. The Oxford Handbook of Innovation. Oxford：Oxford University Press.

Fagerberg J，Mowery D，Nelson R. 2006. The Oxford Handbook of Innovation. Oxford：Oxford University Press.

Feigenbaum A V. 1961. Total Quality Control: Engineering and Management: The Technical and

Managerial Field for Improving Product Quality, Including Its Reliability, and for Reducing Operating Costs and Losses. New York: McGraw-Hill.

Freeman C. 1987. Technology Policy and Economic Performance: Lessons from Japan. London, New York: Pinter Publishers.

Fujimoto T. 1989. Organizations for effective product development: the case of the global automobile industry. PhD. Dissertation of Harvard Business School.

Galbraith J R, Lawler E E. 1993. Organizing for the Future: The New Logic for Managing Complex Organizations. San Francisco: Jossey-Bass.

Garvin D A. 1993. Building a learning organization. Harvard Business Review, 71 (4): 78-91.

Gopalakrishman S, Damanpour F. 1997. A review of innovation research in sociology and technology management. Omega-International Journal of Management Science, 25 (1): 15-28.

Govindarajan V, Kopalle P K, Danneels E. 2011. The effects of main stream and emerging customer orientations on radical and disruptive innovations. Journal of Product Innovation Management, 28 (1): 121-132.

Guillen M F. 1994. Models of Management: Work, Authority and Organization in a Comparative Perspective. Chicago: University of Chicago Press.

Hage J. 1980. Theories of Organization: Form, Process and Transformation. New York: Wiley.

Hamel G. 2006. The why, what and how of management innovation. Harvard Business Review, 84(2): 72-84.

Hamel G, Skarzynski P. 2001. Innovation: the new route to wealth. Journal of Accountancy, 192(5): 65-68.

Hannan M T, Freeman J. 1984. Structural inertia and organizational change. American Sociological Review, 49 (2): 149-164.

Harryson S. 1992. Japanese R&D management: innovation through intracorporate communication and intercorporate co-operation. Unpublished literature digest prepared for professors E. Brauchlin and H. Schutte respectively at Hochschule St. Gallen and INSEAD.

Harryson S. 1994. Japanese corporate networks and R&D. Unpublished course material for international business and multinational enterprises and international marketing and management in East Asia, at the School of Economics and Management.

Harryson S. 1996. Improving R&D performance through networking-lessons from Canon and Sony. PRISM, Fourth Quarter.

Harryson S. 1998. Japanese Technology and Innovation Management: From Know-how to Know-who. Northampton: Edward Elgar Publishing Limited.

Hayes R H. 1981. Why Japanese factories work. Harvard Business Review, 59 (4): 56-66.

Henfridsson O, Yoo Y. 2014. The liminality of trajectory shifts in institutional entrepreneurship. Organization Science, 25 (3): 932-950.

Hofstede G, Hofstede G J. 2005. Cultures and Organizations: Software of the Mind. New York: McGraw-Hill.

Howell J M, Higgins C A. 1990. Champions of technological innovation. Administrative Science

Quarterly, 35（2）: 317-341.

Imai K, Nonaka I, Takeuchi H. 1985. Managing the new product development process: how Japanese companies learn and unlearn // Clark K, Hayes H, Lorenz C. The Uneasy Alliance: Managing the Productivity-Technology Dilemma. Boston: Harvard Business School Press.

Kenny M, Florida R. 1993. Beyond Mass Production: The Japanese System and Its Transfer to the U.S.. Oxford: Oxford University Press.

Khandwalla P N. 2003. Corporate Creativity: The Winning Edge. New Delhi: Tata McGraw-Hill Publishing limited.

Kimberly J R, Evanisko M. 1981. Organizational innovation: the influence of individual, organizational and contextual factors on hospital adoption of technological and administrative innovations. Academy of Management Journal, 24（4）: 689-713.

Klein K J, Sorra J S. 1996. The challenge of innovation implementation. Academy of Management Journal, 21（1）: 1055-1080.

Kossek E E. 1987. Human resources management innovation. Human Resource Management, 26（1）: 71-92.

Koyanagi K. 1950. Dr. W E Deming's Lecture on Statistical Control of Quality. Tokyo: Nippon Kagaku Gijutsu Renmei.

Lin C Y, Chen M Y. 2007. Does innovation lead to performance? An empirical study of SMES in Taiwan. Management Research News, 30（2）: 115-132.

Lynch L M. 2007. The adoption and diffusion of organizational innovation: evidence for the U.S. economy. IZA Discussion Paper, No. 2819.

Madhavan R, Grover R. 1998. From embedded knowledge to embodied knowledge: new product development as knowledge management. Journal of Marketing, 62（4）: 1-12.

Markides C. 2006. Disruptive innovation: in need of better theory. Journal of Product Innovation Management, 23（1）: 19-25.

McCabe D. 2002. "Waiting for dead men's shoes": towards a culture understanding of management innovation. Human Relation, 55（5）: 505-536.

Michael P. 1966. The tacit dimension. The Yale Journal of Biology and Medicine, 63（1）: 47-61.

Mogee M E, Schacht W H. 1980. Industrial innovation: major issues system. Washington, DC: Library of Congress, Congressional Research Service. Issue Brief, No. 1B80005.

Mol M J, Birkinshaw J. 2009. The sources of management innovation: when firms introduce new management practices. Journal of Business Research, 62（12）: 1269-1280.

Munson F C, Plez D C. 1979. The innovating process: a conceptual framework. Working Paper, University of Michigan.

Nadler D A, Shaw R B, Walton A E. 1995. Discontinuous change: leading organizational transformation. Academy of Management Executive, 9（2）: 77-80.

Naveh E, Meilich O, Marcus A. 2006. The effects of administrative innovation implementation on performance: an organizational learning approach. Strategic Organization, 4（3）: 275-302.

Nelson R R, Winter S G. 1982. An Evolutionary Theory of Economic Change. Boston: Harvard University Press.

Nonaka I. 1988. Creating organizational order out of chaos: self-renewal of Japanese firms. California Management Review, 30（3）: 57-73.

Nonaka I. 1990. Redundant, overlapping organizations: a Japanese approach to managing the innovation process. California Management Review, 32（3）: 27-38.

Nonaka I. 1995. The development of company-wide quality control and quality circles at Motor Corporation and Nissan Motor Co., Ltd// Shiomi H, Wada K. Fordism Transformed: The Development of Production Methods in the Automobile Industry. New York: Oxford University Press.

Nonaka I, Takeuchi H. 1995. The Knowledge-Creating Company: How Japanese Companies Create the Dynamics of Innovation. New York: Oxford University Press.

OECD. 1972. Reviews of manpower and social policies: manpower policy in Japan. Organisation for Economic Co-operation and Development, 23（1）: 8-10.

OECD. 2005. Oslo Manual: Guidelines for Collecting and Interpreting Innovation Data. 3rd ed. Paris: OECD Publishing.

Osterman P. 1994. How common is workplace transformation and who adopts it? Industrial and Labor Relations Review, 47（2）: 173-188.

Ouchi W G. 1981. Theory Z: How American Business can Meet the Japanese Challenge. Boston: Addison-Wesley Publishing Company, Inc.

Pearson C A L. 1992. Autonomous workgroups: an evaluation at an industrial site. Human Relations, 45（9）: 905-936.

Peters T, Waterman R. 1982. In Search of Excellence. New York: Harper and Row.

Piva M, Vivarelli M. 2002. The skill bias: comparative evidence and an econometric test. International Review of Applied Economics, 16（3）: 347-358.

Plowman D A, Baker L T, Beck T E, et al. 2007. Radical change accidentally: the emergence and amplification of small change. Academy of Management Journal, 50（3）: 515-543.

Porter M E. 1990. The Competitive Advantage of Nations. New York: The Free Press.

Rebecca M H, Kim B C. 1990. Architectural innovation: the reconfiguration of existing product technologies and the failure of established firms. Administrative Science Quarterly, 35(1): 9-30.

Samuel P. 2004. Innovate America: thriving in a world of challenge and change: national innovation NII final report. Council on Competitiveness U.S.A..

Sasaki N, Hutchins D. 1984. The Japanese Approach to Product Quality: Its Applicability to the West. London: Pregamon Press.

Schepers J, Schnell R, Vroom P. 1999. From ideas to business: how Siemens bridges the innovation gap. Research Technology Management, 42（3）: 26-31.

Schilling M A. 2008. Strategic Management of Technological Innovation. New York: McGraw-Hill /Irwin.

Schumpeter J A. 1912. Theorie der wirtschaftlichen entwicklung. Leipzig: Duncker & Humblot.

Schumpeter J A. 1934. The theory of economics development. Journal of Political Economy, 1(2):170-172.

Schumpeter J A. 1942. Capitalism, Socialim and Democracy. New York: Harper and Brothers.

Senge P. 1990. The Fifth Discipline: The Art and Practice of the Learning Organization. New York: Doubieday.

Shewhart W A. 1924. Some applications of statistical methods to the analysis of physical and engineering data. Bell System Technical Journal, 3（1）: 43-87.

Shook Robert L. 1988. ホンダ・ウェイ: 文化融合型の経営革新. 崎谷哲夫訳. 東京: ダイヤモンド社.

Simon H A. 1962. The architecture of complexity. Proceedings of American Philosophical Society, 106（6）: 467-482.

Simon H A. 1981. The Science of Artificial. 2nd ed. Cambridge: MIT Press.

Smith A. 1776. An Inquiry into the Nature and Causes of the Wealth of Nations. London: Methuen and Co., Ltd..

Smith P B. 1984. 小集団活動と人格変容. 岡村二郎訳. 京都: 北大路書房.

Smith W K. 2014. Dynamic decision making: a model of senior leaders managing strategic paradoxes. Academy of Management Journal, 1015（6）: 58-89.

Stake R E. 1995. The Art of Case Study Research. Thousand Oaks: Sage Publication.

Starr M K. 1965. Modular production: a new concept. Harvard Business Review, 43（6）: 131-142.

Stata R. 1989. Organization learning: the key to management innovation. Sloan Management Review, 63（1）: 63-73.

Subramanian A, Nilakanta S. 1996. Organization innovativeness: exploring the relationship between organization determinants of innovation, types of innovations and measures of organizational performance. Omega-International Journal of Management Science, 24（6）: 631-647.

Takeuchi H, Nonaka I. 1986. The new product development game. Journal of Product Innovation Management, 3（1）: 205-206.

Taylor F W. 1911. The Principles of Scientific Management. New York: Harper and Brothers.

Teece D J, Pisano G. 1994. The dynamic capabilities of firm: an introduction. Industrial and Corporate Change, 3（3）: 537-555.

Teece D J, Pisano G, Shuen A. 1997. Dynamic capabilities and strategic management. Strategic Management Journal, 18（7）: 509-533.

Thompson V A. 1965. Bureaucracy and innovation. Administrative Science Quarterly,（5）: 1-20.

Tidd J, Bessant J R, Pavitt K. 2001. Managing Innovation: Integrating Technological, Market and Organizational Change. 2nd ed. New York: John Wiley & Sons Austria.

Tidd J, Bessant J R, Pavitt K. 2009. Managing Innovation: Integrating Technological, Market and Organizational Change. 4th ed. New York: John Wiley & Sons Austria.

Utterback J M. 1994. Mastering the Dynamics of Innovation. Cambridge: Harvard Business Press.

van de Ven A H, Angle H L, Poole M S. 2000. Research on the Management of Innovation: The Minnesota Studies. New York: Oxford University Press.

Vickery S, Dröge C, Germain R. 1999. The relationship between product customization and organizational structure. Journal of Operations Management, 17（4）: 377-391.

Vogel E F. 1979. Japan as Number One: Lessons for America. Boston: Harvard University Press.

Womack J P, Jones D T, Roos D. 1990. The Machine that Changed the World: The Story of Lean Production. New York: Free Press.

Womack J P, Jones D T, Roos D. 2007. The Machine that Changed the World: The Story of Lean

Production. 3rd ed. New York：Free Press.

Yin R K. 1994a. Case Study Research. 2nd ed. Thousand Oaks：Sage Publications，Inc..

Yin R K. 1994b. Discovering the future of the case study method in evaluation research. American Journal of Evaluation，15（3）：283-290.

Yin R K. 2003. Case Study Research：Design and Methods. Thousand Oaks：Sage Publications Inc..

Zaltman G，Duncan R，Holbek J. 1973. Innovations and organizations. Contemporary Sociology，5（4）：479.

附　　录

附　录　1

科睿唯安 2016 年和 2017 年全球创新企业百强榜单

科睿唯安 2016 年全球创新企业百强榜单
（2016 Top 100 Global Innovators）①

机构名称	所属国家/地区	入围次数
3M 公司（3M Company）	美国	6
雅培（Abbott Laboratories）	美国	4
AMD（Advanced Micro Devices）	美国	6
空气化工产品（Air Products）	美国	3
爱信精机（Aisin Seiki）	日本	3
阿尔斯通（Alstom）	法国	2
亚马逊（Amazon）	美国	2
亚德诺半导体（Analog Devices）	美国	5
苹果（Apple）	美国	6
阿科玛（Arkema）	法国	6
巴斯夫（BASF）	德国	4
拜耳（Bayer）	德国	3
碧迪（Becton Dickinson）	美国	2
波音（Boeing）	美国	6
波士顿科学（Boston Scientific）	美国	1
普利司通（Bridgestone）	日本	2
百时美施贵宝（Bristol-Myers Squibb）	美国	3

---

① 排名不分先后，按机构英文名首字母顺序排列；加粗字体为中国企业，加灰底字体为日企。

博通（Broadcom）	美国	1
佳能（Canon）	日本	6
雪佛龙（Chevron）	美国	5
康宁（Corning）	美国	5
大金工业（Daikin Industries）	日本	4
德尔福（Delphi）	美国	3
杜比实验室（Dolby Laboratories）	美国	1
陶氏化学（Dow Chemical Company）	美国	6
杜邦（DuPont）	美国	6
艾默生电气（Emerson Electric）	美国	6
爱立信（Ericsson）	瑞典	6
埃克森美孚（Exxon Mobil）	美国	5
弗劳恩霍夫（Fraunhofer）	德国	4
法国原子能委员会（French Alternative Energies and Atomic Energy Commission）	法国	6
富士胶片（FUJIFILM）	日本	5
富士通（Fujitsu）	日本	6
通用电气（General Electric）	美国	6
谷歌（Google）	美国	5
日立（Hitachi）	日本	6
本田汽车（Honda Motor Company）	日本	6
霍尼韦尔（Honeywell International）	美国	6
华为（Huawei）	**中国**	**2**
法国石油研究院（IFP Energies Nouvelles）	法国	6
英特尔（Intel）	美国	6
Inter Digital	美国	2
强生（Johnson & Johnson）	美国	4
江森自控（Johnson Controls）	美国	2
捷太格特（JTEKT）	日本	2
川崎重工（Kawasaki Heavy Industries）	日本	2
神户制钢（Kobe Steel）	日本	3
小松（Komatsu）	日本	3
京瓷（Kyocera）	日本	3
LG 电子（LG Electronics）	韩国	6
洛克希德马丁（Lockheed Martin）	美国	5

LS 产电（LSIS）	韩国	6
牧田（Makita Corporation）	日本	2
美满（Marvell）	美国	5
联发科（MediaTek）	**中国台湾**	**3**
美敦力（Medtronic）	爱尔兰	3
默克（Merck）	德国	1
美光（Micron）	美国	5
微软（Microsoft）	美国	6
三菱重工（Mitsubishi Heavy Industries）	日本	5
日本电气公司（NEC）	日本	6
耐克（Nike）	美国	5
新日铁住金（Nippon Steel & Sumitomo Metal）	日本	5
日产汽车（Nissan Motor Company）	日本	4
日东电工（Nitto Denko）	日本	6
诺基亚（Nokia）	芬兰	1
诺华（Novartis）	瑞士	3
日本电报电话公司（NTT）	日本	6
奥林巴斯（Olympus）	日本	6
欧姆龙（Omron）	日本	2
甲骨文（Oracle）	美国	4
松下（Panasonic）	日本	6
飞利浦（Philips）	荷兰	5
高通（Qualcomm）	美国	6
瑞萨（Renasas）	日本	1
罗氏（Roche）	瑞士	6
赛峰（Safran）	法国	4
圣戈班（Saint-Gobain）	法国	6
三星电子（Samsung Electronics）	韩国	6
闪迪（SanDisk）	美国	4
希捷（Seagate）	美国	5
精工爱普生（Seiko Epson）	日本	6
信越化学（Shin-Etsu Chemical）	日本	6
昭和电工（Showa Denko）	日本	2
索尼（Sony）	日本	6
住友电工（Sumitomo Electric）	日本	5

赛门铁克（Symantec）	美国	6
泰科电子（TE Connectivity）	瑞士	6
泰雷兹（Thales）	美国	4
法国国家科学研究院（The French National Center for Scientific Research）	法国	6
东芝（Toshiba）	日本	6
道达尔（Total S.A.）	法国	1
丰田汽车（Toyota Motor Corporation）	日本	6
加利福尼亚大学（University of California）	美国	1①
法雷奥（Valeo）	法国	4
施乐（Xerox）	美国	5
赛灵思（Xilinx）	美国	
雅马哈（Yamaha Corporation）	日本	4
安川电机（YASKAWA Electric）	日本	2
矢崎（Yazaki）	日本	2

科睿唯安 2017 年全球创新企业百强榜单

（2017 Top 100 Global Innovators）

1）以下为 2017 年上榜的日企名单（排名不分先后，共计 39 家）②

机构名称	所属国家/地区	入围次数
爱信精机（Aisin Seiki）	日本	
旭硝子（Asahi Glass）	日本	
普利司通（Bridgestone）	日本	
佳能（Canon）	日本	＊7
卡西欧计算机（CASIO COMPUTER）	日本	
大金工业（Daikin Industries）	日本	
富士电气（Fuji Electric）	日本	
富士胶片（FUJIFILM）	日本	
富士通（Fujitsu）	日本	＊7
古河电工（Furukawa Electric）	日本	
本田汽车（Honda Motor）	日本	＊7
捷太格特（JTEKT）	日本	
日立（Hitachi）	日本	＊7

---

① 榜单中唯一的大学机构。

② ＊7 指 7 次上榜（年年上榜）的日企，合计 14 家；排名不分先后，按机构英文名首字母顺序排列。

川崎重工（Kawasaki Heavy Industries）	日本	
神户制钢（Kobe Steel）	日本	
小松（Komatsu）	日本	
京瓷（Kyocera）	日本	
三菱电机（Mitsubishi Electric）	日本	
三菱重工（Mitsubishi Heavy Industries）	日本	
三井化工（Mitsui Chemicals）	日本	
日本电气公司（NEC）	日本	*7
日亚化工（Nichia）①	日本	
新日铁住金（Nippon Steel & Sumitomo Metal）	日本	
日产汽车（Nissan Motor）	日本	
日东电工（Nitto Denko）	日本	*7
日本电报电话公司（NTT）	日本	*7
奥林巴斯（Olympus）	日本	*7
欧姆龙（Omron）	日本	
松下（Panasonic）	日本	*7
瑞萨（Renesas）	日本	
精工爱普生（Seiko Epson）	日本	*7
信越化学（Shin-Etsu Chemical）	日本	*7
昭和电工（Showa Denko）	日本	
索尼（Sony）	日本	*7
东电化（TDK）	日本	
东丽（Toray Industries）	日本	
东芝（Toshiba）	日本	*7
丰田汽车（Toyota Motor Corporation）	日本	*7
安川电机（YASKAWA Electric Corporation）	日本	

2）以下为2017年上榜的非日企名单②

机构名称	所属国家/地区
3M 公司（3M Company）	美国
雅培（Abbott Laboratories）	美国
AMD（Advanced Micro Devices）	美国
阿尔斯通（Alstom）	法国

---

① 首次上榜。
② 排名不分先后，按机构英文名首字母顺序排列；加粗字体为中国企业。

亚马逊（Amazon）	美国
亚德诺半导体（Analog Devices）	美国
苹果（Apple）	美国
阿科玛（Arkema）	法国
巴斯夫（BASF）	德国
拜耳（Bayer）	德国
碧迪（Becton Dickinson）	美国
波音（Boeing）	美国
波士顿科学（Boston Scientific）	美国
博通（Broadcom）	美国
法国原子能委员会（Commissariat à l'Energie Atomique）	法国
德尔福（Delphi）	美国
杜比实验室（Dolby Laboratories）	美国
陶氏化学（Dow Chemical Company）	美国
杜邦（DuPont）	美国
艾默生（Emerson）	美国
爱立信（Ericsson）	瑞典
埃克森美孚（Exxon Mobil）	美国
脸谱（Facebook）	美国
弗劳恩霍夫（Fraunhofer）	德国
通用电气（General Electric）	美国
谷歌（Google）	美国
鸿海（Hon Hai）	**中国台湾**
霍尼韦尔（Honeywell International）	美国
华为（Huawei）	**中国**
英特尔（Intel）	美国
工业技术研究院（ITRI）	**中国台湾**
强生（Johnson & Johnson）	美国
江森自控（Johnson Controls）	美国
LG 电子（LG Electronics）	韩国
LS 产电（LSIS）	韩国
美满（Marvell）	美国
美敦力（Medtronic）	爱尔兰
默克（Merck）	德国

美光（Micron）	美国
微软（Microsoft）	美国
莫仕（Molex）	美国
耐克（Nike）	美国
诺基亚（Nokia）	芬兰
诺华（Novartis）	瑞士
恩智浦半导体（NXP Semiconductors）	荷兰
甲骨文（Oracle）	美国
飞利浦（Philips）	荷兰
高通（Qualcomm）	美国
罗氏（Roche）	瑞士
赛峰（Safran）	法国
圣戈班（Saint-Gobain）	法国
三星电子（Samsung Electronics）	韩国
希捷（Seagate）	美国
赛门铁克（Symantec）	美国
泰科电子（TE Connectivity）	瑞士
德州仪器（Texas Instruments）	美国
泰雷兹（Thales）	法国
道达尔（Total S.A.）	法国
西部数据（Western Digital）	美国
施乐（Xerox）	美国
赛灵思（Xilinx）	美国

附　录　2

2016 年度和 2017 年度全球研发投入 100 强企业排行榜

2016 年度全球研发投入 100 强企业排行榜
（加粗字体为中国企业，加灰底字体为日企）

排名	公司名称	总部所在地	研发费用	所属行业
1	大众（Volkswagen）	德国	136.12 亿欧元	汽车及零部件

2	三星电子（Samsung Electronics）	韩国	125.28亿欧元	电子、电气设备
3	英特尔（Intel）	美国	111.40亿欧元	科技：硬件和设备
4	Alphabet（Google 母公司）	美国	110.54亿欧元	软件、计算机服务
5	微软（Microsoft）	美国	110.11亿欧元	软件、计算机服务
6	诺华（Novartis）	瑞士	90.02亿欧元	制药和生物技术
7	罗氏（Roche）	瑞士	86.40亿欧元	制药和生物技术
8	**华为（Huawei）**	**中国**	**83.58亿欧元**	**科技：硬件和设备**
9	强生（Johnson & Johnson）	美国	83.09亿欧元	制药和生物技术
10	丰田汽车（Toyota Motor）	日本	80.47亿欧元	汽车及零部件
11	苹果（Apple）	美国	74.10亿欧元	科技：硬件和设备
12	辉瑞（Pfizer）	美国	70.46亿欧元	制药和生物技术
13	通用汽车（General Motors）	美国	68.89亿欧元	汽车及零部件
14	戴姆勒（Daimler）	德国	65.29亿欧元	汽车及零部件
15	默沙东（Merck & Co）	美国	64.39亿欧元	制药和生物技术
16	福特汽车（Ford Motor）	美国	61.54亿欧元	汽车及零部件
17	思科（Cisco Systems）	美国	57.01亿欧元	科技：硬件和设备
18	本田汽车（Honda Motor）	日本	54.87亿欧元	汽车及零部件
19	甲骨文（Oracle）	美国	53.16亿欧元	软件、计算机服务
20	百时美施贵宝（Bristol-Myers Squibb）	美国	52.91亿欧元	制药和生物技术

21	赛诺菲（Sanofi）	法国	52.46亿欧元	制药和生物技术
22	阿斯利康（Astrazeneca）	英国	52.17亿欧元	制药和生物技术
23	博世（Robert Bosch）	德国	52.02亿欧元	汽车及零部件
24	宝马（BMW）	德国	51.69亿欧元	汽车及零部件
25	高通（Qualcomm）	美国	50.43亿欧元	科技：硬件和设备
26	西门子（Siemens）	德国	48.20亿欧元	电子、电气设备
27	国际商业机器公司（IBM）	美国	45.15亿欧元	软件、计算机服务
28	拜耳（Bayer）	德国	44.36亿欧元	制药和生物技术
29	脸谱（Facebook）	美国	44.24亿欧元	软件、计算机服务
30	葛兰素史克（Glaxosmithkline）	英国	42.15亿欧元	制药和生物技术
31	菲亚特克莱斯勒（FCA）	意大利	41.08亿欧元	汽车及零部件
32	日产汽车（Nissan Motor）	日本	40.54亿欧元	汽车及零部件
33	艾伯维（AbbVie）	美国	39.06亿欧元	制药和生物技术
34	通用电气（General Electric）	美国	39.03亿欧元	通用工业
35	爱立信（Ericsson）	瑞典	38.06亿欧元	科技：硬件和设备
36	礼来（Eli Lilly）	美国	36.63亿欧元	制药和生物技术
37	安进（Amgen）	美国	36.20亿欧元	制药和生物技术
38	空客（Airbus）	荷兰	36.14亿欧元	航天、防务
39	索尼（Sony）	日本	35.69亿欧元	消费产品

40	松下（Panasonic）	日本	34.29 亿欧元	消费产品
41	新基（Celgene）	美国	33.96 亿欧元	制药和生物技术
42	惠普（HP）	美国	32.17 亿欧元	科技：硬件和设备
43	电装（Denso）	日本	30.41 亿欧元	汽车及零部件
44	勃林格殷格翰（Boehringer-Ingelheim）	德国	30.04 亿欧元	制药和生物技术
45	波音（Boeing）	美国	27.97 亿欧元	航天、防务
46	吉利德科学（Gilead Sciences）	美国	27.68 亿欧元	制药和生物技术
47	东芝（Toshiba）	日本	27.51 亿欧元	通用工业
48	LG 电子（LG Electronics）	韩国	27.18 亿欧元	消费产品
49	思爱普（SAP）	德国	26.89 亿欧元	软件、计算机服务
50	武田药品（Takeda）	日本	26.37 亿欧元	制药和生物技术
51	日立（Hitachi）	日本	25.44 亿欧元	电子、电气设备
52	大陆集团（Continental）	德国	25.28 亿欧元	汽车及零部件
53	佳能（Canon）	日本	25.04 亿欧元	科技：硬件和设备
54	诺基亚（Nokia）	芬兰	25.02 亿欧元	科技：硬件和设备
55	艾尔建（Allergan）	爱尔兰	24.60 亿欧元	制药和生物技术
56	易安信（EMC）	美国	24.37 亿欧元	科技：硬件和设备
57	阿尔卡特朗讯（Alcatel-Lucent）	法国	24.09 亿欧元	科技：硬件和设备
58	塔塔汽车（Tata Motors）	印度	23.34 亿欧元	汽车及零部件

59	PSA 标致（Peugeot）	法国	22.44 亿欧元	汽车及零部件
60	雷诺（Renault）	法国	22.43 亿欧元	汽车及零部件
61	联合技术（United Technologies）	美国	22.31 亿欧元	航天、防务
62	美敦力（Medtronic）	爱尔兰	20.43 亿欧元	医疗设备和服务
63	卡特彼勒（Caterpillar）	美国	19.89 亿欧元	工业工程
64	飞利浦（Philips）	荷兰	19.55 亿欧元	通用工业
65	**中兴（ZTE）**	**中国**	**19.54 亿欧元**	**科技：硬件和设备**
66	EXOR 集团	意大利	19.46 亿欧元	不动产投资和服务
67	沃尔沃集团（Volvo）	瑞典	19.17 亿欧元	工业工程
68	巴斯夫（Basf）	德国	19.14 亿欧元	化学品
69	百健（Biogen）	美国	18.49 亿欧元	制药和生物技术
70	**台积电（TSMC）**	**中国台湾**	**18.27 亿欧元**	**科技：硬件和设备**
71	雀巢（Nestle）	瑞士	17.61 亿欧元	食品
72	杜邦（Dupont）	美国	17.43 亿欧元	化学品
73	诺和诺德（Novo Nordisk）	丹麦	17.40 亿欧元	制药和生物技术
74	宝洁（Procter & Gamble）	美国	17.26 亿欧元	家居产品
75	安斯泰来（Astellas）	日本	17.20 亿欧元	制药和生物技术
76	意大利电信（Telecom Italia）	意大利	17.20 亿欧元	电信
77	默克（Merck KGaA）	德国	17.07 亿欧元	制药和生物技术

78	霍尼韦尔（Honeywell）	美国	17.05亿欧元	通用工业
79	**中国石油（Petro China）**	**中国**	**16.78亿欧元**	**油气产品**
80	庞巴迪（Bombardier）	加拿大	16.48亿欧元	航天、防务
81	日本电报电话公司（NTT）	日本	16.27亿欧元	电信
82	第一三共（Daiichi Sankyo）	日本	15.91亿欧元	制药和生物技术
83	现代汽车（Hyundai Motor）	韩国	15.88亿欧元	汽车及零部件
84	美国电话电报公司（AT&T）	美国	15.55亿欧元	电信
85	SK 海力士（SK Hynix）	韩国	15.43亿欧元	科技：硬件和设备
86	大冢制药（Otsuka）	日本	15.32亿欧元	制药和生物技术
87	西部数据（Western Digital）	美国	14.94亿欧元	科技：硬件和设备
88	桑坦德银行（Banco Santander）	西班牙	14.81亿欧元	银行
89	陶氏化学（Dow Chemical）	美国	14.68亿欧元	化学品
90	**鸿海精密（Hon Hai Precision Industry）**	**中国台湾**	**14.63亿欧元**	**电子、电气设备**
91	**中国铁路总公司（China Railway）**	**中国**	**14.55亿欧元**	**建设和材料**
92	孟山都（Monsanto）	美国	14.51亿欧元	化学
93	**百度（Baidu）**	**中国**	**14.44亿欧元**	**软件、计算机服务**
94	三菱电机（Mitsubishi Electric）	日本	14.26亿欧元	电子、电气设备
95	美光科技（Micron Technology）	美国	14.15亿欧元	科技：硬件和设备
96	**中国中车（CRRC）**	**中国**	**14.08亿欧元**	**工业工程**

97	梯瓦制药（Teva）	以色列	14.01 亿欧元	制药和生物技术
98	**联发科（MediaTek）**	**中国台湾**	**13.80 亿欧元**	*科技：硬件和设备*
99	莱昂纳多–芬梅卡尼卡（Leonardo Finmeccanica）	意大利	13.73 亿欧元	航天、防务
100	富士通（Fujitsu）	日本	13.71 亿欧元	软件、计算机服务

2017 年度全球研发投入 100 强企业排行榜
（加粗字体为中国企业，加灰底字体为日企）

排名	公司	总部所在地	行业	研发投入	净销售额	研发占比
1	大众（Volkswagen）	德国	汽车和零部件	136.72 亿欧元	2 172.67 亿欧元	6.3%
2	Alphabet	美国	软件和计算机服务	128.64 亿欧元	856.39 亿欧元	15.0%
3	微软（Microsoft）	美国	软件和计算机服务	123.68 亿欧元	853.34 亿欧元	14.5%
4	三星电子（Samsung Electronics）	韩国	电子和电气设备	121.55 亿欧元	1 585.71 亿欧元	7.7%
5	英特尔（Intel）	美国	科技硬件和设备	120.86 亿欧元	563.39 亿欧元	21.5%
6	**华为（Huawei）**	**中国**	**科技硬件和设备**	**103.63 亿欧元**	**539.20 亿欧元**	**19.2%**
7	苹果（Apple）	美国	科技硬件和设备	95.30 亿欧元	2 045.72 亿欧元	4.7%
8	罗氏（Roche）	瑞士	制药和生物技术	92.42 亿欧元	471.41 亿欧元	19.6%
9	强生（Johnson & Johnson）	美国	制药和生物技术	86.28 亿欧元	682.00 亿欧元	12.7%
10	诺华（Novartis）	瑞士	制药和生物技术	85.39 亿欧元	468.99 亿欧元	18.2%
11	通用汽车（General Motors）	美国	汽车和零部件	76.84 亿欧元	1 578.41 亿欧元	4.9%

12	戴姆勒（Daimler）	德国	汽车和零部件	75.36 亿欧元	1 532.61 亿欧元	4.9%
13	丰田汽车（Toyota Motor）	日本	汽车和零部件	75.00 亿欧元	2 241.51 亿欧元	3.3%
14	辉瑞（Pfizer）	美国	制药和生物技术	73.77 亿欧元	501.13 亿欧元	14.7%
15	福特汽车（Ford Motor）	美国	汽车和零部件	69.25 亿欧元	1 440.09 亿欧元	4.8%
16	默沙东（Merck US）	美国	制药和生物技术	64.83 亿欧元	377.64 亿欧元	17.2%
17	甲骨文（Oracle）	美国	软件和计算机服务	58.43 亿欧元	357.92 亿欧元	16.3%
18	思科（Cisco Systems）	美国	科技：硬件和设备	57.48 亿欧元	455.41 亿欧元	12.6%
19	脸谱（Facebook）	美国	软件和计算机服务	56.15 亿欧元	262.20 亿欧元	21.4%
20	博世（Robert Bosch）	德国	汽车和零部件	55.87 亿欧元	731.29 亿欧元	7.6%
21	本田汽车（Honda Motor）	日本	汽车和零部件	53.60 亿欧元	1 137.05 亿欧元	4.7%
22	阿斯利康（Astrazeneca）	英国	制药和生物技术	53.58 亿欧元	218.26 亿欧元	24.5%
23	宝马（BMW）	德国	汽车和零部件	51.64 亿欧元	941.63 亿欧元	5.5%
24	赛诺菲（Sanofi）	法国	制药和生物技术	51.56 亿欧元	365.29 亿欧元	14.1%
25	西门子（Siemens）	德国	电子和电气设备	50.56 亿欧元	796.44 亿欧元	6.3%
26	国际商业机器公司（IBM）	美国	软件和计算机服务	49.39 亿欧元	758.17 亿欧元	6.5%
27	诺基业（Nokia）	芬兰	科技：硬件和设备	49.04 亿欧元	236.14 亿欧元	20.8%
28	高通（Qualcomm）	美国	科技：硬件和设备	48.87 亿欧元	223.45 亿欧元	21.9%

29	拜耳（Bayer）	德国	制药和生物技术	47.74 亿欧元	475.37 亿欧元	10.0%
30	百时美施贵宝（Bristol-Myers Squibb）	美国	制药和生物技术	45.95 亿欧元	184.30 亿欧元	24.9%
31	通用电气（General Electric）	美国	工业	45.37 亿欧元	1 173.44 亿欧元	3.9%
32	吉利德科学（Gilead Sciences）	美国	制药和生物技术	44.27 亿欧元	288.30 亿欧元	15.4%
33	新基制药（Celgene）	美国	制药和生物技术	42.41 亿欧元	106.53 亿欧元	39.8%
34	菲亚特克莱斯勒（Fiat Chrysler Automobiles）	荷兰	汽车和零部件	42.19 亿欧元	1 110.18 亿欧元	3.8%
35	礼来（Eli Lilly）	美国	制药和生物技术	41.84 亿欧元	201.33 亿欧元	20.8%
36	波音（Boeing）	美国	航天和防务	40.95 亿欧元	897.17 亿欧元	4.6%
37	日产汽车（Nissan Motor）	日本	汽车和零部件	39.83 亿欧元	951.93 亿欧元	4.2%
38	葛兰素史克（Glaxosmithkline）	英国	制药和生物技术	39.53 亿欧元	325.48 亿欧元	12.1%
39	艾伯维（Abbvie）	美国	制药和生物技术	39.03 亿欧元	243.22 亿欧元	16.0%
40	松下（Panasonic）	日本	消费品	38.52 亿欧元	596.47 亿欧元	6.5%
41	索尼（Sony）	日本	消费品	36.34 亿欧元	617.55 亿欧元	5.9%
42	安进（Amgen）	美国	制药和生物技术	36.14 亿欧元	218.11 亿欧元	16.6%
43	电装（Denso）	日本	汽车和零部件	33.24 亿欧元	367.71 亿欧元	9.0%
44	爱立信（Ericsson）	瑞典	科技：硬件和设备	32.95 亿欧元	233.04 亿欧元	14.1%
45	空客（Airbus）	荷兰	航天和防务	32.81 亿欧元	665.81 亿欧元	4.9%

46	勃林格殷格翰（Boehringer Sohn）	德国	制药和生物技术	31.12 亿欧元	147.98 亿欧元	21.0%
47	思爱普（SAP）	德国	软件和计算机服务	30.37 亿欧元	220.62 亿欧元	13.8%
48	大陆（Continental）	德国	汽车和零部件	29.17 亿欧元	405.50 亿欧元	7.2%
49	武田（Takeda Pharmaceutical）	日本	制药和生物技术	27.27 亿欧元	135.80 亿欧元	20.1%
50	LG 电子（LG Electronics）	韩国	消费品	27.25 亿欧元	434.92 亿欧元	6.3%
51	戴尔（Dell Technologies）	美国	科技：硬件和设备	26.92 亿欧元	584.78 亿欧元	4.6%
52	雷诺（Renault）	法国	汽车和零部件	26.90 亿欧元	512.43 亿欧元	5.2%
53	艾尔建（Allergan）	爱尔兰	制药和生物技术	26.76 亿欧元	138.23 亿欧元	19.4%
54	日立（Hitachi）	日本	电子和电气设备	26.31 亿欧元	744.18 亿欧元	3.5%
55	博通（Broadcom）	新加坡	科技：硬件和设备	25.37 亿欧元	125.61 亿欧元	20.2%
56	佳能（Canon）	日本	科技：硬件和设备	24.56 亿欧元	276.28 亿欧元	8.9%
57	东芝（Toshiba）	日本	工业	24.00 亿欧元	395.62 亿欧元	6.1%
58	**阿里巴巴（Alibaba Group Holding）**	**中国**	**零售**	**23.29 亿欧元**	**216.05 亿欧元**	**10.8%**
59	西部数据（Western Digital）	美国	科技：硬件和设备	23.16 亿欧元	181.13 亿欧元	12.8%
60	标致雪铁龙（Peugeot，PSA）	法国	汽车和零部件	22.69 亿欧元	540.30 亿欧元	4.2%
61	联合技术（United Technologies）	美国	航天和防务	22.17 亿欧元	543.06 亿欧元	4.1%
62	慧与（Hewlett Packard enterprise）	美国	科技：硬件和设备	21.80 亿欧元	475.51 亿欧元	4.6%

63	台积电 （Taiwan Semiconductor）	中国 台湾	科技：硬件 和设备	20.92 亿欧元	278.45 亿欧元	7.5%
64	美敦力 （Medtronic Public Limited）	爱尔兰	医疗设备 和服务	20.80 亿欧元	281.85 亿欧元	7.4%
65	霍尼韦尔（Honeywell）	美国	工业	20.33 亿欧元	372.85 亿欧元	5.5%
66	飞利浦（Philips）	荷兰	工业	20.08 亿欧元	262.27 亿欧元	7.7%
67	诺和诺德（Novo Nordisk）	丹麦	制药和生物 技术	19.96 亿欧元	150.36 亿欧元	13.3%
68	默克（Merck DE）	德国	制药和生物 技术	19.72 亿欧元	150.24 亿欧元	13.1%
69	采埃孚（ZF）	德国	汽车和零部件	18.93 亿欧元	351.66 亿欧元	5.4%
70	中兴（ZTE）	中国	科技：硬件 和设备	18.61 亿欧元	138.19 亿欧元	13.5%
71	雀巢（Nestle）	瑞士	食品生产	18.60 亿欧元	833.93 亿欧元	2.2%
72	卡特彼勒（Caterpillar）	美国	工业工程	18.51 亿欧元	365.59 亿欧元	5.1%
73	沃尔沃（Volvo）	瑞典	工业工程	18.39 亿欧元	316.06 亿欧元	5.8%
74	百健（Biogen）	美国	制药和生物 技术	18.35 亿欧元	108.61 亿欧元	16.9%
75	巴斯夫（Basf）	德国	化学品	18.34 亿欧元	575.50 亿欧元	3.2%
76	宝洁（Procter & Gamble）	美国	家居 产品	17.78 亿欧元	617.19 亿欧元	2.9%
77	现代汽车（Hyundai Motor）	韩国	汽车和零部件	17.63 亿欧元	735.64 亿欧元	2.4%
78	意大利电信（Telecom Italia）	意大利	固定电信	17.48 亿欧元	190.25 亿欧元	9.2%
79	第一三共（Daiichi Sankyo）	日本	制药和生物 技术	17.41 亿欧元	77.58 亿 欧元	22.4%

80	桑坦德银行（Banco Santander）	西班牙	银行	17.26 亿欧元	461.92 亿欧元	3.7%
81	日本电报电话公司（NTT）	日本	固定电信	17.19 亿欧元	925.21 亿欧元	1.9%
82	安斯泰来（Astellas Pharma）	日本	制药和生物技术	16.91 亿欧元	106.54 亿欧元	15.9%
83	SK 海力士（SK Hynix）	韩国	科技：硬件和设备	16.47 亿欧元	135.09 亿欧元	12.2%
84	**联发科（Mediatek）**	**中国台湾**	**科技：硬件和设备**	**16.36 亿欧元**	**80.92 亿欧元**	**20.2%**
85	**腾讯（Tencent）**	**中国**	**软件和计算机服务**	**16.17 亿欧元**	**207.40 亿欧元**	**7.8%**
86	梯瓦制药（Teva Pharmaceutical Industries）	以色列	制药和生物技术	16.01 亿欧元	207.79 亿欧元	7.7%
87	美国电话电报公司（AT&T）	美国	固定电信	15.64 亿欧元	1 553.78 亿欧元	1.0%
88	杜邦（Dupont）	美国	化学品	15.57 亿欧元	233.32 亿欧元	6.7%
89	美光（Micron Technology）	美国	科技：硬件和设备	15.34 亿欧元	117.63 亿欧元	13.0%
90	**中国石油（Petro China）**	**中国**	**石油和天然气生产**	**15.33 亿欧元**	**2 207.14 亿欧元**	**0.7%**
91	塔塔汽车（Tata Motors）	印度	汽车和零部件	15.28 亿欧元	371.95 亿欧元	4.1%
92	陶氏化学（Dow Chemical）	美国	化学品	15.01 亿欧元	456.87 亿欧元	3.3%
93	三菱电机（Mitsubishi Electric）	日本	电子和电气设备	15.02 亿欧元	344.27 亿欧元	4.4%
94	**鸿海精密（Hon Hai Precision industry）**	**中国台湾**	**电子和电气设备**	**15.02 亿欧元**	**1 280.33 亿欧元**	**1.2%**
95	德意志银行（Deutsche Bank）	德国	银行	14.99 亿欧元	297.72 亿欧元	5.0%
96	应用材料（Applied Materials）	美国	科技：硬件和设备	14.59 亿欧元	102.69 亿欧元	14.2%

97	中国建筑（China State Construction Engineering）	中国	建设和材料	14.46 亿欧元	1 280.38 亿欧元	1.1%
98	恩智浦半导体（NXP Semiconductors）	荷兰	科技：硬件和设备	14.41 亿欧元	90.11 亿欧元	16.0%
99	孟山都（Monsanto）	美国	化学品	14.34 亿欧元	128.09 亿欧元	11.2%
100	中国铁路总公司（China Railway）	中国	建设和材料	14.22 亿欧元	863.88 亿欧元	1.6%

附　录　3

关于在华日资企业质量管理小组
与组织结构的问卷调查

尊敬的女士/先生：

敬请合作的有关说明：

1. 本调查的目的是了解贵公司质量管理小组的普及情况及组织结构的现状。

2. 本调查以在作业现场的普通员工和班组长为调查对象。

3. 回答本调查问卷大概需时 15 分钟，所有问题请尽可能作答。如果只回答一部分，也是可供参考的重要资料，敬请支持。

4. 回收问卷经过统计处理后将用于学术研究。绝对不会给您和您所在的公司带来不利的影响，敬请放心。

5. 不明之处，欢迎您随时通过电子邮件（zcaihong@hotmail.com）联系张彩虹（中文、英文、日文均可）。

6. 感谢您百忙之中予以支持。

一、组织结构与工作分配

对于以下项目，请站在您现在所属部门一般员工的角度作答，并按符合的程度在 1~5 的数字上划〇。

例：我喜欢自己的工作	1	2	3	4	⑤
（1）我的工作完全细分到个人	1	2	3	4	5
（2）我完全按规定程序或作业指导书进行作业	1	2	3	4	5

（3）我所属部门的班组长都是从一般员工中逐步提拔的	1	2	3	4	5
（4）我经常接受有关工作知识的培训	1	2	3	4	5
（5）前辈或上司经常教我工作知识或技能	1	2	3	4	5
（6）我经常与上司一起讨论有关工作中的问题	1	2	3	4	5
（7）我与上司的关系很接近	1	2	3	4	5
（8）我所在班组能迅速适应产量的变化	1	2	3	4	5
（9）我所在班组能迅速适应产品种类的更新	1	2	3	4	5
（10）我对自己所在班组的目标有充分的了解	1	2	3	4	5
（11）我在工作中经常有需要思考如何改善的部分	1	2	3	4	5
（12）为了熟悉多种技能，我所在班组的工人经常调换岗位	1	2	3	4	5

注：1 完全不同意；2 有点不同意；3 不好说；4 有点同意；5 完全同意

二、参加质量管理小组活动的情况

1. 我参加的质量管理小组已经活动了＿＿年＿＿个月。我先后参加过＿＿个小组，现在的小组成立于＿＿年＿＿月。

2. 我现在的小组合计已经解决过＿＿个课题。部门级发表＿＿次，公司级发表＿＿次，参加国家级发表大会＿＿次，参加日本本社大会＿＿次，得奖＿＿次。

3. 我所在小组有成员＿＿人，其中管理或技术人员＿＿人，班组长＿＿人，一般员工＿＿人。

4. 我所在质量管理小组会议次数为每月＿＿次，每次会议平均＿＿小时，会议一般是在 8 小时工作时间内还是 8 小时工作时间外？＿＿

5. 在 8 小时工作时间外的会议有无加班费或补贴？＿＿如果有的话，大约＿＿元／小时。

下列第 6~10 题请选择一个最合适的答案。

6. 我所在小组成员来自（　　）。

A. 同一岗位　B. 同部门的不同岗位　C. 不同部门　D. 由几个要好同事组成的　E. 课题不同成员也不同　F. 其他

7. 我所在小组成立的背景是（　　）。

A. 上级指示　B. 同一组别的同事自发组成　C. 上级的建议加上大家的愿望　D. 不同组别的同事自发成立　E. 其他

8. 我所在小组的课题由谁来定？（　　）。

A. 部门经理　B. 主任或班长　C. 小组组长　D. 小组成员商定　E. 小组讨论加上上司指导　F. 其他

9. 我所在小组组长如何选定？（　　）。

A. 经理或班长　B. 组别的主任或班组长　C. 小组成员商量决定　D. 小

组成员轮流担任　　E. 小组讨论加上上司意见　　F. 其他

10. 我参加质量管理小组的最大的理由是（　　　　）。

A. 可以动脑筋，感觉充实　　B. 与大家一起解决问题感觉快乐　　C. 可以丰富知识，提高能力　　D. 不愿意参加，但上级有命令必须参加　　E. 可拿加班费或补贴 F. 有机会参加成果外部汇报　　G. 其他

三、参加生产管理或质量管理方面的培训情况

1. 请填写你曾经参加过的生产管理或质量管理方面的培训情况。没有的，请划掉或不填。

培训内容	参加培训时长	参加培训的时间
（1）5S／6S 培训	＿＿小时	＿＿＿年＿＿＿月
（2）管理图、抽样检查等	＿＿小时	＿＿＿年＿＿＿月
（3）IE 手法	＿＿小时	＿＿＿年＿＿＿月
（4）QC 入门（QC 七道具）	＿＿小时	＿＿＿年＿＿＿月
（5）QC N7（新 QC 七道具）	＿＿小时	＿＿＿年＿＿＿月
（6）质量管理小组开展方法	＿＿小时	＿＿＿年＿＿＿月
（7）质量管理小组组长培训	＿＿小时	＿＿＿年＿＿＿月
（8）解决问题型质量管理小组	＿＿小时	＿＿＿年＿＿＿月
（9）课题达成型质量管理小组	＿＿小时	＿＿＿年＿＿＿月
（10）其他（　　　）	＿＿小时	＿＿＿年＿＿＿月

2. 你有没有去日本培训学习过？＿＿＿＿＿　　（有、无）

选择"有"的，请回答：在＿＿＿＿＿年＿＿＿＿＿月，共＿＿＿＿＿天。

3. 去日本参加的是（　　　　　）

A. 新产品投产相关培训　　B. 生产管理培训　　C. 品质管理培训　　D. 日语培训 E. 质量管理小组的活动方法培训　　F. 技术培训　　G. 产品开发设计培训　　H. 其他培训

四、个人情况

下列问题请根据实际情况，选择或填写一个与事实相符的答案。

1. 您的性别＿＿＿＿＿＿（男；女）

2. 您的年龄＿＿＿＿＿＿（不到 20 岁；20 ~ 24 岁；25 ~ 30 岁；31 ~ 34 岁；35 岁及以上）

3. 您的学历＿＿＿＿＿＿（初中；高中；职高／技校；中专；大专／电大；本科；硕士；其他：＿＿＿＿＿＿＿＿）

4. 您的户籍所在地为_____（北京；广东；湖南；河南；湖北；江西；山东；其他：_____）

5. 您现在所属部门是_____部_____科/课，您现在的职位/职务是_____。

6. 您已在该公司工作了_____年_____个月。刚入职该公司时的部门为_____，职位为_____。

7. 您与公司的合同状况是_____（A. 1 年合同；B. 2 年合同；C. 3 年合同；D. 长期合同；E. 临时工；F. 其他：_____）

8. 入职该公司前，您在_____家公司工作过。

如果方便的话，请留下您的姓名和电话。

姓名 （　　　　　　　　　　　）

电话 （　　　　　　　　　　　）

感谢合作!

后　记

日本是我们的邻国。多年以来，很多国人对这个邻居的感情很复杂。一方面他们曾经远远比我们富有发达，目前人均 GDP 仍然比我们高，是我们在人均 GDP、环境保护等方面仍然需要追赶的经济强国。同时很多人都有使用过日本产品的经历，并对其产品充满好感，对其产品的人性化设计、美观的外表、稳定的质量印象深刻。

随着我国经济能力的提升，很多人喜欢到距离近，但自然和人文环境与我国不同的日本去旅游。一方面，当他们置身日本优美的自然环境中时，常常会由衷地感到身心舒展，置身其人文环境中时，会对机场、电车的高效精准的调度能力感到惊叹，对服务人员的敬业度感到由衷的敬佩，甚至对他们的友好发自内心的感动，有人因此对日本的印象大为改观。但另一方面，即使是属于个人层面的主观感知，只要这种感知被认为是与众不同的，连朋友或老熟人都可能因此产生不必要的误会，甚至可能出现不合逻辑的联想和反驳。我们其实仍然没有理性地看待日本的经济、社会和文化的态度。

本书的研究兴趣源于笔者初登职场时的直接体验，更确切地说源于早年的日本留学经历。在异国他乡挥洒了无数热血和青春的时光里，不知不觉中发现自己习得了关于整理、整顿、改善和小创造的隐性知识和技术诀窍，开始用管理创新的思维思考生活中的各种长期存在或不断涌现的问题，自身的创新意识逐步被唤起，而这一意识至今仍然渗透于身心之中，难以分离。但这段经历也给本人带来了其他影响，那就是凡事追求完美，不断地想着改善、再改善，创新、再创新，没完没了地……而带着这些改变意识，回到国内顿然感觉失去了滋养的土壤，甚至难免给人以小题大做之感。回国后，看到了每天沉迷于熟悉的小组中不断进行日常小改善的日式创新思维有可能导致一叶障目、错失大局判断的局限性，笔者认为恰当时候需要走出旧有的"网"，突破定性思维、减少社会认同、回归个人认同。

笔者于 2009~2010 年在东京大学经济学院访学期间感知到的教授及其团队的科研管理模式也与本书中日本优良企业（如佳能）的技术创新的管理模式非常相似。在东京大学经济学院"21 世纪 COE（center of excellence，卓越研究基地）计划"的 MMRC，正式职员仅有 3 位教授（1 位教授，2 位副教授），他们相当于产品经理的角色（其中的教授为绝对主导者，即重量级产品经理），另有2~3名兼职事务员，以及来自多个国家的硕士生、博士生、定期访学人员，其余均为来自企业界的，包括现任高管、退休高管及生产、战略、销售、研发部门管理者等。在这样一个类似多个项目交叉开发的"卓越研究基地"，笔者观摩并参与了产、学、研界不同背景精英组成的多个多国籍项目团队，这些团队成员频繁活跃在日本东京、大阪等地的名企进行调研，往来于泰国、印度、韩国、美国、欧洲等地的企业和学会，同时会定期或不定期策划、组织各种规格和主题的交流讨论会，以及每月一次的多个产、学、研论坛。在这里，我们听取了丰田、本田的总经理们关于国际业务开展过程的汇报，也学习了朝日啤酒新产品开发中重量级产品经理的研发报告，与佳能公司的研发人员也有过交流。MMRC的学习和研究过程非常接近日企的新产品开发模式，论文成果或咨询成果的产出以应用和开发研究为主，整个过程呈现出开放式创新的典型特征。

本书的灵感源泉和写作契机与在东京大学的这一段研究经历密不可分。在此特别感谢在交流讨论中给予众多启发的东京大学教授藤本隆宏先生、新宅纯二郎先生和天野伦文先生。本书中的访谈、问卷、企业观察等调研方面得到了诸多企业界朋友的帮助，没有他们的友好相助，本书无法顺利完成。他们是（职位为调研时的职位）BMCC的总经理Y先生、总经理办公室L女士、制造部部长N先生、品管部Z先生、人事部Z先生、生产部课长W先生；日本松下事业照明公司的品质保证部部长O先生、制造部课长M先生；广汽本田制造部部长Z先生、N先生、系长Z先生，QC小组推进局系长D先生；广州本田模具制造公司总经理S先生、生产课长Z先生；爱普生公司长野事业本部品质保证部部长M先生，TQC部经理L先生，爱普生总部课长N先生、Y先生；深圳爱普生品管部部长S先生、品管课W先生，人事总务科L女士；等等。由于页面关系，恕不能一一列举，在此一并表示感谢。

本书的出版离不开暨南大学企业发展研究所的资助。特别感谢卫海英书记在笔者处于写作困境、书稿拖延出版时给予的鼓励、安慰和极大包容，感谢科学出版社李莉编辑以万分的耐心等待稿件。

在本书的写作过程中，硕士研究生刘春林、陈志萍、肖筱和李辉煌参与了资料整理、格式规范、初稿改写和表格制作等部分工作，以及最后几天攻关阶段的集中工作。黎炜麟对初期资料整理亦有一定贡献。感谢他们的参与。希望在这一创造性的开发过程中，他们同时也习得了学术研究写作所必需的隐性知识，今后遇到各种攻关任务时能做到不忘初心，在每一次痛并快乐的经历中不断提升自己。

感谢生命中最亲爱的家人给予的温暖和支持，希望你们积极拥抱未来，果敢创新。

　　客观公正的评价从来都是永恒的主题。我们尽量做到基于数据和事实判断，但由于时间仓促，能力有限，本书可能存在一些认知局限或不足之处，恳请广大读者提出中肯的意见，以便今后改正。

张彩虹

2018 年 1 月 20 日

暨南大学管理学院